Hans Nelböck-Hochstetter

Zurück auf eigener Fährte

Hans Nelböck-Hochstetter

Zurück
auf eigener Fährte

Jagderlebnisse auf dem alten Kontinent

Mit 20 farbigen Abbildungen auf 12 Tafeln
und einer Karte

Paul Parey · Hamburg und Berlin

CIP-Titelaufnahme der Deutschen Bibliothek

Nelböck-Hochstetter, Hans :
Zurück auf eigener Fährte : Jagderlebnisse auf dem alten
Kontinent / Hans Nelböck-Hochstetter. – Hamburg ; Berlin :
Parey, 1989
ISBN 3-490-20611-8

Tafelfotos von Hans Nelböck-Hochstetter

© 1989 Verlag Paul Parey, Hamburg und Berlin. *Anschriften*: Spitalerstraße 12, D-2000 Hamburg 1; Lindenstraße 44–47, D-1000 Berlin 61. Printed in Germany.
Satz und Druck: Buchdruckerei Wilhelm Carstens OHG, D-3043 Schneverdingen.
Buchbinderei: Hunke & Schröder, D-5860 Iserlohn.
Umschlaggestaltung: Evelyn Fischer, D-2000 Hamburg, unter Verwendung eines Fotos von Eric Dragesco, Epinassey, Schweiz.

ISBN 3-490-20611-8

Vorwort

Der Verfasser ist in Mähren geboren und hat, wie viele mit ihm, 1945 seine Heimat verloren und eine neue in Österreich gefunden. Dort, und zwar von der Donau bis an die Grenze zu Italien, hat er eifrig gejagt. Darüber hinaus auch in Skandinavien und Rumänien, in Jugoslawien und Ungarn. Es spricht für sein Erzähltalent und seine Achtung vor der Natur, vor Wild und Mensch, wenn er bei seinen in- und ausländischen Jagderlebnissen auch anschauliche Einblicke in die jeweilige Landschaft, ihre Menschen und ihre Umwelt vermittelt. Über seine Heimat sagt er selbst:

»Wer Mähren bereist, wird eine Landschaft voll scheuem Zauber auftauchen sehen: Ebenen, grün und goldgelb, in der Ferne fein gesäumt von sich lang hinziehenden Hügelketten. Hügel, weich modelliert, wie sie sich schwerelos fortsetzen, in stiller, großer Bewegung bis in den Himmel hinein; Landstriche, die mit Wiesen, Wäldchen und Buschwerk, Gestein und Teichen wie elegische Parks zu Seiten der Kirschbaumalleen liegen. Einsame, dunkelgestimmte Wälder und verwilderte, enge Täler mit tiefen Schluchten und gewundenen Bächen, auch breit gestaffelte kräftige Gebirge – immer aber Himmel und Erde im Gleichgewicht: Ein leichter Himmel über einer milden Erde. Arkadenhöfe von kühler Noblesse, Herrenhäuser, die mit großer Geste Besitz von der Landschaft ergreifen, stämmige Laubenhäuser und Gasthöfe mit breitmäuligen Toreinfahrten auf geräumigen Marktplätzen, barocke Kirchenkuppeln, exzentrische Rathausturmhauben, und in jedem Dorf eine Dreifaltigkeitssäule.

Die Dörfer liegen weit auseinander, und die Felder dehnen sich schier endlos. Städte, Residenzen, Marktflecken sind locker dazwischen eingebettet. Auch über sie breitet sich friedvoll der Atem des Ländlichen. Mährens Lebenselement war das Bäuerliche, und daran hatte durchaus der Städter wie der Adelige seinen Teil. Das Jahr wurde gemessen nach Saat und Ernte, nach Kirchweih und Wallfahrt: Ein Maß, so gebieterisch, daß es Lebensrhythmus der Bürgerstube und des Salons, ja sogar lange Zeit die später einsetzende Industrialisierung mitbestimmte! Dieses große, gemeinsame Vielfache fing all die verwirrenden Verschiedenheiten auf, die sich in diesem Land zusammenfanden.

Mähren wird gewöhnlich mit Böhmen zu einem Zwillingsbegriff verbunden. Aber die beiden Länder sind Geschwister von ungleicher, ja konträrer Art in der Physiognomie wie im Geist. Und wie sich in der Historie des in sich gekehrten Böhmen immer wieder ein trotziger, von beinahe selbstzerstörerischen Spannungen erfüllter Geist kundtut, sehen wir in der Geschichte des aufgeschlossenen Mähren stets den Sinn der Mäßigung und Friedfertigkeit am Werk, der alle Konflikte mildert und alle Widersprüche auszugleichen versuchte (»Mährischer Ausgleich«).

Auf kleinem Raum lebten hier Tschechen, Deutsche, Polen, Slowaken, Goralen (Wallachen, aus den Tiefen Rumäniens heraufgewandert), Ungarn und Juden in maßvollem Wettstreit zusammen, bis die unselige Zeit des Nationalitätenhasses von den Menschen Besitz zu ergreifen begann!

In diesem gesegneten Land geboren, von einem sowohl historisch als auch polyglott hochgebildeten sowie in jeder Beziehung toleranten Vater geprägt, habe ich noch einen Hauch jenes geistigen Horizontes mitbekommen, der denjenigen Menschen eigen war, die die Weiten der ehemaligen k. u. k. Monarchie Österreich-Ungarns bewohnten. Das damals bereits über 100 Jahre alte Familienunternehmen, dem mein Vater vorstand, beschäftigte beinahe ausschließlich tschechische Arbeiter. Die Angestellten waren mehrheitlich Deutsche. Aber es war selbstverständlich, daß jeder Vorgesetzte der tschechischen Sprache mächtig war. Das Betriebsklima war gut, auch in der Zeit des Protektorates. Die meisten Firmenangehörigen waren bereits in der zweiten, ja dritten Generation bei uns tätig. Und als Deutsch als Betriebssprache eingeführt werden sollte, dachte niemand in unserem Unternehmen daran, diesem Ukas zu folgen.

Dennoch trat das Unvermeidliche mit der Konsequenz einer griechischen Tragödie ein und veränderte das Gesicht dieses Landes und seiner Menschen vollkommen.«

Für das jagdliche Empfinden und Tun des Autors wurden in Mähren nur die Wurzeln gelegt. Aber hören wir ihn nun weiter selbst.

Inhalt

Der Melnik

Der Weg zur Hütte ist steil. Er windet sich durch einen lückigen, mit Erlenstauden durchsetzten Fichtenwald, überquert am Fuße eines kleinen Wasserfalles den klaren Bach und führt dann auf ein Plateau, welches von einer uralten Fichtengruppe bestockt ist. Unter diesen Fichten raste ich gerne beim Aufstieg zur Hütte: erwartungsvoll, ungeduldig, im Vorgefühl der kommenden Jagdtage. Hier verweile ich beim Abstieg, erfüllt vom Erlebten, glücklich und wehmütig zugleich. Immer fesselt mich der herrliche Fernblick. Weit sieht man ins Tal hinaus, bis an den Rand der Julischen Alpen, in das Nockgebiet oder in die trutzigen Tauern.

Wie alt die Fichten sind, weiß niemand. Keiner kann sie hier oben fällen. Der Transport würde sich nicht lohnen. Für mich ist dies ein glücklicher Umstand. Sie spenden mir Schatten im Sommer und im Winter Schutz vor dem eisigen Tauernwind. In den Zweigen lispeln Goldhähnchen. Meisen und Baumläufer sind hier zu Hause. Wehmütig erklingt der Ruf des Schwarzspechtes, und raschelnd fährt ein Eichhörnchen den Stamm hinab. Im Schnee steht die Fährte eines starken Hirsches. Hier überschreite ich die Grenze zu meinem Jagdgebiet. Nach kurzem Aufstieg bietet sich das erste Mal ein Ausblick hinauf zu den Hochkaren. Oft sind Zinnen und Zacken klar gegen den tiefblauen Himmel abgesetzt. Dann wieder umhüllt dichter Nebel die Bergspitzen. Wieder an anderen Tagen liegt tiefer Schnee auf den steilen Hängen, bereit, sich plötzlich in die Tiefe zu stürzen, alles mitzureißen und zu begraben.

Weit oben, im felsigen Geschröff, ertönt der Pfiff der Gemsen. Hier ist auch das Reich des eigentlichen Königs dieser Berge. Ruhig und ohne Flügelschlag, wie aus dem Nichts kommend, zieht der Steinadler seine Kreise, um wieder in azurblaue Fernen zu entschwinden. Nur selten findet man seinen Horst in unzugänglichen Felswänden. Hier kann der Jungadler in Ruhe aufwachsen. Es braucht lange, ehe der große Vogel flugfähig ist, um mit seinen Eltern das künftige Jagdgebiet zu durchstreifen. Uralte Lärchen, vom Blitz gezeichnet, mit mächtigen Wurzeln in den steilen Hang gekrallt, säumen nun den Weg. Dazwischen stehen die letzten, mächtigen Bergfichten. Unzählige Spechthöhlen sind in die uralten Stämme gemeißelt. Ein Kobold des Waldes baut hier seine luftige Burg. Nur wenige Menschen kennen den Sperlingskauz, diesen heimlichen Zwerg unter den Eulen. Tief in einer Spechthöhle hat er die Kinderstube. Er ist ein Dämmerungsjäger. Man kann ihn leicht anlocken, wenn man die Tonleiter nachahmt, die er auf seinem lautlosen Flug vor sich hin pfeift.

Kräuter und zartes Gras, die unter den Lärchen wachsen, gehören zur Lieblingsäsung des Rehwildes. Aus dem kühlen Einstand im Erlengrund zieht der starke Sechser im Morgengrauen in den Lärchenwald und nascht an den saftigen Kräutern. Hier feiert er seine Hochzeit. Wie ein roter Blitz ist er hinter der Schmalgaiß her. Mit dem Rücken an eine Lärche gedrückt, bin ich mit dem Fadenkreuz mitgefahren. Auf meinen Schuß werden seine Fluchten immer tiefer, bis er im hohen Farn verschwindet. Ein trotziger Ausdruck ist in seinen Lichtern, als ich an den Verendeten herantrete. Man darf nicht lange überlegen, denn viel hellhöriger ist das Wild in den Bergen.

Im Herbst leuchten die Wipfel der Lärchen wie goldene Fackeln in den tiefblauen Himmel. Nirgends duftet der Waldboden so herb im Mittagssonnenschein!

Ein ebener Wiesenboden nimmt den Pfad auf. Er führt an einer Almhütte vorbei. Ein eingezäunter Anger muß überquert werden. Hier steht das Vieh im Frühsommer, bevor es auf die Hochalm getrieben wird. An der Hüttenschwelle haben wir oft gesessen und eine Pfeife geraucht. Nun aber tauchen die ersten Zirben auf, vereinzelt noch, dann immer mehr, und zuletzt stehen sie allein auf felsigen Kuppen, dunkelgrün und weit ausladend. Die ersten Tannenhäher warnen mit lautem Rätschen. Ein Tier mit Kalb zieht langsam gegen das Bachufer.

Der Weg steilt noch einmal zwischen Felsstufen empor, und plötzlich liegt sie vor mir, die Hütte! Grau und geduckt zwischen riesigen Felsblöcken, am Rande des schäumenden Gebirgsbaches. Hier haben sie die Bergbauern, denen die Alm gehört, vor vielen Generationen erbaut als Unterkunft für die Viehhalter im Sommer. Handgezimmert die Balken, handgekloben die bemoosten Schindeln. Hier haben wir uns ein Zimmer eingerichtet, mit einem Paar Stockbetten, einer Sitzecke und einem zerlegbaren Herd. Einfach, aber gemütlich. Hier ist gut sein!

Mein damaliges Jagdgebiet, der sogenannte Dechant und Egarter Melnik, liegt nordwestlich von Gmünd in Kärnten, an den sonnseitigen Hängen des Maltatales. Der Melnik bildet einen etwa 1000 ha großen Hochgebirgskessel, der von einer Reihe bis zu 3000 m hohen Bergen und Graten umrandet wird. Der steil in das eiszeitliche Gletschertrogtal der Malta abfallende untere Teil des riesigen Hochkares war mit urigem Hochgebirgswald bestockt. Dieses unvergleichliche Jagdgebiet beherbergte zur damaligen Zeit Rotwild, Rehwild und einen geradezu sagenhaften Gamsbestand. Murmeltiere bevölkerten in vielen Kolonien die Hochkare. Im Wald balzten im Frühjahr die Großen Hahnen, auf den Schneefeldern über der Krummholzzone ratschten die Schneehühner, und bald darauf fielen die Kleinen Hahnen auf ihren Balzplätzen ein.

Saß man im Sommer zeitig am Morgen über der Baumgrenze an, hörte man, wie sich die Steinhühner zusammenriefen. Hoch über den Graten kreiste ›unser‹ Steinadlerpaar und kontrollierte die Murmelbaue. Zwei hochgelegene Seen beherbergten Saiblinge, die man in der Reibzeit (meist Ende August) leicht fangen konnte. Ihre allerdings nur geringe Größe verdanken sie der sehr kurzen Vegetationszeit in über 2500 m Seehöhe (Hungerformen), ergaben aber in Mehl eingestaubt und in Butter herausgebacken ein herrliches Mahl!

Nach der Almrauschblüte und den Tagen der Rehbrunft hat der Sommer seinen Höhepunkt erreicht. Die Affen spielen vor den Murmelbauen, die Hirsche haben durchgeschoben, der alte Gamsbock steht im kühlen, heimlichen Graben. Er bewegt sich kaum. Hingegen sucht das Scharwild die Kühle des Gratwindes und dreht sich nach der ›Sonne Runden‹. Die Läufe der Gamskitze werden sehnig und muskulös. Auf den Grasbändern, auf denen sie spielen, blüht das Edelweiß.

Und dann ist es unvermutet Herbst! Nach Tagen des Nebels und Regens friert es das erste Mal auf der Alm. Das Vieh steht morgens steif und ›graupert‹ herum, und das Wurzelmann-Hiasele denkt manchmal wieder an den warmen Kachelofen in der Bauernstube. Der Bauer kommt aus dem Tal herauf und bereitet den Almabtrieb vor. Zwei Tage ist es noch einmal laut auf der Alm. Dann verklingt das letzte Kuhglockengeläut, und mit einem Mal ist es still auf den Höhen! Die Alm beginnt sich zu verfärben. Noch einmal zeigt sie sich in einer Farbenorgie ohnegleichen. Tage von unendlicher Klarheit und Fernsicht folgen. Bis weit in den Oktober dauert der Altweibersommer, des Gebirgsjägers schönste Zeit. Auf den Lägern brunftet das Rotwild.

Über Nacht ist er plötzlich da, der ›weiße Leithund‹ der Indianer, der erste Schnee! Am Tag zuvor hat sich der Himmel zugezogen, und in der Nacht hat es zu schneien begonnen. Zuerst fein, dann immer stärker, und in der Früh bekommst Du die Hüttentür kaum auf. Es schneit weiter. An solchen Tagen mustern wir mit kritischen Blicken unseren Holzvorrat. Wird er über die Gamsbrunft reichen? Und bleibt noch etwas für die Hahnbalz im kommenden Frühjahr?

Allein im Gebirge?

Hauptsächlich im Gebirge findet man die letzten Gebiete Europas, die noch nicht zur Gänze vom Homo sapiens verunstaltet und bis in ihre äußersten Winkel aufgeschlossen worden sind. Leider ist in den letzten Jahren auch um diese Oasen ein Kampf der diversen Lobbies von Fremdenverkehr, Liftgesellschaften und sonstigen Investoren ausgebrochen, um diese Gebiete noch raschest einer kommerziellen Verwertung zuzuführen, bevor die Vernunft und eine geänderte Einstellung der Menschen diesem Unterfangen gesetzliche Riegel vorschieben würden. Ich selbst hatte in den Karnischen Alpen 30 Jahre lang ein Hochgebirgsrevier in Pacht, das landschaftlich zu den schönsten Europas zu zählen ist. Der für die öffentlichen Wege zuständige Bürgermeister dieses Gebietes kam auf die Idee, mit bundesdeutschen Motorsportverbänden Vereinbarungen abzuschließen, die es den Motorradfans ermöglichten, sogenannte Sternfahrten in diese herrliche Hochgebirgsgegend durchzuführen. Seit dem Ersten Weltkrieg 1914–1918 hatte diese einmalige Hochgebirgslandschaft keine derartige Lärmentwicklung erlebt. Durch das Echo der Hochkare verstärkt, tobte mehrere Sommer hindurch das Wahnsinnsgeknatter PS-starker Supermotorräder durch dieses einmalige Erholungsgebiet. Mag so ein Vorfall ein einmaliger Auswuchs geistiger Umnachtung eines politischen Potentaten sein, beweist er doch die Bereitschaft zu vollständiger Vermarktung und Kommerzialisierung auch der letzten natürlichen Ressourcen, gegen die anzukämpfen gar nicht früh genug begonnen werden kann.

Noch aber gibt es solche Refugien für Tier, Mensch und Pflanzenwelt, die einen unschätzbaren Erholungswert besitzen, der zudem keinen Schilling an Investitionen gekostet hat. Hier gibt es Flecken, die nur der Jäger, vielleicht noch der Bergsteiger kennt. Diese Abgelegenheit und Einsamkeit birgt Gefahren in sich. Vom Winter abgesehen, ist es vor allem das Frühjahr und der Spätherbst, wo man in solchen abgelegenen Gebirgsgebieten kaum auf menschliche Hilfe hoffen kann. Sicherlich gibt es z. B. das Alpine Notsignal. Es sind Licht- oder Schallzeichen, die in bestimmten Abständen gegeben werden müssen. Dennoch ist hier von Alleingängen sowohl Jägern als auch Bergsteigern und Wanderern abzuraten.

Ich hatte es mir zur Gewohnheit gemacht, nie alleine im Gebirge zu jagen. Das bedeutet nicht, daß wir die Pürschgänge oder Ansitze immer zu zweit durchführten. Aber jeder wußte, welchen Revierteil der Freund besuchte, wann ungefähr mit seiner Rückkehr zu rechnen war, welche

Steige er benützen würde und andere wichtige Angaben. War man nicht gemeinsam zur Hütte aufgestiegen, so hinterließen wir dem nachkommenden Freund eine entsprechende Nachricht.

Zwei Erlebnisse während 36 Jagdjahren im Hochgebirge, die, gottlob, glücklich abgelaufen sind, sollen das Gesagte unterstreichen. Es war Mitte November 1964, es hatte noch nicht geschneit, und das Wetter schien auszuhalten. Ich war mit einem Freund aus der Bundesrepublik Deutschland in die Melnik-Alpe aufgestiegen. Er sollte einen Bartgams schießen. Ich war in diesem Jahre ›dran‹, für meine Freunde und mich das obligate Weihnachts-Schmaltier oder Tierkalb zu erlegen, was nicht immer leicht war.

Wir erreichten die Hütte gegen 15 Uhr. Mein Freund war gut zu Fuß und tatendurstig. Ich schlug ihm vor, bis zum nahen Hochsitz I. zu pürschen und dort bis zum Einbruch der Dunkelheit anzusitzen. Unser ›Paradehochsitz‹ lag etwa 15 Minuten von der Hütte entfernt an einem alten Großkahlschlag, den der Bauer T. bald nach dem Krieg angelegt hatte. Trotz ständigen Nachbesserns war es nicht gelungen, eine gesicherte Kultur zustande zu bringen. Eine Himbeer- und Brombeerwildnis bot dem Wild beste Äsungs- und Deckungsverhältnisse. Von diesem Sitz aus hatte man eine wunderbare Fernsicht und eigentlich immer guten Anblick. Mein Freund konnte den Weg dorthin nicht verfehlen. Der Steig war gut erhalten und markiert. Für die Dunkelheit gab ich ihm meine starke Taschenlampe mit. Hatte er am Heimweg den Waldrand erreicht, konnte er das erleuchtete Hüttenfenster sehen. Ich schärfte ihm ein, besonderes Augenmerk auf Wildkälber und Schmaltiere zu legen.

Er war recht froh, sich nicht am Holztragen, Bettenlüften, Wasserholen und was es sonst noch an Hüttenarbeiten gibt, beteiligen zu müssen. Ich wiederum war lieber allein, denn so konnte ich ungestört arbeiten. In einer knappen Stunde war alles erledigt, das Teewasser summte am Herd, im Ofen knisterte das Holzfeuer, die Hütte wurde langsam warm, die Petroleumlampe verbreitete ihr warmes Licht, und ich begann im Hüttenbuch zu lesen, was unser Jäger in der letzten Zeit gesehen und berichtet hatte. Überhaupt ist ein gut geführtes Hüttenbuch eine Fundgrube und Hilfe für alle, da man aus den Beobachtungen der Vorgänger Nutzen für die eigenen Vorhaben ziehen kann.

Im Herbst beginnen auch die Mäuse an den Winter zu denken und verlassen ihre Sommerquartiere, um die geschützteren Alm- und Jagdhütten zu besiedeln. Die Melnikhütte war besonders beliebt bei den ungebetenen Untermietern, denn es gab immer irgendwo Vorratsreste, Strohsäcke, in welchen man warme Mausnester errichten konnte. Ihr Kot, in Form von schwarzen Röllchen, war beinahe überall zu finden. Wir bekämpften diese

Plage mit allen Mitteln, und daher hatte ich auch an diesem Nachmittag mehrere Fallen mit Speck bestückt und fängisch gestellt.

Draußen war es inzwischen dämmrig geworden, und ich erwartete meinen Freund in Bälde. Aber es verging eine weitere Stunde, es war bereits stockdunkel, und von meinem Freund war nichts zu sehen. Ich wurde unruhig, zumal ich auch keinen Schuß gehört hatte. Letzteres hätte zwar nichts zu sagen, denn beim Arbeiten in der Hütte konnte ein Gewehrschuß leicht überhört werden. Um so unverständlicher war sein langes Ausbleiben, denn zum Beobachten war es bereits zu dunkel. Ich packte daher etwas Verbandszeug in meinen Rucksack, ebenso eine handliche Axt, meine Reservetaschenlampe, ein Seil und ein Fläschchen Schnaps, nahm meinen Bergstock und begab mich eiligst zum Hochsitz. Eine Viertelstunde später stand ich an der Leiter. Mein Freund war nicht am Hochsitz. Ich rief einige Male seinen Namen, bekam aber keine Antwort.

Dann stieg ich auf den Hochsitz hinauf und fand dort seinen Mantel; ich sah mich etwas genauer um und entdeckte am Boden des Sitzes eine Patronenhülse. Er hatte also geschossen. Ich nahm die Patronenhülse und steckte sie ein. Dann begann ich noch einmal mit aller Kraft zu rufen. Da war mir, als hörte ich eine leise Antwort vom gegenüberliegenden Waldrand. Ich wußte, daß sich hinter dem Hochwaldstreifen ein mächtiger Felssturz, der sich aus dem darüberliegenden sogenannten Hameleitel gelöst hatte, zungenförmig in den Wald geschoben hatte. Große Mengen von Geröll, Steinplatten, Felsstücke und Trümmer hatten sich locker über- und untereinandergeschoben. Wir versuchten es immer zu vermeiden, diese Trümmerhalde zu überqueren. Aus dieser Richtung schien die Antwort zu kommen. Ich rief noch einmal und bekam eine deutlichere Antwort.

Böses ahnend, machte ich mich auf den Weg durch die Himbeerwildnis, dann durch den Altholzstreifen und blieb am Rande der Geröllhalde stehen und rief noch einmal. Seine Antwort kam sofort etwa aus der Mitte des Felssturzes. Ich bat ihn, von Zeit zu Zeit zu rufen, damit ich mich im Dunkeln besser orientieren konnte, und kletterte vorsichtig mit der Taschenlampe von Felsplatte zu Felsplatte. Nach einigen Minuten stand ich oberhalb meines Freundes. Er lag auf dem Rücken und hatte den linken Fuß oberhalb des Knöchels zwischen einer nachgerutschten Steinplatte und einem feststehenden Felsen eingeklemmt. Er konnte sich nicht befreien, und sein Fuß schien stark angeschwollen.

Ich leuchtete die Umgebung mit der Lampe ab und sah zu unserem Glück nicht weit entfernt mehrere Dürrlingsstangen, die eine Lawine dort abgeladen hatte. Sofort turnte ich zu dem Holz und holte einen etwas stärkeren Stamm heraus, putzte ihn mit der Axt und hackte ihn in einer Länge von anderthalb Metern zurecht. Dann kehrte ich zu meinem Kameraden zurück, klemmte die Fichtenstange neben seinem Fuß in die Spalte und versuchte, die abgerutschte Steinplatte etwas zu lockern. Beim dritten Versuch gelang es, den Fuß des Freundes freizubekommen!

Er erzählte mir folgendes: Er war etwa eine halbe Stunde am Hochsitz, als ein Tier mit Kalb und ein Schmaltier am gegenüberliegenden Waldrand erschienen. Er schoß auf das Schmaltier, das gut zeichnete, aber zurück in das Altholz flüchtete. Er ließ seinen Mantel und das Glas am Hochsitz zurück und durchquerte die Himbeeren des Schlages und fand bald den Anschuß. Hier lagen Schnitthaare und Schweiß. Da es Lungenschweiß war, folgte er der Schweißfährte durch das Altholz bis zum Geröll. Die Schweißfährte führte im Geröll schräg abwärts. Er blieb aber oberhalb, um das Stück besser sehen zu können. Als er ungefähr in der Mitte der Geröllhalde war, sah er das Schmaltier 30 Schritt unter sich verendet liegen. Er stieg etwas unüberlegt und rasch zum Stück hinunter und übersah den Wackelstein, seine Waffe flog zur Seite, da er sie nicht über dem Rücken trug. Ich fand sie in etwa drei Meter Entfernung. Wie durch ein Wunder hing sie in einem Latschenbuschen und war unversehrt. Ich stieg zum verendeten Schmaltier ab und brach es auf. Dann legte ich die Patrone und mein Taschentuch auf das Wild, kehrte zu meinem Freund zurück und gab ihm meinen Bergstock.

Wir erreichten mit großen Mühen und er unter Schmerzen den Waldrand, legten mehrere Rasten ein, bis wir nach einer Stunde am Steig zum Hochsitz ankamen. Ich nahm Glas, Büchse und Mantel an mich, und nach einer weiteren halben Stunde waren wir in der Hütte. Mein braver Freund schwitzte vor Schmerzen, gab aber keinen Laut von sich. Ich löste etwas Essigsaure Tonerde auf, die wir immer auf der Hütte hatten, und begann kühlende Umschläge zu machen. Seine lange Jagdhose, die derben Sokken und Kniestrümpfe hatten doch das Schlimmste verhindert. Die Schmerzen begannen im Laufe der Nacht nachzulassen. Am Morgen war der Fuß beweglicher geworden. Der Versuch aufzutreten bewies, daß er nicht gebrochen war.

Zwei Tage verbrachte er mit Gehversuchen. Am dritten erlegte er einen guten Bock mit stark verpechten Kruken. Ende gut – alles gut! Ich hatte meinen Jäger schon für den nächsten Tag heraufbestellt. Er konnte das Schmaltier versorgen und abtransportieren. Karl war die Tage, die wir auf der Hütte verbrachten, ganz gegen seine sonstige Gewohnheit, etwas schweigsamer geworden. Am Tag seiner Abreise sagte er mir: »Nicht auszudenken, wenn ich allein auf der Hütte gewesen wäre!«

Ein zweiter Jagdunfall ereignete sich im Jahre 1952 in den Karnischen

Alpen. Eigenartigerweise verdanke ich diesem Ereignis die Anpachtung eines der schönsten Hochgebirgsreviere, das ich dann weit über dreißig Jahre bejagen durfte.

Vor meiner Zeit hatte mein späterer Freund und treuester Jagdgefährte Xandl Ludwiger gemeinsam mit dem örtlichen Gendarmerie-Inspektor Lindermuth von der Nachbarschaft Wodmaye das Eigenjagdgebiet Wollaye und das sogenannte Judengras gepachtet. Dieses Jagdgebiet war dazumal über 1000 ha groß, besaß aber keine komfortable Hütte und war vor allem schlecht aufgeschlossen. Es führte damals nur der in einem anderen Kapitel beschriebene Wander- und Almweg von Birnbaum über Nostra zum Wolayer See. Man mußte gut gehen, um diese Strecke in vier bis fünf Stunden zu bewältigen. Oben am See befand sich eine Alpenvereinshütte, die aber nur bis Mitte Oktober bewirtschaftet war. Die Alm war schon früher geräumt, und auch die Grenzzollbeamten hatten im Herbst ihr Sommerzollhüttel verlassen und versahen nur fallweise Routinestreifen. Außer seltenen Bergwanderern konnte man im Spätherbst auf keine Hilfe hoffen.

Es war Mitte November und Gamsbrunft. Der Gendarmerie-Inspektor stieg an einem Freitag allein zur oberen Wolayer Almhütte und übernachtete im ungeheizten Halterzimmer. Glücklicherweise lag kaum Schnee auf der Alm. Es war jedoch ziemlich kalt, und in der Nacht hatte es bereits einige Grade unter Null. Am Samstag früh stieg Lindermuth zeitig zum sogenannten Steinhüttel auf. Hier, am Fuße des Rauchkofels, war immer Betrieb während der Gamsbrunft. Es gelang dem Inspektor, einen sehr starken und vor allem ausnehmend gut gehackelten Gamsbock zu erlegen. Der Bock blieb an einem nicht sehr hohen ›Felswandl‹ so hängen, daß Lindermuth ihn herunterziehen mußte, um ihn aufbrechen zu können. Bei diesem nicht ganz einfachen Manöver im an sich schon äußerst steilen Almhang entglitt der Gams seinen Händen, stürzte seitlich vorbei und hakelte sich mit einer Spitze seiner Kruke in Lindermuths Unterschenkel. Lindermuth kam nun seinerseits ins Rutschen, überschlug sich und riß sich dabei ein Stück Wadenmuskel heraus. Vor Schmerz verlor er für Augenblicke die Besinnung. Als er wieder zu sich kam, sah er, daß die Wunde stark blutete. Er entnahm seinem Rucksack sein Reservehemd, zerriß es und band notdürftig den Fuß ab und die Wunde ein. Er befand sich gute fünf Wegstunden von Birnbaum, der nächsten Siedlung, entfernt. Als Postenkommandant wußte er, daß die Zöllner an diesem Wochenende keine Patrouille gehen würden.

Er war allein und mußte sich selber helfen. Unter Hinterlassung aller seiner Sachen wie Rucksack, Gewehr und Gams begann er, sich in Richtung Birnbaum zu schleppen. Zunächst mußte er den steilen Almhang hinunter zur oberen Wolayer Alm. Dort versagte sein verletzter Fuß vollkommen seinen Dienst. Er holte aus der Hütte einen zweiten Bergstock und begann mit beiden Hilfskrücken weiterzuhumpeln. Ein unvorstellbarer Leidensweg über 15 km schotterigen, zum Teil sehr steilen Almweg begann. Die ganze Strecke über begegnete ihm kein Mensch. Der Blutverlust hatte ihn stark geschwächt. Die Pausen, die ihm der schmerzende Fuß aufzwang, wurden immer häufiger. Gegen Abend hatte er zwei Drittel des Weges geschafft. Inzwischen hatte sich aber Fieber eingestellt, das ihn zeitweilig völlig umnebelte. Er wußte nur, daß er nicht liegenbleiben durfte. Das wäre bei den Temperaturverhältnissen das rasche Ende. An die Vorgänge während der Nacht hat er keine Erinnerung mehr.

Am darauffolgenden Morgen war Sonntag. Kirchgänger aus Wodmaye fanden den Besinnungslosen stark unterkühlt an der Auffahrt zur Gailbrücke. Er erwachte erst im Krankenhaus. Trotz beginnenden Wundbrandes konnte sein Bein gerettet werden.

Zwei Wochen später besuchte ich ihn im Krankenhaus. Er bat mich, an seiner Statt in den Pachtvertrag mit der Nachbarschaft Wodmaye einzutreten. Er hat seit dieser Zeit nie mehr gejagt.

Beide Vorfälle sollen zeigen, daß fast immer das Unwahrscheinlichste passiert. Man kann daher nicht alle Eventualitäten ins Kalkül ziehen, und schon aus diesem Grund ist es unbedingt notwendig, im Hochgebirge nie allein zu jagen.

Ein Großer Hahn

Im Jahre 1950 übernahm ich die Verwaltung eines etwa 5000 ha großen Jagd- und Forstgutes in der Obersteiermark. Die Betonung liegt auf Jagdgut, denn der Vorkriegseigentümer dieses landschaftlich wundervollen Hochgebirgsbesitzes hatte ihn ausschließlich der Jagd wegen gekauft und arrondiert. Dieser jagdlich so ambitionierte Industrielle von europäischem Format wollte auch auf seinem Jagdgebiet stets erreichbar sein. So ließ er zu den wichtigsten Hochsitzen und Jagdhütten des von ihm hauptsächlich bejagten Revierteiles Telefonleitungen aus Kupferdraht legen und war so mit der Hauptvermittlung, die im Jagdhaus installiert war, verbunden.

Nach dem Krieg war Kupferdraht ein sehr gesuchtes Material. Da diese Leitungen zu meiner Zeit nicht mehr benützt wurden, ließ ich sie abbauen. Ich war selbst erstaunt, als die Gesamtlänge von 8 km wertvollsten

Kupferdrahtes zum Verkauf kam. So konnte ich das magere Budget der Verwaltung etwas auffetten. Zwei nahezu parallel zueinander verlaufende Hochtäler, die in aneinandergrenzende Kare ausliefen, bestimmten die räumliche Ordnung des Betriebes. Der größere Revierteil, jener mit den Telefonleitungen, die ›Pölsen‹, wurde von einem älteren Oberförster betreut, dem ein Berufsjäger zugeteilt war. Hier befanden sich auch die Forstverwaltung, die Wohnung des Forstmeisters, ein herrschaftliches Jagdhaus und in der Mitte des Tales eine ›Zuhube‹, die von einem Halter und dessen Lebensgefährtin bewirtschaftet wurde. Sie betreuten den betriebseigenen Viehbestand sowie einige Haflinger, welche damals noch vielfältig eingesetzt wurden.

Einige am Rande des Besitzes gelegene, sogenannte Huben waren verpachtet. Diese Pächter stellten auch den Stamm der auf der Gutsverwaltung Beschäftigten dar. Die abseitige Lage des Gutes sowie die schwere Zugänglichkeit des Hochtales prägten die dort lebenden Menschen und machten aus einigen von ihnen richtige Originale. Da hatte die Halterin auf der Pölshube gerade wieder einmal entbunden. Auf meine Frage, ob sie nach dem nunmehr sechsten Kind nicht doch heiraten wollten, sagte sie empört: »Den besoffenen Lotter heiraten, kommt gar nicht in Frage!«

Das Revier Autal lag noch abgeschiedener. Nur auf einem Karrenweg konnte man das Jagdhaus erreichen. Es war gleichzeitig das Wohnhaus des Oberjägers Jester, dessen Frau auch die Zimmer der Jagdgäste und diese selbst betreute. In diesen ersten Nachkriegsjahren war man als Forstmeister hauptsächlich auf seine Beine angewiesen. Es gab keine befahrbaren Güterwege, und der klapprige Jeep der Forstverwaltung diente ausschließlich zu Fahrten in die Bezirksstadt. Im Winter war man des öfteren tagelang eingeschneit, bis endlich die Straßenverwaltung die ärmliche Zufahrt zur Forstverwaltung freigeschobene hatte.

Der kürzeste Weg in den Revierteil Autal führte über das Gebirge. Nach zweistündigem Aufstieg erreichte man die Lackneralm, den Hauptbrunftplatz des Hochwildes. Nach einer weiteren Stunde querte man die ›Schneid‹ direkt über dem tief im Tal sichtbaren Jagdhaus. Dann ging es recht schnell durch den Almwald, später durch Hochwald, immer in der ›Diretissima‹ bergab. Plötzlich stand man auf einer Märchenwiese. Vor einem massiv gebauten, einstöckigen Blockhaus plätscherte ein Brunnen. Im Zwinger gab ein sehniger Bayerischer Gebirgsschweißhund Laut, und bald darauf erschien die junge blonde Jägersfrau in der Tür, am Rockzipfel hing das damals dreijährige ›Jägerliesele‹. Mächtige Hirschgeweihe hingen im Vorraum. Die meisten von ihnen waren Opfer der strengen Winter oder der oft recht unerbittlich geführten Brunftkämpfe. Links vom Eingang betrat der Gast die geräumige Wohnküche der Jägersleute. Gegenüber dem Haupteingang führte eine Treppe zu zwei gemütlichen Schlafräumen, die für die Jagdgäste eingerichtet waren. Rechterseits gelangte man in einen großen Wohnraum und dahinter in das Schlafzimmer der Jesters.

Es war an einem heißen Julitag, an dem ich meinen Antrittsbesuch im Autal machte. Ich fand die Haustüre offen, das Haus schien leer zu sein. Auch der Zwinger war verlassen. Über allem lag die schwere, sommerliche Julihitze. Sogar der Brunnen schien einzuschlafen. Scheinbar hatte die Familie Jester meine Postkarte, die mein Kommen melden sollte, nicht erhalten. Ein Telefon gab es damals noch nicht im Autal.

Auf wiederholtes Rufen bekam ich keine Antwort. Ich sah aber im Halbdunkel der Wohnküche einen Schatten unter die Sitzbank huschen. Zunächst dachte ich an eine Katze, verließ das Haus und ging hinüber zum Stall. Es war jedoch niemand da. Dennoch war Feuer im Herd, und alles deutete darauf, daß die Hausbewohner nicht weit sein konnten. Als ich wieder die Küche betrat, hörte ich plötzlich ein leises Schluchzen aus der Ecke. Ich kniete nieder und blickte unter die Sitzbank. Da lag ein winziges, blondes, kaum dreijähriges Mädchen und blickte mich aus verweinten Augen ängstlich an.

Ich hatte meist ein Stück Schokolade bei mir, wenn ich einen ganzen Tag im Revier unterwegs war. Es dauerte auch nicht lange, bis ich das Liesele aus seinem Versteck herausgelockt hatte. Bald darauf kamen die Eltern vom Heuwenden zurück und wunderten sich, daß das Liesele ganz vertraut bei mir am Tisch saß und meinen Erzählungen lauschte. Mund und Hände waren mit Schokolade verschmiert. Bei Hirschmann dauerte es etwas länger, bis wir Freundschaft schlossen. Die ›Jesters‹ waren prachtvolle Menschen. Noch heute besuche ich sie, wenn es meine Zeit zuläßt. Das Jägerliesele hat geheiratet und ebenfalls ein blondes Mädchen in die Welt gesetzt. Jester war ein unermüdlicher Hüter seines Revieres. Er hatte auch die forstlichen Belange im Autal mitzubetreuen. Er war bei den Bauern und Holzarbeitern beliebt und geachtet. Wie alle in der Einschicht lebenden Gebirgler war Jester nicht sehr gesprächig. Dennoch konnte er seine Anliegen gut und verständlich vertreten. Wir hatten bald Vertrauen zueinander gefaßt, und das blieb so, bis zum heutigen Tag. Wie schön war eigentlich diese ›autolose Zeit‹. Man mußte mindestens zwei Tage im Autal bleiben, und so blieb an den Abenden Zeit, über alles Mögliche zu sprechen. Man war nicht gehetzt und kam sich menschlich viel näher. So wurde das Autal zu einer Art Refugium für mich, wenn mir manchmal die täglichen Probleme über den Kopf zu wachsen drohten.

Jedesmal, wenn ich die trennende Gebirgsschneid oberhalb der Lackneralm überschritten hatte und unter mir, tief im Tal, die dünne Rauchsäule des Jagdhauses sah, hatte ich das Gefühl, als sei eine Kilolast von meinen Schultern gefallen. Ich fühlte mich freier und freute mich auf den Kaffee und den abendlichen Plausch mit diesen prächtigen, unverbildeten Menschen. Man war glücklich, Krieg und Gefangenschaft überstanden zu haben, war voller Hoffnung, ein neues, besseres Leben zu gestalten und, was meiner Meinung nach so wichtig war: Man war viel bescheidener und daher zufriedener als heute. So plante ich mit Jester, im kommenden Frühjahr zusammen im sogenannten Bretsteinwald auf den Großen Hahn zu waidwerken. Unter Jesters Führung wollte ich meinen ersten österreichischen Auerhahn erlegen.

Der dazwischenliegende Winter erlaubte nur seltene Besuche im geliebten Autal, denn mehrere Lawinen verlegten oft wochenlang den Zugang zum Jagdhaus. Nur Jester allein konnte durch seine besondere Orts- und Wetterkenntnis die Ortschaft Bretstein erreichen und das Lebensnotwendige in sein hoch im Tal gelegenes Heim tragen.

Aber der Jahresablauf ist nicht aufzuhalten. Ende April kam Tauwetter. Man konnte zusehen, wie der Schnee verschwand. Weiße und violette Krokusse bedeckten über Nacht die vom Schmelzwasser aufgeweichten und plattgedrückten Wiesen. Nur in den großen, schattigen Mulden auf der Alm und am Grat, in den meterhoch aufgetürmten Schneewächten, hält noch lange der Schnee. Er ist faul, und man muß wissen, wo man den Fuß hinsetzt, um nicht einzusinken.

Mitte Mai 1951 stand ich gegen 14 Uhr hoch über der Lackneralm am Rande einer mächtigen Schneewächte und versuchte, die Autaler Seite der Schneid zu erreichen. Dies war nicht so einfach, denn die Wächte hing, entsprechend der Hauptwindrichtung, einige Meter auf die Gegenseite, und man konnte den Einstieg in die ›Gratwandeln‹ nicht ausmachen. Da aber war doch ein Stück der Wächte abgebrochen, just an der Stelle, an der ich meist die Schneid gequert hatte. Das war Glück. Von da an ging es leicht, und bald nahm mich der Almwald auf. So war ich schon um 15 Uhr beim Jagdhaus. Fast zur selben Zeit kam auch Jester vom Pflanzensetzen. Nach einem gemütlich verplauschten Spätnachmittag ging es bald zu Bett, denn um 1 Uhr mußten wir schon am Anstieg sein.

Jester weckte mich pünktlich aus schwerem Schlaf. Der vierstündige Überstieg, zum Teil in noch tiefem Schnee, war mir doch etwas in die Knochen gefahren. Leider meldete Jester, daß dicker Nebel herunten alles eingehüllt hatte. »Oben wird's wohl besser wer'n«, sagte er. Schnell einen langen Schluck heißen Kaffees, den die Jesterin vorsorglich abends in eine Thermosflasche gefüllt hatte, und bald darauf stapften wir den steilen Lahner hinauf. Jester trug die damals noch übliche Stallaterne. Ich folgte dicht auf, im Lichtschein der unsicher flackernden Kerze. Der Nebel verschluckte alle Geräusche, nur das Plätschern des Autalbaches zu unserer Linken war zu hören. So kamen wir langsam in den Almwald hinauf. Hier setzten wir uns unter eine mächtige Lärche.

»Dar Nepel werd's Togwer'n a noch verzögern«, bemerkte Jester. »Mir hom no a weng a Zeit«, war das letzte, was ich vernahm, dann war ich eingenickt. Plötzlich sah ich den alten, graubärtigen Jussik, unseren Goralen-Jäger aus ferner Heimat, meinen treuen Gefährten aus Kindertagen vor mir, wie er, mich an der Hand, meinem ersten Hahn entgegensprang. Das war Jahre vor dem Krieg. Ich selbst ein aufgeschossenes ›Büble‹ von zehn Jahren. Wir querten eine ganz frische, starke Bärenfährte. Jussiks gutmütiges Gesicht wendete sich mir zu, und mit dem Kinn deutete er auf die hutgroßen Eindrücke im Schnee. Dann verschwand dieses Bild aus meinem kurzen, unruhigen Traum.

Plötzlich spürte ich, wie mich Jester in die Seite stieß. Ich war sofort wach und sah, daß es heller geworden war. Immer noch zogen einzelne Nebelschwaden durch den lückigen Almwald. Die unter den uralten Lärchen stockenden Fichten sahen wie Trolle aus den weiten Wäldern Schwedens aus. Aber es war sichtiger geworden, und man konnte bereits Einzelheiten im näheren Umkreis erkennen.

Da hörte ich ihn, den großen Vogel aus grauer Vorzeit. Noch klopfte er zaghaft, in großen Abständen, so als ob auch er aus langen Träumen aufgewacht wäre. Dann aber wurde sein ›G'setzel‹ immer rascher wiederholt. Mit der Zeit wurde sein Gesang heißer, das Schleifen immer deutlicher. Jester erhob sich, und wir sprangen gemeinsam in den langsam heraufdämmernden Hahnenmorgen.

Der Boden war aper und das Springen leicht. Jedesmal, wenn ein dichterer Nebelfetzen durch die Bäume strich, war der singende Hahn nur schwach zu hören. Wir mußten immer wieder im Springen einhalten. Da wendete sich Jester plötzlich zu mir um und flüsterte mir ins Ohr: »Do springt noch oaner.«

Tatsächlich vernahm ich kurz darauf, bei der nächsten Strophe des Hahnes, kaum zwanzig Schritt vor uns im Nebel, jemanden drei schnelle Sprünge machen. Jester bedeutete mir, hier zu warten, und war im nächsten Augenblick im Nebel verschwunden. Jetzt, da ich selbst keine Geräusche mehr verursachte, waren der Hahn und die im nahezu völligen Gleichmaß anspringenden Männer recht gut zu hören. Dann war nur mehr der erhöht im Gezweig der Bäume stehende Hahn ganz leise zu vernehmen. Da verschwieg dieser plötzlich. Er mußte aus irgendeinem Grund Verdacht geschöpft haben. Vielleicht hatte er auch die anspringenden Männer vernommen. Erst nach langem Verschweigen begann er sich wieder einzuspielen. Eine fast unerträgliche Spannung hatte mich erfaßt, als ich auf einmal die laute, feste Stimme Jesters hörte: »S'Gwehr oba und, leg di nieder Saukerl, elendiger!« Ich hörte noch den Hahn davonpoltern, dann sprang ich schnell der Richtung der Stimme nach auf die Stelle zu, wo sich das Wildererdrama zu entwickeln begann. Ich kam gerade zurecht, als Jester ein ziemlich verrostetes Kleinkalibergewehr vom Boden aufhob. Daneben lag ein etwa neunzehnjähriger Bursche am Bauch auf dem Boden und rührte sich nicht.

»Wos is da liaba, de Schendarmerie oda obfotzen?« donnerte Jesters mächtige Stimme. »Obfotzen, Herr Oberjaga, obfotzen bittschön«, jammerte kläglich der auf dem Boden Liegende. Jester waltete nun seines Amtes, und das gründlich. Der junge Simale-Bauer, um diesen handelte es sich bei dem Delinquenten, ließ die Strafe widerstandslos über sich ergehen. Im Gegenteil, er bedankte sich noch bei jeder ›Fotzen‹.

»Dos G'wehr bleibt bei da Verwaltung. Und weil'st uns die Jagd versaut host, nimmst jetzt die Rucksäck', und ab geht die Post«, entschied der strenge Oberjäger.

Beim Abstieg lichtete sich der Nebel. Ein herrlicher Morgen entstieg dem wallenden Nebelmeer. Der Simale ging mit hängendem Kopf zwischen mir und dem immer noch Flüche murmelnden Oberjäger. Vor dem Jagdhaus nahm der Simale seinen Hut ab und bat mich inständig, von einer Anzeige bei der ›Schendarmerie‹ Abstand zu nehmen. Ich sagte, daß ich es mir noch überlegen werde, und bestellte Simale für den übernächsten Tag auf die Forstkanzlei. Er war auch pünktlich zum angegebenen Termin zur Stelle und sehr erleichtert, als er mit einer strengen Verwarnung davonkam. Im Grunde war er ein braver Bursche, der jeden Winter für die Verwaltung Holz fuhrwerkte und auch sonst immer zur Hand war, wenn jemand gebraucht wurde. Später erwarb er den Jagdschein und machte die Aufsichtsjägerprüfung. Er ist heute Aufsichtsjäger in der Gemeindejagd, hat nach dem Tod des Vaters den großen Hof übernommen und ist ein allseits geachteter ›G'standener Mo‹.

Eine Anzeige bei der Gemeinde hätte ihn vielleicht auf einen schiefen Lebensweg gebracht. Das verrostete Kleinkalibergewehr muß heute noch in der Forstkanzlei hängen. Sicher weiß niemand mehr, wie es dorthin gekommen ist. Tempi passati!

Der Unterhosenhirsch

Viele Jahre war ich Gast in einem obersteirischen Forstbesitz. Regelmäßige Einladungen auf Rehbock und Hirsch verdanke ich der gütigen Besitzerin, ihrem prinzlichen Gemahl und meiner Freundschaft mit dem Forstmeister des Betriebes. Dieser war, obwohl Österreicher von Geburt, viele Jahre als Oberforstmeister im Osten des Deutschen Reiches tätig. Dort lernte er die Großzügigkeit und Gastfreundschaft der deutschen Kollegen kennen und schätzen. Diese Einstellung brachte er zurück in seine, ihm nun vielleicht eng gewordene Heimat. Wir verstanden uns sehr gut, und ich war bei ihm jagdlich in guten Händen. Soweit ich mich erinnern kann, zierten die schlichte Wand seines Jagdzimmers nur zwei Trophäen. Es waren dies ein sehr starker Kronenzwölfer mit etwa 12 kg Geweihgewicht und ein gut geperlter, hoher und enggestellter Sechserbock von 550 Gramm Gehörngewicht. Beides Trophäen aus Hinterpommern mit bester Veranlagung. Er hatte sie, ein halbes Jahr vor dem Einmarsch der Roten Armee, erlegt und irgendwie rechtzeitig nach Österreich geschickt.

Oft saßen wir abends bei einem guten Glas Wein in dieser gemütlichen Ecke. Einmal sagte er unvermittelt: »Eine Trophäe stirbt mit dem Erleger.« Auf mein überraschtes Gesicht, denn wir sprachen vorher von ganz anderen Dingen, fügte er hinzu: »Eine Trophäe verbindet dich doch mit dem erlegten Wild und dem Erlebnis, das du auf dieser Jagd hattest. Bist du nicht mehr, bleibt nur mehr ein Knochen an der Wand.« Jetzt, wo ich diese Zeilen schreibe und mich zu diesem Zweck in mein gemütliches Jagdzimmer zurückgezogen habe, fiel mir diese lang vergessene Episode wieder ein.

Es war Ende September. Ich erhielt einen überraschenden Anruf meines Freundes, der mich bat, wenn irgend möglich, schon am nächsten Freitag gegen Mittag bei ihm in der Forstkanzlei zu erscheinen, da man meinen Jagdtermin vorverlegen mußte. Es war Montag, und ich mußte einige Termine umdisponieren. Dann sagte ich zu. Es wunderte mich, daß ich bereits zu Beginn der Hauptbrunft eingeteilt wurde. Zu dieser Zeit pflegte nur der Prinz zu jagen. Andererseits war es verlockend, in diesem wundervollen Hochwildrevier die Zeit der Hochbrunft mitzuerleben.

Vier Tage darauf traf ich pünktlich zur Mittagszeit im Forstamt Sch. ein. Es war eine große Ehre, daß mir der Prinz gestattete, zur selben Zeit in seinem Besitz zu jagen. In der Kanzlei saß ein Bürschchen von etwa 22 Jahren. Ich hatte ihn noch nicht gesehen, da er als Jagdpraktikant erst vor wenigen Wochen eingestellt worden war. Er sollte mich zur Jagd begleiten. Mein Freund konnte nicht mitkommen, da er dem Gutsherrn zur Verfügung stehen mußte. Ich bekam einen jagdbaren Ib-Hirsch frei und wurde in einen Revierteil gewiesen, der im Osten an Bauernwälder angrenzt. Der Praktikant stieg zu mir in den Wagen, und bald darauf waren wir unterwegs in das ›Neuland‹.

Unterwegs erfuhr ich, daß mein Begleiter ein Kärntner war, das erstemal die Hirschbrunft mitmachen sollte und daher keinerlei Erfahrung mit Hochwild hatte. Ich fragte ihn, ob er das Revier, in dem wir jagen sollten, kenne. Er bejahte dies, fügte aber gleich hinzu: »Mit de Hirsch müassens oba selba ferti wer'n!« Er schien auch sonst einen praktischen Verstand zu besitzen, denn er erkundigte sich sofort, ob ich auch genug Verpflegung für uns beide mitgenommen hatte. Bei aller Freude über die Einladung auf einen jagdbaren Hirsch mußte ich während der Fahrt an verschiedene Schwierigkeiten denken, die die Kürze der zur Verfügung stehenden Zeit mit sich bringen mußte. Es war in zwei Tagen Vollmond. Der Brunftbetrieb würde sich daher hauptsächlich während der Nacht abspielen. Seit Tagen war es warm und schön, ein herrlicher Altweibersommer. Das Wild würde daher auf den Almen stehen und frühzeitig am Morgen einziehen. Eine Abendpirsch aber hätte wenig Aussicht auf Erfolg, da das Hochwild erst bei Mond austreten würde.

Bei geraumer Betrachtung standen mir daher nur zwei Pirschgänge zur Verfügung. Diese Zeit war sehr kurz, wenn man sich den Hirsch selber aussuchen mußte. In einem gepflegten Hochwildrevier, das durch viele Jahre von sogenannten Abschußhirschen weitgehend ›gesäubert‹ war, konnte ein Ib-Hirsch zur Stecknadel im Heuhaufen werden! Insofern war die Lage des mir zugewiesenen Revieres, an der Grenze zu den Bauernwäldern, vorteilhaft. Es konnte ja einmal ein unbekannter ›Bauernhirsch‹ seinen Äser in die hochherrschaftlichen Gefilde stecken. Als Optimist, der ich immer war, betrachtete ich aber all diese erschwerenden Umstände als eine Herausforderung, trotz allem doch zu einem Erfolg zu kommen. Franz, so hieß mein Begleiter, der mein nachdenkliches Schweigen scheinbar mit seiner Person in Verbindung brachte, versicherte mir treuherzig, er werde alles für mich tun: Kochen, Rucksacktragen, Hütte reinigen, die Wege weisen und was sonst noch zu tun wäre. Aber: »Dö Hirsch osprecha, dös müassens sölba kenna!«

Der Güterweg brachte uns in einen großen Waldkessel, der einen langen Talzug gegen das Almgebiet abschloß. Der untere Bereich des Kessels war zum Großteil abgeholzt. Ein Windwurf von vor zwei Jahren war aufgearbeitet und das Holz bereits abtransportiert worden. Gegenüber dieser Windwurffläche stand die Jagdhütte. Von ihr übersah man einen guten Teil des Kessels. Der Güterweg endete etwa 100 Meter oberhalb der Hütte auf einem Holzlagerplatz. Der übrige Teil des Kessels war mit Altholz bestockt. Darüber lag ein mit Blößen durchsetzter Almwald, der gemeinsam mit den Almen beweidet wurde. Der Wirtschaftswald war durch einen durchgehenden Zaun vor eindringendem Weidevieh geschützt.

Wir richteten uns im Jagdhaus ein und nahmen ein verspätetes Mittagessen zu uns. Dann setzte ich mich mit Franz vor die Hütte und spekulierte mit meinen Glas die gesamte Umgebung ab. Es war mir klar, daß das Hochwild erst spät aus seinen Einständen auf die Alm ausziehen würde. Daher war die Abendpürsch wenig erfolgversprechend. Ich beschloß daher, sehr zeitig am kommenden Morgen zu den Brunftplätzen aufzusteigen. Der Jagdeleve berichtete, daß entlang dem Weidezaun, noch im Bereich des Almwaldes, ein Pürschsteig den gesamten Kessel umrunde. Von diesem hätte man gute Einblicke auf diverse Blößen und fallweise auch auf die freie Alm. Diesen Steig könne man in eineinhalbstündigem Aufstieg von der Hütte aus erreichen.

All das versprach eine günstige Ausgangsposition für meinen Plan. Wie zur Hahnbalzzeit wollte ich am kommenden Morgen langsam bis zum Weidezaun aufsteigen. Während dieses Aufstiegs konnten wir verhören und uns dann auf dem Pürschsteig jenem Gebiet nähern, von wo aus uns die vielversprechendsten Stimmen entgegenschallen würden. Bis zum Anschlagen der Sonne, also bis gegen acht Uhr früh, sollten wir guten Wind haben, wenn wir uns immer unter dem Wild halten würden. Ich hoffte, die Hirsche bei Büchslicht entweder noch auf der freien Alm oder aber im Bereich der Blößen im Almwald ansprechen zu können. Ich erklärte Franz den Plan für den kommenden Morgen. Dann dösten wir in der Sonne des herrlichen Herbstnachmittags vor der Hütte.

Es war still, ab und zu rätschte ein Tannenhäher, hier Tschackl genannt, in den Zirben des Almwaldes. Silberne Spinnwebfäden segelten in der klaren Luft und waren gegen den dunklen Fichtenwald wunderbar zu sehen. Dann kreiste ein Adler hoch über dem Talkessel und verschwand gegen das Murtal zu. Als die Sonne hinter dem westlichen Bergrücken verschwand, wurde es merklich kühler. Da hörte ich aus dem gegenüberliegenden Hang, oberhalb der Windwurffläche, eine tiefe, mürrische Stimme anstoßen. Der Hirsch trenste noch einmal, aber bereits etwas höher gegen den Almwald zu, dann war es wieder still.

Wir gingen in die Hütte und kochten Tee, den wir in einer Thermosflasche am Morgen mitnehmen wollten, legten unsere Sachen zurecht und gingen bald zu Bett. Ich wollte gegen ein Uhr morgens geweckt werden, um noch etwas Zeit zum Verhören zu haben, bevor wir dann zur Alm aufsteigen würden. Ich hatte eine schwere Woche hinter mir und fiel sofort in tiefen Schlaf. Als mich Franz weckte, war ich dann auch frisch und ausgeschlafen. Wir packten unsere Sachen rasch zusammen und traten bald darauf vor die Hütte. Es war eine märchenhafte Mondnacht. Auf allen Seiten schrien die Hirsche. Ich versuchte, einzelne Stimmen abzuschätzen, aber das war wegen der Kessellage der Hütte nicht möglich. So stiegen wir langsam bis zum Ende des Güterweges und von dort, auf einem Holzarbeitersteig, steil zur Alm auf. Im Hochholz war das Schreien der Hirsche nur mehr undeutlich zu vernehmen. Das Mondlicht ersparte uns die Taschenlampe.

Weiter oben legten wir Horchpausen ein. Auf diese Weise erreichten wir ohne zu schwitzen den Almzaun. Alles Wild schien auf der Alm zu sein. Gegen 3 Uhr morgens überkletterten wir vorsichtig den Weidezaun. Nun war das Schreien der Hirsche deutlich zu vernehmen. Der Mond zog ruhig seine Bahn, und ohne Schwierigkeiten erreichten wir bei guter Beleuchtung den Horizontalsteig. Hier verhielten wir noch einmal, um genauer zu verhören. Links vor uns, auf halber Höhe des Almhanges, lag ein flacher Kessel. Franz sagte mir, daß an seiner tiefsten Stelle sich eine Wasserlacke befinde. Nach Aussagen des Försters sei hier der Hauptbrunftplatz. Dies schien sich auch zu bestätigen, denn aus dem Kessel hörte man mindestens vier Hirsche schreien, darunter eine mürrische tiefe Stimme, die in Abständen den anderen antwortete.

Rechts von uns, in einer Entfernung von etwa 400 Metern, ertönte jetzt ein Sprengruf, dem eine junge Stimme aus sicherer Entfernung sekundierte. Auf der gegenüberliegenden Seite des Almkessels hörte man eine tiefe Stimme rufen. Es mußte der Platzhirsch sein, der sein Rudel beherrschte. Der Ruf kam aus dem blößigen Almwald. Der Hirsch schien keine Beihirsche bei sich zu haben. Am günstigsten erschien mir aber das Brunftrudel im Kessel mit der Wasserlacke. Hier schrien mindestens vier Hirsche. Vielleicht war etwas Brauchbares darunter. Es war inzwischen 4 Uhr geworden, und wir versuchten den Rand des Kessels zu erreichen, von wo aus wir Einblick in das Brunftgeschehen haben würden.

Wenig später lagen wir auch hinter einer windzerzausten Gruppe von Wetterfichten und konnten das Wasser der Lacke im schrägen Mondlicht glitzern sehen. Am gegenüberliegenden Ufer sahen wir die Schatten von Wild, die in ständiger Bewegung waren. Als Silhouette gegen den untergehenden Mond konnten wir zwei Hirsche ausmachen, scheinbar die Beihirsche des Rudels, das am Boden des Almkessels umherzog. Sie meldeten in Abständen mit mäßiger Stimme. Im Zentrum des Brunftrudels antwortete ihnen ein mürrischer Baß. Diesen Hirsch wollte ich sehen. Das kleinere Rudel auf der rechten Seite der Alm war in den Waldgürtel eingezogen. Die beiden Hirsche meldeten bereits aus dem Almwald.

Es kam jene Stunde des beginnenden Tages, in der das Mondlicht mit

dem unmerklich heraufdämmernden Tag durchsichtiger wird. Das Kahlwild wurde unruhiger, begann langsam um die Wasserstelle herumzuzie-
hen und die Richtung zum Wald einzuschlagen. Im Kessel war die Beleuchtung schlecht, und ich konnte beim besten Willen den starken Platzhirsch nicht ansprechen. Ich sah bereits meine Felle davonschwimmen, da
kam mir ein Zufall zur Hilfe. Ein Beihirsch hatte sich ein Tier aus dem ab-
ziehenden Rudel geholt. Daraufhin umrundete der Platzhirsch mit einem
bösen Kampfruf die Wasserstelle auf unserer Seite, schnitt dem Paar den
Weg ab und trieb das Rudel noch einmal auf den Brunftplatz zurück. Das
Leittier wendete zwar wieder, aber die Verzögerung reichte für das Her-
aufdämmern eines einigermaßen brauchbaren Büchslichtes. Nun sah ich
die Stangen des Platzhirsches gegen den Himmel und mußte feststellen,
daß er ein starker Kronenzwölfer war, mit beidseitigen, wunderbar geformten Becherkronen.

Ich wollte ihn näher haben, griff zu meiner Tritonmuschel und markierte einen forschen, aber jüngeren Hirsch. Der erboste Hirsch warf sofort auf und umrundete neuerlich die Lacke. In dieses Manöver schrie ich
noch einmal hinein. Dann legte ich die Muschel zur Seite und wollte zum
Glas greifen. Aber der Hirsch war bereits auf 40 Schritt herangekommen
und schrie uns einen mächtigen Kampfruf entgegen. Dann begann er Rasenstücke hochzuschleudern. Es war ein grandioses Bild. Ich blickte mich
vorsichtig zu meinem Begleiter um, aber diesen hatte scheinbar der Erd-
boden verschluckt.

Inzwischen war das Leittier im Almwald verschwunden und mit ihm
ein Großteil des Kahlwildes. Nun trollte auch der Platzhirsch nach. Die
Alm war leer. Ich suchte nach dem Jäger Franz und fand ihn bei einer alten
Zirbe am Horizontalsteig. Er behauptete, ein menschliches Rühren hätte
seinen plötzlichen Rückzug veranlaßt. Wir folgten dem Steig hinüber auf
die rechte Seite, wo wir aus dem Wald noch einmal einen tiefen Grohner
gehört hatten. Ein warmer, wolkenloser Herbsttag kündigte sich an, und
unsere Hoffnung, an diesem Morgen noch einmal mit Hochwild zusam-
menzukommen, erfüllte sich nicht.

Gegen 9 Uhr waren wir wieder beim Jagdhaus, nahmen ein frugales
Frühstück zu uns, und bald danach schliefen wir den Schlaf der Gerechten.
Am Nachmittag fuhr ich zu meinem Freund, um ihm über den bisherigen
Verlauf der Jagd zu berichten. Bei einem Glas Wein erfuhr ich dann den
Grund der vorverlegten Einladung und meine ›Abschiebung‹ in einen mir
unbekannten Revierteil. Der Prinz, der während der Brunft keine Gäste
im Revier duldete, hatte in diesem Jahr ausgesprochenes Pech. Es wollte
und wollte nicht klappen. Er zog sein gesamtes Forstpersonal in seinem
Leibrevier zusammen, um ständig alle Hochsitze besetzt zu halten, und

verlängerte seinen Aufenthalt bis zum Ende der Brunft. Eine ganze Reihe vorgesehener Gäste wurde höflich ausgeladen und auf spätere Hirschriegler vertröstet. Es war eine nie dagewesene Geste des hohen Jagdherren, daß mir gestattet wurde, zur selben Zeit wie er zu jagen! Ich hatte die Freude, ihn dann auch kurz in seinem neu errichteten Jagdhaus zu besuchen, um mich für seine Gastfreundschaft zu bedanken. Er ist nun schon lange tot. In Erinnerung blieb ein schlanker, eleganter, nicht sehr gesprächiger alter Herr, aus dessen Rocktasche manchmal ein zahmes Mauswiesel hervorlugte und an seinem Jagdrock herumkletterte.

In tiefen Gedanken fuhr ich wieder zur Hütte, um mich noch ein paar Stunden aufs Ohr zu legen. Als ich vom Auto zur Hütte ging, erklang aus dem Wald oberhalb des Holzschlages ein tiefer, langgezogener Grohner. Franz, der Jäger, schlief tief und fest, daher stellte ich den Wecker auf 1 Uhr früh. Um 2 Uhr waren wir wieder am Aufstieg zur Alm. Der Mond war verschleiert, Schäfchenwolken waren aufgezogen, aber man sah genug, und wir brauchten die Taschenlampe nicht. Wir überstiegen den Zaun und setzten uns auf die mächtigen Wurzeln der alten Zirbe, bei welcher Franz vor dem ›angreifenden Hirsch‹ Zuflucht gesucht hatte. Am ›Lackenbrunftplatz‹ ging es hoch her, aber das interessierte mich nicht mehr.

Rechts von uns, knapp oberhalb des Almwaldes, meldete ein Hirsch mit einer mittelmäßigen Stimme. Ihm antwortete, wie ein verzerrtes Echo, von der freien Alm herunter, ein Hirsch mit eigenartiger Fistelstimme. Wir machten uns langsam auf den Weg. Das Mondlicht wurde schwächer, aber wir durften keine Lampe mehr benutzen. Glücklicherweise folgte der Weg hier dem Zaun und führte uns in den Almwald hinein. Nun mußten wir darauf achten, kein Wild abzutreten, denn der gesuchte Hirsch, das wußten wir vom Vortag, hielt sich mit seinem Rudel im Bereiche der Randbäume und auf den Blößen des Almwaldes auf.

Wir näherten uns dem mäßig rufenden Hirsch. Er hatte Kahlwild bei sich, denn ab und zu vernahmen wir gedämpften Sprengruf. Vielleicht war er ein alter Herr, der ängstlich seinen kleinen Harem zusammenhielt. Langsam wurde Büchslicht. Ich legte den Jäger bei einer tief beasteten Fichte ab und sagte ihm, ich würde auf einer Patronenhülse pfeifen, wenn er mir wieder folgen sollte. Dann pürschte ich allein weiter. Meinen Bergstock hatte ich bei Franz zurückgelassen, denn das Gelände war gut begehbar. Dafür hielt ich meine Tritonmuschel in der Hand. Plötzlich sprang links von mir ein Hirsch ab. Ich erkannte einen Jüngling und schrie ihn heftig an. Damit wollte ich das Wegbrechen des Stückes kaschieren. Sofort kam die Antwort vom Platzhirsch. Er war näher, als ich dachte und beinahe unter mir im Wald. Ich setzte mich auf den Wegrand und wartete kurze Zeit. Dann ahmte ich den nasalen Ton eines Tieres nach. Daraufhin wurde eine Randfichte mächtig gerüttelt und ein alter Achter mit starken Gabeln stand 70 Gänge unter mir. Ich riß meine Büchse hoch, doch der Alte hatte mich nun voll in den Wind bekommen, schlug und verschwand. Noch einmal hoben und senkten sich die Äste der Fichte, dann war es still. Ich blieb noch eine halbe Stunde, aber nirgends in der Runde meldete ein Hirsch. Die Mondnacht hatte wohl alle ziemlich angestrengt. Ich pfiff auf der leeren Patronenhülse, und bald darauf erschien der Jägerbursche. Es folgte ein melancholischer Abstieg zur Hütte, da auch die letzte Pürsch erfolglos geblieben war. Dennoch waren beide Morgen für mich ein unvergeßliches Erlebnis. Franz war wirklich traurig, denn nach alter Überlieferung glaubte er, daß keine Beute gleichzusetzen wäre mit geringem Trinkgeld. Wir ließen uns Zeit und frühstückten zunächst einmal ausgiebig. Dann begann ich meine Jagdutensilien zusammenzupacken. Ich zerlegte meine Bockbüchsflinte und versorgte das Glas sowie die Munition in meinen Rucksack.

Derweil beschäftigte sich der junge Kärtner mit dem Hüttenputz. Ich zog mein Jagdgewand aus und begann mich zu rasieren. Gerade hatte ich die eine Hälfte meines Gesichtes abgeschabt, als Franz aufgeregt in die Hütte stürzte und rief: »Schnell, kommens ausse, a starker Hirsch mit drei Tier zieht über'n Schlog!« Ich riß mein Fernrohr aus dem Futteral, setzte die ›Bock‹ zusammen, schlug das Zielgerät auf, steckte eine Ersatzpatrone in das Gummiband meiner langen Unterhose, lud die Waffe und sicherte, rief dem Jäger zu, er solle einen Stuhl an die Hüttenwand stellen und den Hirsch im Auge behalten. Dann folgte ich Franz nach draußen. Eben war ein Stück Kahlwild aus einem Jungwuchshorst wieder ins Freie gezogen, dann folgte ein Kalb. Ich hatte mich hingesetzt, den Rücken an die Hüttenwand gelehnt, das Gewehr angestrichen und Sekunden später ein Schmaltier im Glas, als Franz hinter mir flüsterte: »Hiazt kimmt da Hirsch!«

Deutlich sah ich die beiden Riesengabeln und erkannte den Alten vom heutigen Morgen. Als er die Dickung verlassen hatte, rief ich ihn an. Er verhielt und äugte zur Hütte hinunter. Anscheinend war er im Bereich des Weges an menschliche Laute gewöhnt. Das war sein Verhängnis.

Auf meinen Schuß kam der stark abgebrunftete Hirsch ins Rutschen, wurde immer schneller, überschlug sich zwei-, dreimal, wurde von ein paar Jungfichten am Grabenrand zur Straße gebremst und rutschte langsam die steile Böschung hinab. Ich hatte die ganze Strecke über den Hirsch mit meinem Blick verfolgt. Dann sah ich auf mein Gewehr und stellte fest, daß die rechte Kolbenseite voller Rasierseife war und ich, mit nacktem Oberkörper in den wenig kleidsamen, dafür um so wärmeren sogenannten Gatjehosen (ein böhmisch-›deitsches‹ Pseudonym für die langen Unterhosen) auf dem Stuhl an der Hüttenwand saß.

In diesem Augenblick bog der Volkswagen meines Freundes um die Hüttenkehre und blieb bei meinem am Straßenrand liegenden Hirsch stehen. Er stieg aus, blickte auf den Hirsch, dann auf mich und sagte in seiner trockenen Art nur:»Das darf nicht wahr sein!«

Aus der Jugendzeit in Mähren

Es fing damit an, daß ich die tschechische Sprache erlernen sollte. Man sagt von ihr, ein habsburgischer Hofnarr hätte sie erfunden, um seinen melancholischen Kaiser zum Lachen zu bringen. Verehrter Leser! Sprich mir den tiefsinnigen Satz nach:»Strtsch prst skrs krk ...«, was soviel bedeutet wie»Steck den Finger durch den Hals ...« Gelingt es, ohne einen Zungenkrampf zu bekommen, dann hast du vielleicht die Chance, diese Sprache zu erlernen.

Meine Eltern schickten mich also in den Sommerferien auf das Waldgut einer bekannten Familie in der Nähe von Wischau in Mähren. Hier sollte ich bei einem Heger, der kein Wort Deutsch verstand, zwei Monate verbringen. Ich wollte die Tätigkeiten eines Forstmannes kennenlernen und während des Zusammenlebens mit der rein tschechischen Familie meine Schulkenntnisse in dieser Sprache perfektionieren. Deutlich erinnere ich mich, wie ich das erste Mal mit meinem Vater durch das schmale Waldtal fuhr, bis wir am Hegerhaus ankamen. Von meinem Vater wurde ich dem stramm grüßenden Heger übergeben. Die Kinder der Hegerfamilie, ein Bub in meinem Alter und zwei jüngere Mädchen, drängten sich neugierig hinter ihrer Mutter, der mein Vater das Kostgeld für die Zeit meines Aufenthaltes übergab. Dann setzte er sich in den Wagen, und ich war allein in der für mich neuen Welt.

Ich muß vorausschicken, daß ich, geprägt von einem gütigen, naturverbundenen Volksschullehrer und meinem Lieblingsonkel, der in den Karpaten eine ausgedehnte Jagd besaß, für alles Naturwissenschaftliche sehr aufgeschlossen war. So befand ich mich plötzlich in einem Jugendparadies, wie ich es mir immer erträumt hatte. Rasch hatte ich mich mit Linda, dem Sohn des Hegers Ryschanek, angefreundet. Wir genossen die Freiheit der großen Schulferien, halfen dem Heger, wenn er uns beim Holzmessen oder Färbeln brauchte. Wir verrichteten kleinere Botengänge, lernten das Ausrechnen der Kubaturmanuale, halfen beim Neuladen der Schrot- und Kugelpatronen und gingen mit, wenn im August die

Jagd auf Rebhühner aufging und man die Kartoffel- und Rübenfelder mit ›Dem Hund unter der Flinte‹ durchstreifte.

Die meiste Zeit aber genossen wir eine unbegrenzte Freiheit. Wir lebten wie Tom Sawyer und Huckleberry Finn. Wer kennt nicht die schönste Jungensgeschichte des unvergessenen Mark Twain! Ich hatte sie damals bei meinem ersten Besuch in der Hegerei bei mir und mußte ganze Passagen davon meinem Freund Linda übersetzen. Das große Abenteuer, das mein weiteres Leben mitprägen sollte, begann. Ich verbrachte viele Jahre hindurch alle Ferien in diesen herrlichen Wäldern im Nordosten der mährischen Landeshauptstadt Brünn. Ein mir bis dahin unbekanntes Paradies tat sich auf.

Das Hegerhaus war eine ehemalige Mühle. Sie wurde nicht mehr betrieben und lag an einem träge dahinfließenden Bach, der zwei größere Fischteiche miteinander verband. Dieses Gewässer war daher außerordentlich fischreich. Bei jedem Ablassen der Teiche entkamen Fische, die die tiefen, lehmigen Gumpen des Baches bevölkerten. In den Uferwänden hatten Flußkrebse ihren Unterschlupf, die wir nächtens unter der Führung des Forstadjunkten bei Kienspanbeleuchtung fingen und in der Oberförsterei gegen ein kleines Trinkgeld abliefern mußten. Über der Wasseroberfläche brüteten Eisvögel in ihren mit feinen Fischgräten ausgepolsterten Röhren. Auf beiden Teichen tummelten sich Stockenten, Haubentaucher und Bläßhühner. Auch konnte man die scheueren Teichhühner und Zwergtaucher beobachten. Im dichten Schilf lebten Rohrdommeln, Rallen, und auf den feuchten Wiesen am Rande der Teiche rief der Wachtelkönig.

Durch viele Jahre war mir der Heger Ryschanek Lehrmeister und Freund. Daneben lernte ich die Landessprache so perfekt, daß ich später auch den Eingang in die anderen slawischen Sprachen fand. Letzteres half mir im Kriege, in der Nachkriegszeit und auch im späteren Berufsleben. So lernte ich auch die tiefe Weisheit eines russischen Sprichwortes kennen, das da heißt: »Ein Mensch lebt so oft, wie er Sprachen spricht.« Immer mehr festigte sich in diesen Jahren bei mir der Wunsch, Forstmann zu werden. Diesem Vorsatz bin ich treu geblieben. Auch als später Krieg und Nachkriegszeit mir die Heimat raubten, deren Wälder einst zu den schönsten dieser Erde zählten.

Nichts übt auf Knaben eine solche Anziehungskraft aus wie ein Gewässer. Ganz gleich, ob es sich um einen Bach, einen Fluß oder See oder gar um das Meer handelt. Die ständige Bewegung, das Geheimnisvolle dessen, was seine Oberfläche verdeckt, das plötzliche Auftauchen eines Fisches oder einer Ringelnatter, die mit ihren beiden Seitenflecken am Köpfchen wie der Schlangenkönig aussieht, oder die Kiellinie, verursacht durch den Kopf eines rinnenden Bisam, dessen Bau man dann im Schilf entdeckt. Der vorbeihuschende Farbenblitz eines Eisvogels oder die Wasseramsel, die unter Wasser, am Bachgrund laufend, Köcherfliegenlarven sucht. Oder wenn man nächtens, mit der Lampe bachaufwärts vorsichtig den steinigen Grund vor sich ableuchtend, die Solitärkrebse mit schnellem Griff in den mitgetragenen Weidenkorb befördert.

Wie schon gesagt, lag das Hegerhaus am Verbindungsbach zwischen dem sogenannten Pistowitzer Teich und einem 5 km entfernten, stark verschilften und ungepflegten Teich, der ›Chobot‹ genannt wurde. Gerade das Verwilderte dieses Gewässers bot einer Unzahl von Vögeln und Amphibien Lebensraum. Lag man auf dem Bauch am Steg, der zum Mönch führte, und sah in das dunkle, aber doch klare Wasser hinunter, dann konnte man, wenn man Glück hatte, eine Sumpfschildkröte vorbeirudern sehen. Oft schlichen wir Ende Mai das Teichufer entlang und überraschten die träge am Wasserrand liegenden, die Frühjahrssonne genießenden Panzertiere.

Im Herbst fielen unzählige Stare abends im Schilf ein, und es war ein unvergeßlicher Anblick, mit welcher Präzision die einzelnen Starenwolken ihre Luftmanöver und Wendungen ausführten. Dadurch bekam eine solche Vogelwolke die verschiedensten Formen und Gestalten, bis plötzlich, wie auf ein Kommando, der Starenpulk im Sturzflug seine sichere Schlafstelle aufsuchte. Das Schilfmeer rauschte auf, und dann begann ein Gezischel und Gezwitscher, bis die nächsten Schwärme vom Himmel stürzten. Jedesmal zu Herbstbeginn saß ich am Chobot und sah mir dieses unerhörte Schauspiel an.

Wir wären keine Jungen gewesen, wenn wir nicht mit der ›Spagat-Angel‹ und einer Haselrute so manchen Karpfen heimlich gelandet hätten! Ich glaube aber, daß wir niemand Schaden zugefügt haben, denn in all den Jahren wurde der Chobot nur einmal abgefischt. Das Ergebnis war anscheinend wenig zufriedenstellend, denn man reparierte den Mönch nur notdürftig, setzte eine kleine Menge Jungfische, die man beim Abfischen separiert hatte, zurück in den wieder gespannten Teich und überließ den Chobot seinem beschaulichen Dasein. Die Frau des Hegers freute sich, wenn wir unsere Beute ablieferten, und fragte nicht nach dem Woher der Fische. Am meisten aber freuten wir uns selbst, denn der Küchenzettel der bescheidenen Leute war nicht sehr reichhaltig.

Zu meinem zwölften Geburtstag erhielt ich von meinem Onkel ein Flobert-Gewehr der Marke DUO. Diese handliche Waffe war ganz geschäftet, besaß sogar einen Stecher und schoß außergewöhnlich gut. Von diesem Zeitpunkt an wurde unser Speisezettel um viele Wildkaninchen bereichert, bei deren Zubereitung die Hegersfrau eine ungewöhnliche

Obere Wolaye und Biegengebirge

Der Unterhosenhirsch

Phantasie entwickelte! Ich schoß diese ›Deputatkaninchen‹ meist am Abendansitz, wenn sie aus den Akazienremisen (Robinien) in die Luzerne huschten.

Am Verbindungsbach der beiden Teiche fanden sich zur Mittagszeit der heißen Sommertage unzählige Ringeltauben ein. Die Pürsch und der Ansitz auf diese scheuen Vögel brachten so manchen Taubenbraten auf den Küchentisch. Eichelhäher, Elstern und Jungkrähen mußte ich in der Oberförsterei abliefern. Dort wurde ein Uhu gehalten, der über einen gesegneten Appetit verfügte. Am liebsten saß ich Ende März am Ufer des Chobot und wartete auf einen im schon eisfreien Uferwasser auftauchenden Bisam, der um diese Zeit den besten Balg hat. Heger Ryschanek zeigte mir, wie man ihn abbalgt und die Bälge spannt und pflegt. So konnte ich mir für den Erlös der verkauften Pelzchen immer genügend Long-Rifle-Patronen kaufen und war stolz auf mein erstes selbst ›erjagtes‹ Geld.

Forstwirtschaftlich interessant war die Bewirtschaftungsform dieses Betriebes. Mit rund 800 ha Größe wurde der Besitz von einem Oberförster geleitet. Ihm unterstanden zwei Heger. An den Ausläufern des Mährischen Karstes gelegen, bedeckte der Wald die Vorberge und Hügel am Rande der fruchtbaren ›Hanna‹, einer rein landwirtschaftlich genutzten Ebene. Die wohlhabenden Bauern dieses gesegneten Landstriches, der unserem Forstgut vorgelagert war, benötigten Brennholz. Die Winterzeit bot Gelegenheit, anderweitig zu arbeiten. So verdingten sich die hannakischen Bauern als Holzarbeiter.

In unserem Betrieb hatte sich folgendes Entlohnungssystem entwikkelt: Die Schlägerungsarbeiten umfaßten die Werbung des Holzes bis zum Abfuhrweg. Dafür erhielten die Bauern – man höre und staune – die Wurzelstöcke, den Schlagabraum und die landwirtschaftliche Nutzung der Schlagfläche zum Anbau von zweijährigem Waldstaudenroggen. Das Saatgut wurde von der Forstverwaltung bereitgestellt und enthielt eine erprobte Mischung von Waldstaudenroggen, Kiefern- und Fichtensamen. Im Jahr nach der Saat mußte der Roggen in halber Höhe so gemäht werden, daß die Stoppel die Baumsaat schützen konnte. Das geerntete Korn mischten die Bauern mit ihrem Druschabfall und verwendeten es als gutes Hühnerfutter. Nachbesserungen solcher Saatflächen waren meist nicht nötig. Außerdem ersparte sich die Verwaltung die Personalkosten der Kultur und die Anlage größerer Pflanzgärten.

Jagdlich hatte der Besitz ausgesprochenen Niederwildcharakter. Ein guter Bestand an Rehen verursachte wegen der Nähe der Felder und der vielen eingestreuten Laubholzremisen kaum Wildschaden. In diesem Übergangsgebiet von Bauernwald (der mit den angrenzenden Feldern angepachtet war) zum geschlossenen Waldbesitz fand sich ein ausgezeichneter Fasanenbesatz, aber auch die damals noch sehr zahlreichen Kaninchen. Letztere waren Deputatwild des Personals. In den meist kleinflächigen Bauernfeldern mit ihrer Vielfalt an Fruchtfolgen gab es zur damaligen Zeit starke Ketten von Rebhühnern sowie Hasen und Wachteln.

Der Fuchs, der sich im hügelig bis bergigem Waldgebiet ausgesprochen wohlfühlte, besuchte die vielen kleinen mährischen Bauerndörfer, um sich seinen Zehent aus dem Hühnervolk zu holen. Die zahlreichen Eichhörnchen sicherten dem Baummarder seine Existenz, aber auch sein größerer Vetter, der Steinmarder, war nicht selten. Die Fischteiche und krebsreichen Bäche lockten so manches Otternpaar in unsere Gegend. Für einen passionierten Jungen war es also ein Paradies. Die Bejagung des Besitzes durch die in der Landeshauptstadt lebende Industriellenfamilie beschränkte sich auf den Abschuß der besseren Rehböcke und die Veranstaltung von vier bis fünf herrschaftlichen Treibjagden im Herbst, an denen Freunde und Geschäftsfreunde neben den vielen Verwandten teilnahmen.

Vom leitenden Oberförster und den Hegern ausgezeichnet vorbereitet, lief meistens alles wie am Schnürchen. Die bejagten Flächen waren nicht groß. Es war daher keine besondere Anstrengung, und alles zusammen, das gemütliche Mittagessen in einer Robinienremise auf vorbereiteten Bänken, die dazu aufspielende Drei-Mann-Kapelle der Ortsmusik, verlieh dem Unternehmen einen familiären Charakter, wozu noch beitrug, daß im Laufe der Jahre sich die Akteure kannten und angefreundet hatten.

Einmal im Jahr, knapp vor Weihnachten, fand die sogenannte Personaljagd statt. Hier war unser Oberförster Jagdherr und lud seine Bekannten und die örtlichen Notablen wie Pfarrer, Arzt, Bahnhofsvorstand, Lehrer, Gendarmeriekommandant, Postamtsleiter, Tierarzt und die beiden Ortsbürgermeister ein. Alles erjagte Wild, das über die meist nicht sehr große Weihnachtsbestellung der Gutsinhabung erbeutet wurde, konnte von den Teilnehmern behalten werden. Es war klar, daß der Oberförster, übrigens ein gütiger, hochanständiger Beamter, gewisse Revierteile (und nicht die schlechtesten) schonte, um diese dann bei der Personaljagd um so intensiver zu bejagen.

Gerade an diesen Personaljagden nahm ich in der Folge mit besonderem Vergnügen teil. Mit Wehmut denke ich an die unbeschwerten Tage mit diesen humorvollen mährischen Landoriginalen zurück! Um mir dieses Bild der Erinnerung nicht zu zerstören, habe ich meine verlorene Heimat, nachdem ich aus dem Krieg zurückgekommen war, nie mehr betreten.

Es war im Winter 1936/37, und ich verbrachte die Weihnachtsferien – wie gewöhnlich – bei den Hegersleuten in der alten Mühle. Bald nach dem

Heiligen Abend hatte es zu schneien begonnen. Seit zwei Tagen lag auf einer dünnen Altschneeschicht eine Neue von 25 cm. Nach dem Frühstück nahm ich mein Flobert-Gewehr, steckte eine Schachtel ›Long-Rifle‹ zu mir, zog meine Felljacke an, denn in der Nacht sank die Temperatur auf minus 15 °C, und stapfte in meinen Filzstiefeln in den verschneiten Wald. Es war windstill und wolkenlos. So konnte man die Kälte gut ertragen. Gern denke ich an diese trockenen, nur selten von Schneefällen unterbrochenen, kontinentalen Winter zurück.

Auf halbem Hang begann ich in der Schichtenlinie alle zu Tal führenden Rücken zu queren. Es dauerte auch nicht lange, und ich wurde fündig. Unverwechselbar stand eine Marderspur vor mir im Schnee. Sie führte hangaufwärts, und ich begann ihr zu folgen. Zu meiner Linken war eine fünf- bis zehnjährige Fichten- und Kiefernkultur, rechts von mir Fichtenaltholz mit einzelnen uralten Kiefern. Das Altholz war gegen die Kultur zu bereits aufgelichtet, um die Naturverjüngung zu fördern. Die wenigen hohen Altkiefern ließ man als Samenbäume stehen und in die Kultur einwachsen. Sie wurden eine zweite Umtriebszeit übergehalten.

Knapp unterhalb des Hauptkammes bog die Spur des Marders in das Altholz ab und war plötzlich am Fuß einer mächtigen Kiefer verschwunden. Die Abdrücke der Hinterbranten waren etwas verwischt, und einige frische Rindenschuppen zeigten mir, daß der Marder aufgebaumt und fortgeholzt war. Die Spur mußte aus der vergangenen Nacht stammen. Sie war auf der ganzen Strecke von keiner der vielen Hasenspuren und Rehfährten verwischt worden. Vom Aufstieg des Marders an mußte ich mich an abgefallene Schneepatzen, Rindenstückchen und andere Zeichen halten. Vor allem durfte ich den nächsten Absprung nicht versäumen.

Die Reise ging eine Zeitlang von Baum zu Baum. Es war eine langwierige und zeitraubende Folge. Der Marder durfte auf keinen Fall zu früh meine Anwesenheit bemerken. Ich hatte alle diese Vorsichtsmaßnahmen sowie die Zeichen, auf die man achten mußte, von meinem Freund, dem Sohn des Hegers, gelernt und begierig aufgenommen. Nun wollte ich das erste Mal einen Wintermarder ausspüren und war besonders vorsichtig.

So entging mir auch nicht jene Stelle, an der der Marder abgebaumt und am Boden davongeeilt war. Vom Absprung an ging es nun flotter weiter, bis ein neuerlicher Aufstieg zu größerer Vorsicht mahnte. So ging es, bis ich auf einmal, fast in der Mitte der Altholzabteilung, unter einer mächtigen Kiefer keine weiteren Zeichen des fortholzenden Marders mehr entdecken konnte. Ziemlich ratlos blieb ich unter der Kiefer stehen und untersuchte angestrengt alles in der unmittelbaren Umgebung. Ich konnte jedoch nicht die geringsten Anzeichen eines Absprunges oder weiteren Fortholzens des Marders entdecken.

Nun begann ich, die Kiefer näher zu untersuchen. Es war ein gerader und sehr hochgewachsener Baum, wie solche im Osten und Norden unseres Kontinents vorkommen. Nur im Kronenbereich, im oberen Drittel des Stammes, hatte der Baum mächtige, knorrige, jedoch kurze Äste. Plötzlich entdeckte ich ein altes Krähennest. Ich erfaßte es mit meinem Zeiss-Knirps und sah auf einmal die Luntenspitze des Marders über den Nestrand hängen. Ab und zu zuckte diese leicht und zeigte mir, daß der Marder nicht schlief. Vorsichtig nahm ich mein Gewehr vom Rücken, reinigte Kimme und Korn vom herabgefallenen Schnee und entfernte den Mündungsschoner.

Dann begann ich leise, den starken Stamm der Kiefer zu umrunden. Ich hoffte die andere Seite des Krähennestes zu erspähen. Tatsächlich sah ich in der neuen Position den vorderen Nestrand frei von Ästen und entdeckte den Kopf des Marders, der sich deutlich gegen den Himmel abhob. Er äugte, von mir abgewandt, zu einer benachbarten Fichte, aus der ein schwarzer Eichkater auf einmal erschreckt zu keckern begann. Augenscheinlich hatte dieser entweder mich oder den Marder entdeckt. Der Marder schien aber das Warnsignal des Eichhörnchens auf sich zu beziehen und gab mir die Möglichkeit, am Kiefernstamm anzustreichen. Ich durfte nicht mehr stechen, denn das hätte der Marder unweigerlich vernommen. Mit gestrichenem Korn fuhr ich den Nestrand hinauf, bis die runden Gehöre des Marders links und rechts des Kornes erschienen. Dann nahm ich Druckpunkt und zog langsam durch. Der Marder schnellte aus dem Nest, überschlug sich in der Luft, fiel langsam von Ast zu Ast, dann schneller im freien Fall – und mit dumpfem Aufschlag vor meine Füße in den Schnee.

Als ich ihn aufhob, traute ich meinen Augen nicht. Es war ein starker Rüde. Mit einer Körperlänge von knapp 58 cm und einem Gewicht von 2 Kilo war dieser Marder der stärkste, den ich bislang erbeutet hatte. Er bliebe es auch bis heute! Beim Abbalgen des Marders half mir mein väterlicher Freund, Heger Ryschanek. Lange suchten wir ein geeignetes Spannbrett. Fertig gespannt und getrocknet, wurde der samtglänzende Pelz gebürstet und in den Holzschuppen gehängt. Dieser wunderbare Balg hing später gegerbt in meinem Zimmer in Brünn neben einem Prachtexemplar eines Kernbeißers, der ersten Beute meiner jagdlichen Laufbahn. Luftgewehr, Flobert, meine geliebte Amati Dreiviertel-Geige, Haus und Heimat verschwanden mit dem Einmarsch russischer Truppen Ende Mai 1945.

Im Winter führte der Bach hinter der Mühle wenig Wasser. Ja, es kam vor, daß die Verbindung zwischen den einzelnen tiefen Gumpen unterbrochen war. Die Gumpen bargen dann den ganzen Fischbesatz des Baches, und wir nützten die Gelegenheit des Wassertiefstandes, brachen die mehr oder weniger starke Eisdecke, stiegen mit Gummistiefeln zu beiden Seiten der Gumpen so weit in das kalte Wasser, um zu zweit einen größeren, aber leichten Weidenkorb durch den Bach zu ziehen. Fast immer hatten wir Petri-Heil und käscherten auf diese Weise Hechte, Barsche und Karpfen. Oft froren die kleineren Barsche während des weiteren Fanges bocksteif durch. Im Brunnenwasser aber kamen sie nach einiger Zeit zu sich und schwammen munter im Wascheimer umher.

An einem dieser winterlichen Ferientage strolchten wir am Ufer unseres Hausbaches entlang. Plötzlich gab es mir einen Ruck, denn vor meinen Beinen stand nagelfrisch die Spur eines Fischotters im Schnee. Er war aus unserem Lieblingsgumpen ausgestiegen, hatte am Ufer einen prächtigen Aitel verzehrt und war dann wieder in den Gumpen zurückgekehrt. Bald darauf entdeckten wir, daß unser Otter am gegenüberliegenden Ufer ausgestiegen und bachaufwärts über Land gegangen war. Es war ein Sonntag, und Heger Ryschanek war zu Hausse. Wir verfolgten die Spur nicht weiter, liefen nach der Mühle und berichteten unsere Entdeckung dem Vater meines Freundes. Er wußte, daß wir sicher keine Fehlmeldung gemacht hatten, und war in kurzer Zeit mit Hund und Gewehr unterwegs zum angesagten Gumpen.

Wir folgten ihm dicht auf den Fersen und freuten uns auf das unerwartete Abenteuer. Wir wußten, daß es an unserem Bach nie einen Otterbau gegeben hatte, und überlegten, wo sich der Otter gesteckt haben mochte. Ryschanek untersuchte die Spuren genau. An einer seichten Stelle querten wir den Bach. Linda, der Sohn des Hegers, mußte uns langsam und mit Abstand folgen, um uns durch Zuruf sofort davon in Kenntnis zu setzen, wenn uns der Otter wahrgenommen hätte und bachabwärts zu flüchten versuchte.

Ryschanek dachte an eine Stelle, an der der Bach vor einigen Jahren eine mächtige alte, am Steilufer stehende Weide derart unterspült hatte, daß mehrere nicht besonders tiefe Höhlungen entstanden waren. Diese konnten dem Fischmarder als Tageseinstand dienen. Das der Weide gegenüberliegende Ufer war flach und folgte einer deckungslosen Wiese. Nachdem ich wieder den Bach überquert hatte, schritt ich langsam auf diese Wiese zu und postierte mich so, daß ein gesteckter Otter mich sofort wahrnehmen mußte, wenn er vom Hunde auf die Schwimmer gebracht worden ist. Ryschanek hatte sich inzwischen vorsichtig oberhalb der Weide am Steilufer postiert, so daß er, selbst gedeckt, nach beiden Seiten sein Bachufer mit dem Gewehr bestreichen konnte. Ebenso konnte er, da er mich sah, unter Umständen den Otter auch auf einem Teil der Wiese abfangen, sollte dieser, entgegen unserer Annahme, doch die Wiese annehmen. Nun schnallte er Senta, seine rauhhaarige Vorstehhündin, die sofort in den Bach sprang und der Weidendeckung zustrebte.

Zunächst flog, einem funkelnden Pfeil gleich, ein Eisvogel bachab-wärts. Als ich für einen Augenblick dem Eisvogel nachblickte, sah ich den Sohn des Hegers verzweifelt mit den Armen schwenken und hörte un-deutlich rufen: »Velikà vydra, velikà vydra«, was soviel heißt wie ›ein gro-ßer Fischotter‹. Im selben Augenblick gab Senta Laut, und kurz darauf sprachen beide Schrotläufe des Hegers. Linda kam rasch angelaufen, ich eilte über den Bach, und bald standen wir bei Ryschanek und betrachteten voll Bewunderung den starken Otterrüden. Linda berichtete nun, daß er kurze Zeit nach unserem Verschwinden im zweiten Gumpen bachauf-wärts eine Bewegung wahrgenommen hatte. Dann sah er einen starken Otter aus dem Wasser steigen und am linken Bachufer in Richtung Mühle über Land gehen. Zweifellos handelte es sich um die Otterin, die, wäh-rend wir den Heger verständigten, bachabwärts fischte. Wir beschlossen, ihr sofort zu folgen, und nahmen an, daß sie sich beim alten Mühlenfluder gesteckt haben würde.

Man sah es Ryschanek an, daß er über diesen unerwarteten Jagderfolg glücklich war. Außerdem versprach der Verkauf des prachtvollen Otter-balges ein Auffetten seines Geldbeutels, denn das karge Einkommen war durch das kürzliche Weihnachtsfest arg zusammengeschmolzen. Ryscha-nek nahm den starken Otterrüden auf, besah noch einmal liebevoll den prachtvollen Balg, dann gingen wir in Richtung Mühle zurück, wobei ich wieder die linke Bachseite abging. Bald kam ich auf die frische Spur und konnte deutlich Vorder- und Hinterschwimmer unterscheiden. Der Bach querte einen Kilometer vor der Mühle ein Fichtenaltholz. Hier war der Otter wieder eingestiegen. Ich zeigte dies beiden am anderen Ufer gehen-den Ryschaneks an.

Nun hieß es wieder vorsichtig weiterpürschen. Nach dem Altholz ka-men die verschneiten Deputatfelder der Hegerfamilie. Am Rande der Fel-der, eingerahmt von alten Schwarzerlen, durchfloß der Bach eine Reihe von tiefen Gumpen, bis er oberhalb der Mühle, im sogenannten Mühlen-gumpen, aufgestaut wurde. Man konnte bereits das Dach der etwas tiefer gelegenen Mühle sehen. Kerzengerade stieg eine bläuliche Rauchwolke in die Höhe und verhieß uns, daß die Hausfrau mit der Zubereitung des Mit-tagessens beschäftigt war. Immer wieder hatte die Otterin ihre Spuren auf den verschneiten Trockenstellen des Baches hinterlassen, um jedesmal wieder in das Wasser zu fallen, wenn sich die zum Teil noch nicht vereisten Gumpen zum Schwimmen anboten.

Vor dem tiefen und langen Fludergumpen sahen wir zum letzten Mal die markante Spur. Wo mochte sich die Otterin gesteckt haben? Wir um-schlugen vorsichtig die Mühle, dann das Fluder und untersuchten das alte Mühlrad. Wir leuchteten mit Gläsern jeden freien Schneefleck nach den

Spuren des Fischmarders ab. Dann beratschlagten wir. Plötzlich begann Senta heftig an der Leine zu ziehen. Wir sahen zu unserem großen Erstaunen, wie der Fischmarder keine 40 Schritt von uns entfernt aus dem unteren Fludergumpen ausstieg, im Fang einen zappelnden Barsch. Ryschanek riß blitzartig seine Flinte hoch und schoß beide Läufe ab. Da rutschte die Otterin auch schon verendet zurück ans Ufer des Baches und blieb dort liegen. Noch einmal schlug die starke Rute, ein Zittern ging durch den langen geschmeidigen Leib, dann streckte er sich. Der Barsch im Fang aber zappelte immer noch!

Hinter dem Pistowitzer Teich, also nördlich der Mühle, lag, knapp sechs Kilometer vom Hegerhaus entfernt, ein kleiner mährischer Weiler. In Drnowitz, so hieß er, wohnten die Schwiegereltern des Hegers. Sie waren Kleinbauern und halfen den Hegersleuten aus, so gut es ging, mit Kartoffeln oder Hühnerfutter, manchmal auch Mehl und anderen Landprodukten. Daher wurde Linda öfters zu seinen Großeltern geschickt, und ich ging gerne mit, denn ich hatte den Großvater in mein Herz geschlossen, da er uns Jungen gerne aus seinem abenteuerreichen Leben erzählte. Er war hochgewachsen, sehr hager, mit starken Backenknochen in einem kantigen Gesicht, das durch zwei stahlblaue Augen, die immer in die Ferne zu blicken schienen, geprägt war.

Er war im Ersten Weltkrieg an der russischen Front desertiert und wurde Angehöriger der berüchtigten ›Tschechischen Legion‹ unter ihrem gefürchteten General Syrowy, dem Einäugigen. Als Legionär bezog er eine gar nicht so kleine Rente. Die ›Tschechische Legion‹ in Rußland bestand in ihrem Kern aus einem rein tschechischen Regiment, das als einziges im großen Vielvölkerstaat Österreich-Ungarn während des Krieges geschlossen desertiert war.

Später wurde unter den gefangenen Tschechen in Sibirien geworben, und die Legion wuchs so zu mehr als Divisionsstärke an. Die neuzusammengestellte Einheit wurde in Sibirien bewaffnet und ausgebildet, um gegen Österreich-Ungarn und Deutschland eingesetzt zu werden. Der spätere Präsident der Tschechoslowakei, T. G. Masaryk, war nominell der Oberkommandierende der Legion (später gab es solche auch in Italien und Frankreich).

Mit rund 70 000 Mann waren die in Sibirien stationierten Legionseinheiten am stärksten. Ihre Zusammenstellung, Bewaffnung und Ausbildung dauerte lange. Ihr Einsatz wurde immer wieder hinausgeschoben, vor allem dadurch, daß es Masaryk gelang, die französische Regierung dazu zu bewegen, die ›Tschechische Legion‹ als französische Truppenteile anzuerkennen und deren Überführung an die Westfront nach Frankreich zu verlangen. Letzteres war aus sibirischer Sicht nahezu unmöglich. So kamen die russischen Pläne in Zeitnot und die Legion in die russische Revolution. Nun zog die ›Tschechische Legion‹ in Sibirien hin und her. Sie ernährte sich aus dem Lande, wie man in jedem Krieg das Plündern und Marodieren gerne umschreibt.

Sehr geschickt lavierte General Syrowy zwischen Weiß und Rot. Er war mit seiner Truppe, die in der k.u.k.-Monarchie bestens ausgebildet worden war, den sich gegenseitig bekämpfenden Revolutionsparteien haushoch überlegen. Nach ihrer triumphalen Heimkehr in die neugegründete Tschechoslowakische Republik erfüllten die Legionäre eine für das junge Staatsgebilde wichtige Heldenfunktion, obwohl sie sich durch das ganze Kriegsgeschehen mehr oder minder hindurchgeschwindelt hatten. Auch heute nennt man eine solche Vorgangsweise ›schwejkowat‹, was soviel heißt wie: Sich geschickt durch alle Fährnisse mogeln, wie der ›tapfere Soldat Schwejk‹.

In den Memoiren T. G. Masaryks, aufgezeichnet von seinem Freund, dem tschechischen Schriftsteller Karel Čapek, erscheint natürlich die Odyssee der ›Tschechischen Legion‹ in Rußland als einziges Heldenepos.

Linda und ich saßen an vielen Abenden vor dem Großvater in dessen Bauernhaus und hörten den ungeschminkten Erzählungen eines ›wirklich Dabeigewesenen‹ zu. Ich erinnere mich an eine Episode, die uns der alte Legionär an einem Winterabend erzählte. Fast zur gleichen Stunde, als die Zarenfamilie von den Bolschewiken in Jekaterinenburg im mittleren Ural ermordet wurde, kam eine Einheit der ›Tschechischen Legion‹ in diese Stadt. Bei dieser Einheit hatte unser Erzähler gedient, und wir hatten keinen Grund, ihm nicht zu glauben.

Während sich das grausige Geschehen sozusagen in Hörweite der Legionäre abspielte, requirierten diese in der Stadt alle noch greifbaren Lebensmittel und Waffen. Auf ihrem ›Siegeszug‹ durch Sibirien soll der ›Tschechischen Legion‹ neben anderer Beute auch ein Teil des Goldschatzes des ehemaligen Zarenreiches in die Hände gefallen sein. Zeitzeugen aus damaligen Finanzkreisen behaupten, daß das von der Legion nach Prag gebrachte Gold den Fundus der Golddeckung der neuen tschechischen Kronenwährung ausgemacht hätte.

Jahrzehnte später, Mitte der siebziger Jahre, hatte ich mit einem höheren Forstbeamten in Österreich zu tun, der 1945 die Tschechoslowakei verlassen mußte. Er war seinerzeit Offizier in der Legion und bestätigte die Schilderungen des Großvaters aus D. und erweiterte mein Wissen um manch andere Details.

Ein Menschenleben ist zu kurz, um die ausgleichende Gerechtigkeit im geschichtlichen Ablauf selbst zu erleben. In meinem Falle konnte ich aber miterleben, wie die Nachfolger der Zaren seit dem Jahre 1946 ein

Vielfaches der damaligen Beute aus der jetzigen ›Zweiten Republik‹ in die Weiten Rußlands zurückgebracht haben.

Ja, der alte Großvater hatte viel erlebt, und wir gingen immer tief beeindruckt von Drnowitz in das heimatliche Mühlental zurück. Ich erinnere mich an manche Mondnächte im Winter, wenn wir Buben, fest vermummt, die wenigen Kilometer von Drnowitz über das Eis des Pistowitzer Teiches heimwärts wanderten. In den umliegenden Dörfern war immer irgendeine Hündin läufig, und wir malten uns aus, daß es hungrige Wolfsrudel in Sibirien wären, wenn die brunsttollen Rüden ihr nächtliches Geheul anstimmten. Mit roten Nasen und warmen Filzstiefelchen stapften wir dem kleinen Lichtlein entgegen, das Lindas Mutter für uns in der Küche brennen ließ.

Zum Personalstand gehörte auch ein Forstadjunkt. Je nach Bedarf wurde er einmal im Bereich des Hegers Gottwald, ein andermal wieder bei dem Heger Ryschanek beschäftigt. Mein Freund Linda und ich hatten ihn gern, denn er war gutmütig und zugänglich. Er hatte den für ihn gar nicht passenden Namen Nepokoj. Ins Deutsche übersetzt bedeutet dieses Wort etwa Unrast oder Unruhe. František (oder Franta, wie wir ihn nannten) Nepokoj war aber alles andere als unruhig. Er war das Phlegma in Person. Nichts, aber auch gar nichts konnte ihn aus der Ruhe bringen. Niemand konnte seinem lethargischen Lebensrhythmus etwas mehr Schwung verleihen. Im Gegenteil. Er selbst entwickelte bei allen Tätigkeiten eine bemerkenswerte Rationalität, einzig aus dem Grunde, um möglichst rasch wieder in den ihm gemäßen Zustand buddhistischer Selbstversenkung zu gelangen. Dabei war er klug, fachlich gut beschlagen, hilfsbereit und bei allen beliebt.

Als Neffe der Familie des Oberförsters genoß er eine gewisse Narrenfreiheit, die er aber keineswegs in ungebührlicher Weise ausnützte. Ich begleitete ihn oft im Revier und erlernte von ihm manch nützliche Kniffe und Tricks, die immer äußerst wirksam und zeitsparend waren. So benützte er zum Abschuppen von Fischen ein sinnreiches Gerät, das aus einem handlichen Holzgriff bestand, dessen oberes Ende flach zugeschnitzt war. Auf diesen Teil wurden zwei oder drei Bierkapseln genagelt, deren gerippte, scharfen Zähnchen gleichende Ränder nach unten zeigten. Mit diesem praktischen Werkzeug schuppe ich heute noch meine Fische.

Bei ihm lernten wir das nächtliche Krebsfangen bei Lampenlicht, wobei wir immer bachaufwärts gingen, um den aufgewühlten Schlamm hinter uns zu lassen. Sein Vater, der Bruder der Frau unseres Oberförsters, war Sägeleiter im slowakischen Waagtal. Als ich einmal einige Tage bei seinen Eltern verbrachte, zeigte mir Franta eine sehr praktische Methode für den sicheren Fang von Forellen, die dann zum Tragen kam, wenn die Herrschaft überraschend, womöglich noch für den gleichen Tag, frische Forellen haben wollte: In den verschiedenen Gumpen eines Seitenbaches der Waag hatte er etwa einen Meter lange, ausgediente Ofenrohre so eingelegt, daß eine offene Seite der Strömung zugewendet war, während der entgegengesetzte Röhrenendteil derart zusammengehämmert war, daß er zwar das durchströmende Wasser nicht behinderte, jedoch ein Durchschlüpfen eines Fisches unmöglich machte. Der offene Teil der Ofenröhre war an zwei gegenüberliegenden Stellen durchlöchert. Die dort angebrachte Schnur führte zum Ufer, wo sie an einem Baum oder Strauch befestigt war.

Der so einladend plazierte, künstliche Unterstand wurde sehr bald von der ›Platzforelle‹ angenommen. Bei Bedarf ging man von Gumpen zu Gumpen. Der Schatten des Fischers veranlaßte die scheuen Salmoniden, rasch ihren schützenden Einstand aufzusuchen. Mit raschem Zug hob man das Rohr heraus, entnahm ihm den Fisch und stellte das Gerät wieder fängisch.

Wo immer Forstleute und Jäger beisammen sitzen, kommt auch das Thema Wilderer zur Sprache. Das war die einzige Gelegenheit, bei der unser Phlegmatiker Franta leuchtende Augen bekam und mit glühenden Wangen jedes Wort in sich hineinsog. Ein besonderer Erzähler war unser zweiter Heger Gottwald. Er war in jungen Jahren in der Nähe von Kaschau beim Griechisch-Orthodoxen Religionsfonds tätig und kannte unzählige Wilderergeschichten.

Es war 1936, gegen Ende der Weihnachtsfeiertage. Eine geschlossene Schneedecke und eine große Kälte hatte die Holzarbeiten im Walde unterbrochen. Nepokoj war auf Urlaub in der Slovakei, und wir erwarteten seine Rückkehr in den nächsten Tagen. Der Heger Gottwald war während der Feiertage öfter Gast in der Mühle. Beide Beamten schienen etwas auszubrüten. Weder Linda noch ich konnten jedoch etwas herausbekommen, und so vergaßen wir die Angelegenheit.

An jenem Tag, an welchem Franta zurückkam, waren Linda und ich im Dorf Nemojan, um Besorgungen für die Hegersfamilie zu erledigen, und holten unseren Freund am Bahnhof ab. Beim gemeinsamen Abendessen saß Heger Ryschanek mit tiefernstem, sorgenvollem Gesicht bei Tisch und antwortete kaum auf unsere Fragen. Schließlich berichtete er, daß Wilderer im Revier sind. Er hatte, während wir am Nachmittag in Nemojan waren, zwei Schüsse in der Gegend des Havelka-Schlages gehört und eine halbe Stunde später, knapp vor Dunkelwerden, am unteren Schlagrand einen Rehwildaufbruch gefunden.

Zwei Männer spürten sich im Schnee. Sie waren in Richtung des Pistowitzer Teiches gegangen. Ryschanek konnte aber wegen der einbrechenden Dunkelheit nicht mehr folgen. Der Forstadjunkt hörte mit hochrotem Kopf zu und war vollkommen ›aus dem Häuschen‹. Ryschanek sagte noch, er wolle nach dem Aufgang des Vollmondes einige Male vor dem Haus ›verlosen‹, um eventuell Schüsse zu orten. Wir sollten ruhig schlafen gehen, er glaube nicht, daß die beiden Gauner ihr dunkles Handwerk in derselben Nacht wiederholen würden. Unser Freund Franta aber wollte unbedingt aufbleiben, und Ryschanek gab nach einigem Zögern die Erlaubnis. Er sagte zu Nepokoj, er solle warmes Zeug anziehen und seine Flinte mit Zweierschrot laden.

Wir warteten alle auf den Mond, der gegen 20 Uhr leicht verschleiert über dem winterlichen Wald aufging. Linda und ich wurden zu Bett geschickt. Wir öffneten das Fenster einen Spalt weit und lauschten, angezogen unter der rotkarierten Bauern-Duchent, was weiter geschehen würde. Aber die Müdigkeit übermannte uns, und wir schliefen ein. Ich weiß nicht mehr, wie spät es war.

Plötzlich erwachte ich und hörte aufgeregtes Stimmengewirr aus der Küche. Der Heger rief: »Es waren zwei Schuß.« Darauf der Adjunkt: »Nein, drei.« Ich schoß aus dem Bett und schlich zur Küchentür. Ryschanek sagte: »Wieder vom Havelka-Schlag?« Franta aber rief: »Nein, es war am Bach, in der Nähe vom Pistowitzer Teich.« Nach einigem Hin und Her entschied der Heger, der Adjunkt solle den Bach entlang bis zum Pistowitzer Teich das Gelände abgehen, er wolle zum Havelka-Schlag. Dann verließen sie mit ihren Flinten das Haus. Ich schlich in mein Zimmer zurück, zog meine Wollweste an, schlüpfte in die Filzstiefel, nahm meine Fäustlinge und die Wollmütze.

Dick vermummt schlich ich in die kalte Nacht hinaus. Ich wollte bis zum Wehrdamm gehen. Von dort konnte ich mit meinem Glas den Havelka-Schlag beobachten und ein ziemliches Stück bachaufwärts in Richtung Pistowitzer Teich sehen. Der Mond stand hoch am Himmel. Es mußte gegen 23 Uhr gewesen sein.

Das kalte Licht ließ den Schnee rundum glitzern. Der Schatten von einem Waldkauz, der um die Mühle strich und am Hausgiebel aufblockte, war deutlich zu sehen. So sehr ich mich bemühte und meine Augen zu tränen begannen, ich konnte nichts ausmachen. Tiefe Stille umgab mich. Es wurde beißend kalt. Plötzlich kam mir der Gedanke, die Wilderer könnten in Richtung Mühle flüchten, da ja der Heger und der Adjunkt in Richtung auf die Schüsse unterwegs sein würden! So konnten sie unbemerkt das Tal verlassen und die Landesstraße erreichen, wo ihre Spuren nicht mehr zu erkennen wären! Dieser Gedanke war mir gar nicht angenehm, denn dann müßten sie ja bei mir vorbeikommen und mich, der frei am Wehrdamm stand, erkennen.

Gerade wollte ich wieder zur Mühle zurück, als ich aus der Richtung, welche der Adjunkt eingeschlagen hatte, Rufe hörte. Ich konnte nur einige Wortfetzen verstehen, wie: »Stehenbleiben ... Hände hoch ... aus dem Gebüsch ... ich zähle bis drei ...« Dann krachten zwei Flintenschüsse, worauf tiefe Stille eintrat. Gebannt starrte ich in die Richtung, aus der die Rufe von Nepokoj kamen, aber nichts bewegte sich in der eisigen Mondlandschaft.

Da hörte ich an meiner Linken jemanden durch den Wald stapfen und dachte sofort an die flüchtigen Wilderer. Aber zu meinem größten Erstaunen erschien unser Heger Gottwald am Ufer des Baches, querte die Eisfläche und kam, gutmütig grinsend, langsam den Mühldamm ersteigend, auf mich zu. Gleichzeitig hörte ich Heger Ryschanek vom Havelka-Schlag durch den harschigen Schnee in das Mühlental absteigen. Im Hof des Hegerhauses trafen wir zusammen. Die beiden Heger klopften sich auf die Schultern und lachten, daß ihnen die Tränen über die Backen liefen. Ich verstand überhaupt nichts mehr.

Vor lauter Lachen konnten sie mir meine Fragen nicht beantworten. Wir betraten das Hegerhaus, und bald umgab uns die wohlige Wärme der geräumigen Küche. Zu meinem großen Erstaunen hatte die Hegerin Kaffee gekocht, einen Kuchen bereitgestellt, eine Flasche Sliwovitz und mehrere Stamperln erwarteten uns, und auch Linda saß grinsend beim Herd und legte Holz auf das Feuer. Wir entledigten uns der wärmenden Winterkleidung und setzten uns zum Tisch, wo uns bereits die dampfenden Kaffeehäferln erwarteten.

Den lachenden Bemerkungen entnahm ich, daß hier ein von langer Hand vorbereiteter Ulk seine baldige Aufklärung finden würde. Es dauerte auch nicht lange, und wir hörten jemand vor der Haustür den Schnee von den Stiefeln treten. Dumpf grollende Flüche drangen durch den Gang in die Küche. Deutlich war Nepokojs Stimme zu erkennen. Die Türe öffnete sich, das blaugefrorene Gesicht Frantas erschien im Licht der Petroleumlampe, und in der Hand hielt er einen größeren Pappkarton, den er uns mit einem unaussprechlichen Fluch auf den Tisch knallte. Auf diesem Karton stand in großen, ungelenken Buchstaben geschrieben: ›Der unverwundbare Wilderer Nebojse (fürchte dich nicht) grüßt den mutigen Adjunkten Nepokoj!‹

Die beiden Heger hatten in den Weihnachtstagen aus alten Kleidern und Stroh eine lebensgroße Puppe fabriziert und diese in knieender Stellung an die alte Weide am erhöhten Bachufer (siehe Kapitel Fischotter) gelehnt. Ein Besenstiel, der Wilderer-Puppe in ›Anschlagstellung‹ in die Hände gelegt, machte die Täuschung perfekt. Jeder auf der Verfolgung von Wilderern Daherkommende mußte dieser Täuschung zum Opfer fallen. Heger Gottwald hatte die Signalschüsse in der Nähe der Puppe abgegeben und war danach gemächlich durch den Wald zur Mühle zurückgewandert, wo er auf mich gestoßen war. Franta Nepokoj war kein Spielverderber. Ich lag schon lange im Bett, aber in der Küche des Hegerhauses ging es noch hoch her!

Was mag aus all diesen, mir so lieben Menschen und Wegbegleitern geworden sein? Ein paar Jahre später war Krieg. Einmal kam ich noch, während eines Fronturlaubs, in mein Kinderparadies. Ich traf Heger Ryschanek allein im Hegerhaus. Er war alt geworden. Der schlanke, aufrechte Mann stand etwas gebückt und wortkarg am Herd und kochte uns einen Kaffee. Linda arbeitete in irgendeiner Fabrik, und die beiden Töchter waren schon lange ›im Dienst‹ in Brünn. Seine Frau half ihrer Mutter, denn einige Tage zuvor war ihr Vater, der alte Legionär, gestorben. Dieser kurze Besuch ist mir in einer unwirklich eigenartigen Erinnerung geblieben. Es war Anfang 1943, und man dachte in tiefer Besorgnis an die Zukunft.

Die Menschen aus der alten Monarchie, die inmitten des ehemaligen Vielvölkerstaates geboren und aufgewachsen waren, hatten immer ein Gespür für große Veränderungen. Wir beide ahnten, daß wir uns nie mehr wiedersehen würden. Schweigend begleitete mich mein alter Freund durch den Wald Richtung Bahnhof. Er blieb am Waldrand zurück. Sicher wollte er nicht mit einem deutschen Soldaten in Uniform gesehen werden. Er nahm meine Rechte in seine beiden sehnigen Hände und sagte nur traurig: »Hochu, dej na sebe pozor« (Junge, paß auf dich auf). Am halben Weg zur Bahnstation drehte ich mich noch einmal um. Die große Gestalt im grünen Rock stand immer noch am Waldrand und hielt den Hut in der Hand. Als Ryschanek merkte, daß ich zurücksah, winkte er noch einmal. Dann hörte ich den Zug aus Wischau kommen.

Götz, der Finne

Im April 1947 wurde ich aus der Gefangenschaft entlassen. Nach längerem Warten erhielt ich endlich die Genehmigung, durch die sowjetische Besatzungszone nach Wien zu reisen, wo sich meine Eltern nach ihrer Flucht aus der Tschechei aufhielten. Die Aussichten, dortselbst mein Forststudium zu beginnen, waren gering. Abgesehen von den finanziellen Schwierigkeiten, machten damals die auf allen Hochschulen etablierten ›Entnazifizierungskommissionen‹ ehemaligen Offizieren der deutschen Wehrmacht ein Studium nahezu unmöglich. Es war die Zeit, wo man Offiziere nach Sibirien zurückschicken wollte, um sie gegen einfache Soldaten auszutauschen.

Es gelang mir, die Hürde mit Hilfe des menschlich denkenden und vornehmen damaligen Rektors der Alma Mater zu nehmen. Es wurden mir sogar die Kriegsteilnehmerbegünstigungen für ein abgekürztes Studium gewährt. Um die finanziellen Fragen zu lösen, beschloß ich, im kommenden Jahr, so bald es möglich war, nach Schweden zu gehen und mir dort als Holzarbeiter das nötige Geld zu beschaffen. Das Zusammenlegen von Semestern bedeutete einen Hürdenlauf von Prüfung zu Prüfung. Aber man war durch die langen Kriegsjahre ausgeruht, das Gehirn unglaublich aufnahmefähig und die meisten Professoren uns Kriegsteilnehmern gegenüber hilfsbereit und verständnisvoll.

Der Frühsommer 1948 sah mich bereits in Mittelschweden. Einige abenteuerlustige Kollegen waren mit von der Partie. Es war ein lustiges Leben, unbeschwert trotz der täglichen harten Arbeit. Leiter der großen Waldungen der Fiskeby Aktien Bolagen Norrköping war zu dieser Zeit ein Forstdirektor, der uns Österreichern gutgesinnt war. Er hatte einige Jahre in den USA zugebracht und hatte auf dem Gebiet der mechanischen Holzwerbung viele für uns bisher unbekannte Methoden eingeführt. Ihm verdankten wir die ersten Kenntnisse einer modernen, weitgehend mechanisierten Forstwirtschaft. Von der Saat und Pflanzgartenarbeit über die Holzwerbung bis hin zur industriellen Verwertung der von uns im Wald erzeugten Forstprodukte in den betriebseigenen Großsägewerken, Zellstoff- und Papierfabriken konnten wir das Zusammenwirken von Forst- und Holzwirtschaft kennenlernen.

Das Jahr 1948 verging im Flug. Der Winter, angefüllt mit Studium, Vorlesungen, Praktika und Prüfungen, ließ mir wenig Zeit, das vielbesungene lustige Studentenleben zu genießen. In diesem Winter lernte ich meine spätere Frau kennen. Sie begleitete mich im Sommer 1949 nach Schweden. Hier mußte sie gleich ihre hausfraulichen Kenntnisse als unsere Lagerköchin unter Beweis stellen. Bis zum heutigen Tag ist unsere gemeinsame Liebe zu Skandinavien nicht verblaßt. Es war jener denkwürdige Sommer, als ich ›Götz, den Finnen‹ kennenlernte!

Eines Tages wurde ich von der Forstdirektion auf den Bahnhof von Norrköping geschickt, um ›den Finnen‹ abzuholen und in sein Quartier nach Simonstorp zu bringen. Ein hochgewachsener, blonder, gar nicht finnisch aussehender Mann um die Vierzig entstieg dem Zug und sprach mich zuerst schwedisch an. Als er merkte, daß ich zwar ganz gut schwedisch sprach, aber doch ein Ausländer sein mußte, fragte er mich, woher ich käme. »Aus Österreich«, antwortete ich. »Dann sind wir ja Waffenbrü-der«, sagte er, drückte mir die Hand und setzte in akzentfreiem Deutsch fort: »Du bleibst bei mir! Ich heiße Götz, mein Vater ist Deutscher und meine Mutter Finnin.« Aus dieser ersten Begegnung wurde eine jahr-zehntelange Freundschaft. Durch ihn öffnete sich mir die Welt des Nor-dens, und seine uneigennützige Kameradschaft bescherte mir unzählige unvergeßliche Erlebnisse bei gemeinsamen Jagden auf Elch und Biber, auf Rauhfußhühner mit dem finnischen Vogelhund, bei Wanderungen durch die Unendlichkeit Lapplands und beim Fischen auf Forellen und Äschen an rauschenden Stromschnellen und auf den Hecht am einsamen See. Wer einmal in diesem Meer aus Nadelwäldern mit ihren herrlichen Abendstimmungen an ruhigen, einsamen Seen untergetaucht ist, kann diese stille, etwas melancholische Landschaft nie mehr vergessen.

Götz hatte mich bei der Forstdirektion als Figurant für die von ihm durchzuführenden Hochmoorvermessungen angefordert, und so blieben wir den ganzen Sommer beisammen. Eines Tages kamen wir um die Mit-tagszeit zu einer außergewöhnlich hohen und starken, alleinstehenden Birke. Wir lagerten in ihrem Schatten, aßen unser Brot und tranken Milch. Auf einmal stand Götz auf, schnitt eine handliche Gabel von einem Wei-denstrauch und begann, die Weidenrute in einer horizontalen Stellung vor dem Körper haltend, die Birke zu umrunden. Verwundert sah ich, wie sich die Weidenrute an einigen Stellen des abgeschrittenen Areals stark zur Erde krümmte. Götz war also das, was man bei uns einen Wünschelruten-gänger nennt. In der Folge wurde ich auch auf diesem Gebiet sein gelehri-ger Schüler und beherrsche diese Kunst auch heute noch. Später zeigte mir Götz in Finnland die Versuchsanlagen der finnischen Forsthochschule, die einer weiteren Erforschung und Auswertung dieses bis heute nicht geklär-ten Phänomens dienten.

Götz kehrte Ende August nach Finnland zurück. Im September 1949 wurde in Helsinki der erste Weltforstkongreß nach dem Zweiten Welt-krieg abgehalten, und mein Freund lud mich auf 14 Tage zu sich ein. Es war Mitte des Monats, und meine bescheidenen Mittel reichten nicht, mir die Schiffspassage zu kaufen. Die schwedischen Firmen gaben Ausländern damals keine Vorschüsse, und so mußte ich mir das Geld bei der Öster-reichischen Botschaft in Stockholm ausborgen. Dabei kam es zu einer net-ten Episode mit dem damals dort tätigen Legationsrat Dr. Bruno Kreisky. Er gab mir ohne weiteres die erbetenen 200 Schwedenkronen aus seiner Brieftasche und begann wieder Akten zu unterschreiben. Als ich ihm mei-nen Paß zeigen wollte und die mitgebrachten Unterlagen der Firma, bei der ich beschäftigte war, als Sicherheit anbot, sagte er nur: »Leut', die so ausschaun wie Sie, zahlen geborgtes Geld zurück.« Er hatte recht.

Ein Jahr vorher hatten die Russen den Finnen den alten Frachter Velamo zurückgegeben. Die Nordländer zerschnitten das Schiff, machten es länger und setzten es als Passagierdampfer zwischen Stockholm und Helsinki ein. Ich konnte mir nur eine sogenannte Deckkarte leisten und drückte mich in windgeschützten Ecken herum. Als wir aus dem schwedischen Schärenbereich heraus waren, begann ein Sturm, und im Nu war die Ostsee mit kurzen, hohen und unangenehmen Wellen bedeckt. Ein finnischer Offizier entdeckte mich und nahm mich auf die Brücke, wo es warm und windgeschützt war. Er konnte deutsch und war während des Krieges Verbindungsoffizier bei der deutschen Marine. Wir verbrachten eine feucht-fröhliche Nacht. Jedesmal, wenn der Schiffsbug aus einem Wellenberg auftauchte, sah ich einen Matrosen im vollen ›Zeug‹ an der Reling stehen und ungerührt das dunkle Meer betrachten. Auf meine Frage sagte mir mein neuer Bekannter, dieser Mann sei der Minenwarnposten, denn es gäbe noch unzählige Treibminen in der Ostsee. Es war offensichtlich, daß er, auch wenn er eine Mine sichten würde, keine rechtzeitige Warnung abgeben könnte. Auf meine diesbezügliche Bemerkung sagte mein Freund mit stoischer Ruhe: »Nun, darauf laß uns noch einen trinken!«

Im finnischen Meerbusen beruhigte sich die See, und die ersten grünen Gesichter kamen aus den Kabinen an die frische Luft. Unter ihnen befand sich damals auch Zarah Leander, die in Helsinki ein Wohlfahrtskonzert geben sollte. Auch sie sah nach dieser Nacht nicht gerade attraktiv aus.

In der schrägen Herbstsonne leuchteten die weißen Hafengebäude in einem eigenartigen Licht. Götz stand am Molo und winkte zu mir herauf. Ich betrat das erste Mal finnischen Boden. Damals ahnte ich nicht, wie oft ich in den späteren Jahren die Einfahrt in den Hafen von Helsinki noch passieren sollte. Es waren meine glücklichsten Jahre! Am Fischmarkt sah ich die ersten Lachse. Ihr rotes Fleisch leuchtete in der Morgensonne. Die 14 Tage vergingen wie im Flug. Wir versprachen, uns bald wiederzusehen. Aber es vergingen Jahre, in denen Studienabschluß, Berufssuche und Familiengründung alle anderen Probleme überdeckten. Doch die Erinnerung an die skandinavischen Sommer, die stillen, nach Harz duftenden Wälder, die unzähligen, unberührten Seen war in all den schweren Jahren der Existenzgründung nie verblaßt.

Und dann war es auf einmal so weit. Der D-Zug aus Salzburg fuhr am Villacher Hauptbahnhof ein, und Götz stieg mit seinem Sohn Pekka aus. Wir umarmten uns, und alles war wie früher. Die Jahre dazwischen waren ausgelöscht! Wir besuchten Venedig und machten eine Rundreise durch Kärnten, meine neue Heimat. Pekka, der Fischzucht studierte und vor der Prüfung zum Fischmeister war, besichtigte einige Forellenzuchtanlagen. Diesmal sollte es nicht mehr so lange dauern, bis wir uns wiedersahen.

Oulujärvi, am Weg zu Pauli

Vitasari – Ein Fischparadies

Die Nadel im Heuhaufen, der Ort des Geschehens

Der Zottel

Die Melnikalpe wurde seit Generationen von der Familie Mailänder bewirtschaftet. Die alte, in den Lawinenschatten geduckte Sennhütte war zwanzig Jahre hindurch eine Hälfte Jagdhütte, zur anderen beherbergte sie in den Sommermonaten den Almhalter der Bauernfamilie M., den wir das Wurzelmandl-Hiasele getauft hatten. Unter den Wohnräumen befand sich ein ausgedehnter Schafstall, der zu unserer Zeit die vier Ziegen und einen schwarzen Ziegenbock des Wurzelmandels beherbergte. Diese Tiere waren sein Eigentum, und die Milch der Ziegen bildete seine Nahrungsgrundlage auf der Alm.

Der Ziegenbock hatte ein geradezu unwahrscheinlich starkes, weit ausgelegtes Schraubengehörn, das ihm ein markhorartiges Aussehen verlieh. Er verbreitete einen Bocksgestank, der sich der ganzen Hütte mitteilte. Nach längerem Aufenthalt auf der Hütte mußten wir zu Hause unsere Jagdkleidung, die Rucksäcke und andere Utensilien sofort auf den Dachboden bringen. Dort blieben sie bis zu unserer nächsten Jagdfahrt.

Dieser Teufelsbock verwilderte im Laufe der Sommermonate immer mehr. Während die Ziegen sich zum abendlichen Melken stets bei der Hütte einfanden, konnte der Bock nur schwer über Nacht in den Stall gesperrt werden. Seine Meisterleistung aber vollbrachte er, als einer der alten Steinböcke, die im Großglocknergebiet ausgesetzt worden waren, ihm seinen Harem streitig machen wollte. Eines Morgens sah das Wurzelmandl, starr vor Entsetzen, wie ein mächtiger Steinbock seine vier Milchziegen in Richtung Glockner treiben wollte. Da fuhr ihm unser Ziegenbock, ganz gegen den Comment der Capricornes, unter lautem Geläute seiner Glocke mit seinem mächtigen Schraubengehörn in die ungeschützte Flanke. Der alte Herr nahm eilends Reißaus und ward nicht mehr gesehen!

Im Laufe der Jahre wurde das Aussehen des ›Schwarzen‹ immer zotteliger, sein Charakter immer wilder, und es wurde schwer, ihn im Herbst ins Tal zu bringen. Es kam, wie es kommen mußte. Im Jahr unserer Geschichte scheiterte jeder Versuch, den Satansbock in die heimischen Gefilde zu treiben. Er hatte, scheint's, das Interesse an seinen Damen verloren und zog das freie Leben in den Bergen dem dumpfen Stalldasein des Winters vor. Hiasel ersuchte uns tränenden Auges, den ›Schwarzen‹ zu schießen, denn einen Winter hätte dieser im unwirtlichen Gebirge nicht überlebt.

Es war Anfang Oktober in diesem denkwürdigen Jahr, als mich mein inzwischen leider schon verstorbener Wahlonkel aus Turin anrief. Er habe einen amerikanischen Geschäftsfreund zu Besuch, dessen größter Wunsch es sei, in den österreichischen Bergen einen Gamsbock zu erlegen. Er wäre zwar kein Jäger und habe noch keinen Gams gesehen. Dennoch wäre eine Gamsjagd der Traum seines Europa-Trips. Ich sagte zu, und vierzehn Tage später holte ich Frank aus Florida vom Bahnhof Spittal/Millstättersee ab. Mein Wahlonkel hatte ihn nebst vielen guten Ratschlägen auch mit einer einigermaßen passenden Adjustierung versorgt. Ein Gewehr hatte ich mitgebracht. Während der Fahrt stellte sich bald heraus, daß Frank noch nie gejagt hatte und seine zoologischen Kenntnisse auf einem zum Großteil bereits vergessenen High-school-Unterricht beruhten. Den Umgang mit Waffen schien er beim Militär gelernt zu haben. Er war sehr umgänglich, ein richtiger ›großer Junge‹, der voll froher Erwartung den kommenden Tagen entgegenfieberte. Er lud mich sofort auf eine Alligatorjagd in die Everglades ein. Für ihn hatte die Welt keine Entfernungen.

Noch vor Einbruch der Dunkelheit erreichten wir nach zweistündigem Aufstieg die Hütte. Mein Jäger Rubenthaler hatte bereits eingeheizt und ›Tiroler Knödeln‹ gekocht, deren Herstellung er mit großer Meisterschaft beherrschte. So konnte sich Frank von den ungewohnten Strapazen des steilen Aufstiegs bald wieder erholen. Ich selbst war leider in diesen Tagen geschäftlich stark in Anspruch genommen und konnte die beiden an den kommenden Jagdtagen nicht begleiten. Da Frank kein Wort Deutsch sprach und Rubenthaler des Englischen nicht mächtig war, mußte ich an jenem Abend noch rasch eine Art Esperanto für die beiden entwickeln, um eine primitive Verständigung zwischen ihnen zu gewährleisten. Weil Rubenthaler aber sehr anpassungsfähig war und bereits viele komplizierte Jagdgäste geführt hatte, hegte ich keine großen Bedenken.

Vor dem Schlafen ging ich noch einmal vor die Hütte. Das Wetter hatte umgeschlagen. Es regnete, und tiefe Nebelwolken krochen die Berghänge herauf. Auch der Wetterbericht, den wir am Batterieempfänger abhörten, war schlecht und ließ für die nächsten Tage kein leichtes Jagen erwarten.

Noch vor der Morgenpürsch verließ ich die Hütte und stieg bei Nebel ins Tal ab. Was sich in den darauffolgenden Tagen im Melnik abgespielt hat, kann ich nur den Schilderungen bzw. den detaillierten Eintragungen meines Jägers Rubenthaler im Hüttenbuch entnehmen.

Die ersten beiden Tage waren beide Jäger voll Zuversicht und trotzten dem ungünstigen Wetter. Aber der berüchtigte ›Gamshüter‹, der ständige Nebel, vereitelte jeden Anblick. Als am dritten Tag eine bleischwere, dicke ›Milchsuppe‹ jede Aussicht auf Erfolg zunichte machte, verlor auch Frank immer mehr seine Zuversicht. Am Nachmittag des vierten Tages stiegen beide bis zur sogenannten Ochsenhütte, einer primitiven, halboffenen Stallung knapp an der Baumgrenze, auf, in der Hoffnung, daß sich der Nebel höher oben doch einmal auflösen mußte. Ein plötzlich einsetzender Schneesturm zwang jedoch beide, in dieser Hütte, am offenen Feuer, zu übernachten. Das war dem jungen Mann aus Florida zuviel, und er dachte bereits an Aufgabe. Den fünften Tag mit Schneeregen und Nebel verbrachten beide auf der Hütte, um Gewand und Schuhe zu trocknen. Man sah kaum den Brunntrog vor dem Hütteneingang. Es war der vorletzte Tag. Morgen müßte es klappen!

Gegen 23 Uhr ging Rubenthaler noch einmal vor die Hütte. Da sah er über der Ochsenhütte einen Stern. Der Schneeregen hatte sich in den vergangenen Stunden in massiven Schneefall verwandelt. Die Temperatur fiel stark ab. Dann hatte es aber plötzlich aufgehellt, und ein runder, aber kalter Vollmond kam gerade hinter dem mächtigen Schober-Eissig hervor. Frank schlief bereits den Schlaf der Gerechten. Als ihn Rubenthaler zeitig am nächsten Morgen weckte und er vor die Hütte trat, da verschlug ihm das vom ersten Morgenlicht überhauchte, herrliche Panorama fast die Rede.

Tief verschneit lag die großartige Bergwelt unter einem kristallklaren Himmel, an welchem gerade die letzten Sterne verblaßten. Der Tee war schnell gekocht, das Frühstück rasch eingenommen, die Jagdutensilien zusammengerafft, und bald darauf stapften beide den steilen Pfad zur Ochsenhütte hinauf. Das Wetter mußte die Gams herabgedrückt haben, und so schweiften die Blicke des Treuen unaufhörlich zu den steilen, seitlichen Gräben, den einzelnen Zirbengruppen und Latschen.

Gerade als Frank und Rubenthaler die erste Höhenstufe über der Hütte erreicht hatten, schlug am Gegenhang die Sonne an. Inmitten tief verschneiter Latschen sahen beide, fast zur gleichen Zeit, einen mächtigen schwarzen Wildkörper, das Haupt hinter einem Zirbenstamm verdeckt. Rubenthaler war eine kurze Zeit der Meinung, einen der alten, starken Melnikböcke vor sich zu haben. Als er aber im Fernglas die langen, schwarzen, vereisten Zottelhaare erkannte, wußte er, wen er da vor sich hatte. Es war aber schon zu spät! Ein Schuß peitschte auf, und ohne zu zeichnen begann der mächtige, schwarze Körper hangabwärts zu rutschen. Gleichzeitig ertönte ein wundersames Glockenläuten jedesmal, wenn der Ziegenbock über eine Felsstufe rutschte. Letzteres veranlaßte Rubenthaler zu kräftigen, wiederholten Waidmannsheil-Rufen, was den fragenden Ausdruck im Gesicht des Amerikaners in ein breites Grinsen übergehen ließ.

Im Trubel des anschließenden indianischen Freudentanzes ging das nochmalige, klagende Läuten der Ziegenglocke verloren, als der

›Schwarze‹ endlich in einen tiefen Seitengraben stürzte und dort liegen-
blieb! Mein treuer Jäger R. konnte nun nicht mehr zurück. Es war ein
Leichtes für ihn, Frank davon zu überzeugen, daß es für ihn zu gefährlich
sei, den tiefverschneiten Lawinengraben zu durchsteigen. Gern ließ sich
Frank bitten, langsam zur Hütte abzusteigen, Feuer zu machen und die
Ankunft des kapitalen ›Gamsbockes‹ zu erwarten.

Die Ziegenglocke war rasch vom ›Träger‹ des Bockes abgeschärft. Sie
hängt heute in Rubenthalers Jagdstube. Was nun folgt, ist rasch erzählt.
Weit im entfernten Florida hängt die gut präparierte, tiefschwarze Decke
des ›Zottels‹. Das gebleichte Haupt mit den unwahrscheinlich weit ausge-
legten ›Markhorhörnern‹ ziert die Wand über dem Arbeitsplatz von
Frank.

Scheinbar ist er auch heute noch im guten Glauben, einen der stärksten
Gamsböcke Österreichs erlegt zu haben, denn es sind keine gegenteiligen
Meldungen bislang aus Turin bei mir eingelangt.

Jetzt, nach so vielen Jahren, denke ich schmunzelnd an das damalige
Geschehen. An die rasche und unerwartete Verzweiflungsentscheidung
des Jägers Rubenthaler. An deren guten Ausgang. Und last not least: War
es nicht ein kapitales Stück, wild und trutzig? War seine Erlegung nicht
wirkliche Jagd im wahrsten Sinne des Wortes?! Daß der ›Schwarze‹ nicht
zu den Antilopen gehört, sondern zu den Capricornes, ist doch nur ein
kleiner Schönheitsfehler, und dieser kann sich durch einen ungeahnten
Winkelzug der modernen Wissenschaften ins Gegenteil verkehren!

Dir, lieber Frank im fernen Kalifornien, ein kräftiges Waidmannsheil
allerwegen!

Was das Wurzelmandl-Hiasele mit dem zähesten Teil des ›Schwarzen‹,
nämlich seinem Wildpret, gemacht hat, konnte ich nicht mehr in Erfahrung bringen. Auch bin ich noch nicht in den Everglades auf Aligatorjagd
gewesen.

Die Nadel im Heuhaufen

Im Mai 1959 hatte endlich starkes Tauwetter eingesetzt. Bald waren die
höher gelegenen Berghänge scheckig. Die Südhänge wurden rasch aper.
Auch die Schattseiten entließen die letzten Grundlawinen mit mächtigem
Gerumpel. Die vom Schnee entblößten Stellen wurden Anziehungspunkt
für alles Schalenwild. Die Hahnbalz war allerorten im Gange. Die Hennen fanden überall Platz für ihr bescheidenes Bodengelege. Auch die Mur-

meltiere feierten das Ende der langen Nacht, und man konnte mit einem guten Glas die erdverschmierten Ausstiege im sonst blütenweißen Schnee sehen, zwischen denen die Kobolde der Hochkare herumtollten. Jetzt hatte der Adler leichtes Spiel, zu einem Festessen zu kommen, wenn er die sonnenhungrigen Erdbewohner im Tiefflug überraschen konnte.

Xandl, der an einer Genossenschaftsjagd im Raume Mallnitz beteiligt war, rief mich eines Tages im Büro an und lud mich auf einen Kleinen Hahn ein. Bei dieser Gelegenheit sollte ich die von ihm erbaute Jagdhütte bei Lassach besichtigen. Wir wollten in der neuen Hütte übernachten, denn sie befand sich hart an der Baumgrenze, ganz nahe den Balzplätzen der Kleinen Hahnen. Mein Freund, der mehrere Jahre in russischer Gefangenschaft, in der Nähe von Petrosawodsk, zugebracht und in den Wäldern Kareliens Holz geschlägert hatte, lernte von den Russen, wie man eine ›Semljanka‹, eine Erdhütte, baut. Vor allem das Zusammenfügen von Holzbalken, damit sich diese beim Eintrocknen so zusammenziehen, daß ein Kalfatern mit Moos oder Flechten nicht mehr nötig war. Im Bereich der Häusleralm gab es auf den Nachbarschaftsalmen viele Heuhütten, die bei der heutigen extensiven Weidewirtschaft nicht mehr benützt wurden. Eine von diesen durfte er abbauen. Dieses Holz verwendete er zum Bau der Hütte, die unter tiefbeasteten, alten Fichten in der Nähe einer Quelle errichtet wurde.

Ich hatte zugesagt und befand mich an einem Freitag am Nachmittag mit meinem Jagdfreund beim Aufstieg zur Hütte. Am Abend erzählte mir Xandl in der einfachen, aber sehr gemütlichen Hütte, daß er einen Balzplatz gefunden habe, der keine dreißig Schritt vor der Türe einer der Heuhütten gelegen war. Ein außergewöhnlich starker Hahn sei in den letzten Tagen immer bei der Hütte eingefallen und habe sogar einmal auf dem Hüttendach gebalzt. Er selbst sei zwar nie an Ort und Stelle gewesen, habe aber das Geschehen genau beobachten können und war sicher, daß wir den Hahn am kommenden Morgen aus dieser Heuhütte heraus erlegen könnten! Das war eine neue Methode und reizte mich natürlich sehr. Eine ganze Hütte als Schirm, windgeschützt und mit entsprechender Bewegungsfreiheit, ohne daß der Hahn draußen eine Chance hatte, irgend etwas wahrzunehmen, war sehr verlockend. Die Angaben meines Freundes über die Stärke des Hahnes zog ich nicht in Zweifel. Hingegen war ich gespannt, wie sich die eigenartige Jagd am kommenden Tag abspielen würde.

Am heißen Kanonenofen brieten wir eine ›Eierspeis‹ auf herrlichem Mölltaler Speck und tranken dazu einige ›Frackerln‹ Schnaps. Dann legten wir uns nieder. Um zwei Uhr morgens war Tagwacht. Rasch tranken wir einen starken Kaffee aus der Thermosflasche, steckten eine Tafel Schokolade sowie ein Fläschchen Schnaps zu uns, nahmen Rucksack und Bockbüchsflinte, Fernglas und Handschuhe. Bald darauf waren wir, mit der Taschenlampe in der Hand, in Richtung Heuwiesen unterwegs. Auf Grund der günstigen Lage der von Xandl errichteten Hütte war der Aufstieg zu den Hahnbalzplätzen nicht anstrengend. Nach einer Stunde Wegs erreichten wir unser Ziel. Wir hatten uns warmgegangen, hatten aber nicht geschwitzt. Rasch hüllten wir uns in die mitgebrachten Lodenmäntel, richteten uns bequem ein und harrten der Dinge, die da kommen sollten. Noch war es dunkel, aber die Zacken und Bergspitzen der gegenüberliegenden Kreuzeckgruppe hoben sich bereits von einem heller werdenden Hintergrund ab. Ich entsann mich einer Erzählung mit dem Titel ›Der grüne Strahl‹. Der Autor Jules Verne behauptet darin, daß am Meer ein grüner Strahl am Morgenhimmel sichtbar wird, knapp bevor die Sonne über dem Horizont erscheint. Ich bin sehr oft mit dem Schiff unterwegs gewesen und habe kaum einen Sonnenaufgang an Deck versäumt. Leider ist es mir nie gelungen, dieses Phänomen selbst zu beobachten. Im Hochgebirge ist mir hingegen sehr oft ein hauchzarter, grüner Streifen am Himmel aufgefallen, der dem eigentlichen Morgengrauen und Sonnenaufgang vorausgeht. Um diese Morgenstunde wird es plötzlich um einige Grade kälter, bis endlich die ›Sonne anschlägt‹, wie die Gebirgler treffend zu sagen pflegen.

Solche Gedanken schienen meinen Jagdfreund nicht zu beschäftigen. Mit gespanntem Gesichtsausdruck und leicht gebeugtem Kopf saß er neben mir, um ja nicht das Rauschen des einfallenden Hahnes zu überhören. Langsam wurde es grau, und man konnte, eingerahmt durch die offene Hüttentüre, Einzelheiten des vor unserem ›Schirm‹ liegenden Geländes unterscheiden. Die Heuhütte war auf einem beinahe ebenen Fleck der sonst recht steilen Alm errichtet. Auch der Platz davor war auf einer Strecke von fast vierzig Metern eben. Dieses kleine Plateau fiel an seinem vorderen Ende sowie an der linken Seite steil ab. Von hier hatte man einen herrlichen Ausblick. Tief unter uns lag die Straße, die nach Mallnitz führt. Schräg hinter uns, also im Norden, lag der Ort mit Kirche und Bahnhof. Vor uns, also in südlicher Richtung, breiteten sich die Berge der Kreuzeckgruppe aus, und nach Osten zu überschaute man das Mölltal bis zu seiner Einmündung in das Drautal.

In der Hütte war es noch immer stockdunkel. Um so deutlicher erschien das durch die Tür eingerahmte Bild gegen den immer heller werdenden Himmel. Jetzt stieß mich Xandl mit dem Ellenbogen leicht in die Seite. Ich spitzte meine Ohren und hörte tatsächlich in der Ferne zwei Hahnen grudeln. Dann mischte ein dritter Hahn mit, der etwas höher eingefallen war. Ich drückte meine Zigarette aus und legte das Gewehr über die Knie. Es dauerte aber noch eine ganze Weile, bis plötzlich ein kurzes, aber starkes Rauschen erklang. Wie von Zauberhand gefügt, stand die Silhouette eines starken Hahnes am äußersten Rand des Schneefleckens vor der Hütte. Der Hahn verhielt sich zunächst vollkommen ruhig, sicherte nach allen Seiten und glich, mit den eng angelegten Schwingen und seinem gestreckten Körper, einer schlanken Weißweinflasche. Nur das Köpfchen bewegte sich ruckartig, sobald das Zischen und Grudeln der anderen Hahnen zu hören war. Das Ganze glich einem wundervollen Scherenschnitt vor dem immer heller werdenden Himmel, dessen unterer Rand durch die Zacken der Kreuzeckgruppe begrenzt wurde.

Ich war so in den einmaligen Anblick versunken, sah dem nun schon eine Zeitlang balzenden Hahn zu, daß mich erst ein kräftiger Stoß meines Freundes in die Wirklichkeit zurückrief:»Woanst no länger woart'st, werd ihn a Henn' mitnehma«, zischte mir Xandl ins Ohr. Ich hob meine Bockbüchse und hatte den Hahn rasch im Glas. Sein Spiel war unglaublich weit gefächert und deckte fast die gespreizten Schwingen. Ich berührte den gestochenen Abzugshahn und war zunächst vom Feuerstrahl des abgegebenen Schusses in der dunklen Hütte geblendet. Dann aber sah ich den getroffenen Birkhahn mit ausgebreiteten Schwingen am Boden. Ein leichtes Zittern ging durch den Körper, dann blieb er unbeweglich auf seinem Tanzplatz liegen.

In diesem Augenblick schoß ein erstes Strahlenbündel der aufgehenden Sonne über die noch dunklen Berggipfel. Ich stellte mein Gewehr an die Hüttenwand und ging bedächtig auf den vor mir liegenden Hahn zu, um ihn aufzuheben. Als ich ihn mit beiden Händen unterfaßte, kam plötzlich Leben in seinen Körper. Laut purrend schwirrte er davon. Versteinert sah ich ihm nach, wie er in weitem Bogen unter uns dem Waldrand zustrich und in Richtung Mallnitz verschwand. Beim Aufheben des Vogels hatte ich das Gefühl, daß beide Ständer des Hahnes gebrochen waren. Auch hatte ich Schweiß an den Händen, aber auch Darminhalt. Die Schrotgarbe hatte den Hahn scheinbar sehr tief getroffen und beide Ständer abgeschlagen. Einige Körner aber staken tief im Leben und mußten zu seinem Tod führen. Zunächst aber hatte ihn der Schlag der auftreffenden Schrotkörner betäubt. Als ich ihn dann aufhob, startete er vehement und war verschwunden, ehe wir uns fassen konnten.

Wo aber hatte er sein Leben ausgehaucht?! Nicht einmal ein guter Hund hätte eine Chance, bei einer freien Suche den im Morgendunst entschwundenen Hahn zustande zu bringen. Einmal auf den Schwingen, kann auch ein schwer getroffener Hahn noch beträchtlich weit streichen, bis ihn die Kräfte verlassen.

Wir versuchten, die Strecke, die der Hahn zurückgelegt hatte, mit dem

Gelände unter uns in Beziehung zu bringen, um ein Gebiet für die Nachsuche abgrenzen zu können.

Betrübt über den unerwarteten Ausgang der Jagd warteten wir, bis die Sonne die ganze, vom Hahn überflogene Strecke beschien. Dann begannen wir mit der wenig erfolgversprechenden Nachsuche. Wir bewegten uns, mit 50 m Abstand voneinander, in Richtung, die der Hahn eingeschlagen hatte und bemühten uns, das Gelände sorgfältig abzusuchen. Etwa nach einer Stunde erreichten wir einen breiten Lawinenstrich. Hier brachen wir die Nachsuche ab. Der Hahn konnte kaum bis hierher gelangt sein. Dann stiegen wir 100 Meter ab und begannen die ganze Strecke zurückzusuchen.

Es war 8 Uhr, als wir erfolglos und niedergeschlagen bei Xandls Hütte ankamen. Wir beschlossen, ein paar Stunden zu schlafen und dann den Abstieg anzutreten. Der Hahn galt als erlegt, denn die Schuß- und Pürschzeichen wiesen darauf hin, daß der Hahn verenden würde. Mein Freund warf sich auf sein Lager und war sofort eingeschlafen. Ich dachte über das Geschehene nach und konnte keinen Schlaf finden. Ich beschloß, die Zeit zu nützen, und stieg ein zweites Mal zur Heuhütte auf. Im Geiste verfolgte ich noch einmal den Flug des angeschweißten Hahnes. Dann begann ich die Strecke erneut abzugehen. Diesmal hielt ich mich um einiges tiefer. Nach einer Stunde landete ich wieder bei dem breiten Lawinengang. Von hier stieg ich dann ab, bis ich, tiefer als das erste Mal, den Almwald erreichte.

Ich legte mir den Rückweg so zurecht, daß ich am Ende bei der Hütte landen würde. Ich hatte schon den Gedanken, den Hahn zu finden, aufgegeben und suchte mir den günstigsten Weg, um rasch vorwärts zu kommen. Ab und zu gab es Blößen im Wald, und man hatte eine herrliche Sicht ins Tal. An einer solchen Stelle erblickte ich einen Adler. Er segelte langsam im beginnenden Aufwind den Wald entlang. Ich stand über ihm und erinnere mich deutlich an die schräge Kopfhaltung, mit der der große Vogel alles neben und unter sich beobachtete. Als er aus dem Schatten in das grelle Sonnenlicht hinüberwechselte, leuchtete sein Gefieder goldgelb auf. Ich folgte ihm mit meinem Glas, bis er sich im Morgendunst auflöste.

Als ich mein Fernglas zurechtrückte, sah ich unwillkürlich auf den Boden vor mir. Ich traute meinen Augen nicht! Vor meinen Füßen lag der verendete Hahn! Sein Häuptel war auf einem Moospolster gebettet, und ein rubinroter Schweißtropfen war an seinem Brocker erstarrt. Ich glaubte zunächst nicht, was ich da vor mir sah. Dann aber kniete ich nieder und untersuchte meinen Hahn. Es war so, wie ich vermutete hatte. Der Hahn mußte mir sein Spiel zugekehrt haben, als ich den Schuß löste. Im Gegenlicht war diese ungünstige Stellung nicht auszunehmen. So erhielt der schwarze Ritter die volle Schrotgarbe von hinten und dazu ums Kennen zu tief. Beide Ständer waren abgeschossen. Er konnte daher nicht mehr selber starten. Einige Schrot waren weich, aber tödlich ins Leben gedrungen und hatten ihn während seiner letzten Luftfahrt tot ins Moos geworfen.

Lange saß ich glücklich neben meinem bereits verloren geglaubten Hahn. Ich versorgte ihn vorsichtig in meinem Rucksack, denn die Ständer hingen nur mehr lose an den Hautfetzen, und wanderte zur Hütte. Dort legte ich den Hahn auf den Rand des Brunntroges, wusch mir die Hände und trat in unsere ›gute Stube‹. Xandl öffnete die Augen, sah auf die Uhr und erhob sich, um Wasser für einen Kaffee zu holen. Ich lehnte in der Hüttentür und sah ihm nach, neugierig, was er tun würde. Knapp vor dem Brunntrog blieb er plötzlich stehen, setzte den Eimer zu Boden und drehte sich zu mir um. »Do host oba an Reim ghot, mei Liaba!« sagte er und begann, den Hahn zu untersuchen. Ja, es war ein außergewöhnlich starker Hahn. Mein bester bis auf den heutigen Tag!

Birkhahnbalz in der Wolaye

Noch liegt das Latschenfeld im Dunkeln,
Hell schimmert nur der Schnee an seinem Rand.
Hoch überm Grat die letzten Sterne funkeln,
Ein kalter Wind weht talwärts aus der Wand.

Ich schlage frierend meinen Mantelkragen hoch
Und schiebe rasch mich in das Krummholz ein.
Unmerklich graut der Morgen überm Joch.
Nun lösche ich der Lampe Schein.

Da tönt ganz leis, als erster Morgensang,
Das Lied der Amsel mit dem weißen Band.
Jetzt ratscht der Schneehahn seinen Liebesreim,
Und bald drauf fällt der erste Spielhahn ein!

Wälder jenseits der Wälder

Es war der 10. Oktober 1963, als ich die Kühlernase meines Mercedes nordwärts richtete. Mit von der Partie war mein langjähriger Freund, Dr. Fritz Neußer. Er ist kein Jäger, aber er begleitete mich oft auf meinen jagdlichen Exkursionen. Unsere Frauen, die sich seit dem Kriege kannten, blieben in Wien zurück. Wir trafen uns in Salzburg und waren schon um 8 Uhr morgens auf der Autobahn Richtung München. Es war ein schöner, milder Herbsttag. Kilometer um Kilometer spulte mein treuer Wagen herunter. Schon damals kamen wir öfter in einen Stau, der jedoch in der Regel von den Truppen der Besatzungsmächte verursacht wurde. Zu zweit vergeht einem die Zeit rasch. Dennoch waren wir am späten Nachmittag, als wir die letzte Abfahrt nach Hannover passiert hatten, rechtschaffen müde und beschlossen, zu übernachten.

Irgendwo in der Lüneburger Heide bogen wir von der Autobahn ab und bezogen Quartier in einem reizenden Heidedörfchen. Damals ahnte ich noch nicht, daß ich diesen ruhigen Rastplatz im Heidekrug ›Zum Treffpunkt‹ in der Ortschaft Dorfmark noch viele Male ansteuern würde, wenn mich die Sehnsucht nach dem Norden wieder einmal ›Auf große Fahrt‹ gehen ließ. Zu Beginn der sechziger Jahre war es ratsam, über Kopenhagen, die Heimatstadt des unvergleichlichen Märchenerzählers Andersen, zu fahren, wenn man Finnland mit dem eigenen Wagen besuchen wollte. Vom Skandinavien-Kai des Kopenhagener Hafens gingen die Schiffe nach Norden.

Am nächsten Tag also erreichten wir Kopenhagen über die berühmte Vogelfluglinie. Wir hatten Zeit, einen abendlichen Bummel durch die Straßen der Stadt zu machen, besahen uns das Andersen-Denkmal, besuchten den berühmten Tivoli-Vergnügungspark und sanken endlich todmüde in die Hotelbetten. Wir verschliefen einen nächtlichen Orkan, der Dachziegel auf die Straßen warf, Bäume entwurzelte und Äste auf die Fahrbahn geschleudert hatte. Wie durch ein Wunder blieb unser Wagen unversehrt. Dieser Sturm hatte den Himmel ausgeputzt. Bei strahlendem Wetter fuhren wir zum Hafen. Zu meiner großen Überraschung lag am Skandinavien-Kai das Schwesterschiff meiner braven ›Velamo‹, mit der ich vierzehn Jahre vorher das erste Mal die Ostsee überquert hatte. Die Schwester der Velamo trug den klingenden Namen ›Ariadne‹. Beide Schiffe waren den Finnen von den Russen zurückgestellt worden. Eine finnische Werft hatte sie umgebaut zu einer Kombination von Fracht- und Passagierschiff.

Mit einer Dampfwinde wurde unser Wagen in Deckhöhe gehievt und verschwand für die nächsten zwei Tage im Schiffsbauch der Ariadne. Man hatte uns rechtzeitig aufmerksam gemacht, alles, was wir für die Überfahrt benötigten, aus dem Auto zu nehmen, denn man dürfe den Stauraum während der Überfahrt nicht mehr betreten. Eine gemütliche Zweipersonenkabine nahm uns auf. Als wir wieder das Deck betraten, wendete die Ariadne mit Hilfe eines starken Bugsierers gerade im Becken des Skandinavien-Kais, und bald darauf glitten wir an den anderen Kaianlagen vorbei in das offene Meer hinaus. Kopenhagen verschwand im Dunst eines schönen Herbsttages. Ein kühler Wind wehte uns die salzige Meeresluft ins Gesicht. Es muß ein alter Menschheitstraum sein, in das Ungewisse zu fahren. Auch uns beide ergriff ein Gefühl der Neugier auf das zu erwartende Unbekannte. Ein unerhörtes Freiheitsgefühl erfaßte uns, als außer dem Wasserwirbel der Schiffsschraube, die eine lange gerade Schaumstraße hinterließ, nur mehr das Meer, die Ostsee, um uns zu sehen war.

Einige unermüdliche Heringsmöven segelten über dem Heck, in der Hoffnung, Küchenabfälle zu erhaschen. Ab und zu tauchte ein Fischkutter aus dem Dunst der unbewegten See, und große Tankschiffe glitten in regelmäßigen Abständen an uns vorbei. Gleich schwarzen Perlenketten zogen Meerenten knapp über dem Wasser unbekannten Zielen entgegen. Plötzlich ließ sich ein Schwarm kleiner Zugvögel zu kurzer Rast in den Deckaufbauten nieder, um bald darauf wieder unseren Blicken zu entschwinden.

Die wenigen Passagiere aßen gemeinsam mit dem Kapitän und den Schiffsoffizieren in der altmodischen, aber gemütlichen und blitzsauberen Messe, und wir wurden rasch miteinander bekannt. Bald stellten wir fest, daß einige begüterte Passagiere die Überfahrt hauptsächlich in der Absicht unternahmen, den damals noch bestehenden Alkoholbeschränkungen in Schweden und Finnland zu entgehen und sich dem freien Konsum am Schiff hinzugeben. Sie waren daher auch die meiste Zeit in sehr fröhlicher ›Seid umschlungen Millionen‹-Stimmung, wenn sie nicht gerade wieder ihren Rausch in der Kabine ausschliefen.

Am Morgen des 14. Oktober glitten die ersten flachgeschliffenen Granitfelsen der Schären vor der finnischen Küste an unserem Schiff vorbei. Es war kälter geworden. Die Ariadne verlangsamte ihre Fahrt und schlüpfte, vorbei an einer alten Festungsanlage, durch die enge Einfahrt in den Hafen von Helsinki. Die schräge Morgensonne durchbrach den leichten Nebelschleier und beleuchtete die weißen, in der Zarenzeit errichteten Hafengebäude und die weithin sichtbare Hauptkirche.

Wieder schwebte mein Wagen durch die Lüfte und wurde sanft auf die Erde Finnlands gesetzt. Zoll und Paßkontrolle waren rasch erledigt, und bald befanden wir uns auf ›Großer Fahrt‹ nach Norden. Vorbei am eindrucksvollen Reichstagsgebäude und am Denkmal des Befreiers von Finnland, Marschall Mannerheim, verließen wir Helsinki und damit die Küste und fanden uns bald inmitten von Fichten- und Kiefernwäldern. Gelbverfärbte Birken, rote und graue Granitfelsen säumten die gut ausgebaute, fast schnurgerade Straße. Bald nach den letzten Häusern leuchtete uns das erste Warnschild mit der mächtigen Elchschaufler-Silhouette entgegen, das hier vor Wildwechsel warnt. Viele Jahre später sahen wir ein ähnliches Schild knapp vor dem Polarkreis. Nur war hier der Elch durch ein Rentier ersetzt.

An Bord hatten wir die Straßenkarte und unseren Weg genau studiert. So erreichten wir in flotter Fahrt bereits zu Mittag die Küstenstadt Porri. Dann wendeten wir genau nach Norden und fuhren parallel zur Ostseeküste in Richtung Vasa. Es war bereits dunkel, als wir in Kristinestad eintrafen. Von hier ging es den Isojokifluß aufwärts, in östlicher Richtung nach Lappfjärd (was soviel wie Lappenfurt bedeutet). Hier erkundigten wir uns bei einer Tankstelle und Reparaturwerkstätte nach dem genauen Weg zu der Hütte von Götz. Der Besitzer dieser Treibstoffquelle wußte bereits von unserem Kommen und gab bereitwillig Auskunft. So waren die letzten Kilometer nicht zu verfehlen. Wir überquerten den Isojoki, ließen die letzten Häuser hinter uns und befanden uns, auf einer immer schlechter werdenden Straße, mitten im Wald.

Plötzlich sahen wir zu unserer Linken eine lange Kette kleiner, flakkernder Lichter einen Seitenweg säumen. Im Abstand von einigen Metern hatte Götz die Zufahrt zu seinem Grundstück mit sogenannten Hindenburglichtern bestückt, um uns sicher zu seinem Blockhaus am Ufer des Isojoki zu leiten. Nun wußten wir, daß wir zu Hause waren! Ein Tor aus gedrehten Kiefernstämmen markierte die Einfahrt auf das Grundstück unseres Freundes.

Die rot gestrichene Hütte mit der weißen Fensterumrahmung lag oberhalb einer felsigen Stromschnelle des Isojoki, etwas unterhalb einer Wehranlage eines kleinen E-Werkes. Links vom Wohnhaus stand auf mächtigen Ecksteinen die ›Aita‹. Sie glich den vor allem in Kärnten üblichen ›Droat-Kästen‹. Auch hier in Finnland dienten sie der Aufbewahrung von landwirtschaftlichen Produkten, die man trocken und mäusesicher aufbewahren wollte. Etwas weiter, unmittelbar am Flußufer, war das stille Örtchen, das Götz ›Die Paula‹ nannte. Welche gedanklichen Assoziationen dieser Namensgebung vorangegangen waren, konnten wir nie ergründen. Ungefähr siebzig Schritt flußaufwärts, unmittelbar am Wehr, hatte Götz eine original finnische Rauchsauna errichtet, daneben stand ein geräumiger Holzschuppen. Zwischen Wohnhaus und Sauna zog sich am Ufer des Isojoki ein schmaler, erlenbewachsener Waldstreifen hin. Die Sauna war geheizt.

Götz begrüßte uns in seiner herzlichen Art, ließ uns aber keine Zeit zum Auspacken unserer Sachen, sondern drängte zum erholsamen Saunabad. Wir bekamen einen kräftigen Schnaps und schnell darauf noch einen, denn nach Götz kann man nicht auf einem Bein stehenbleiben. Rasch waren wir ausgezogen und wanderten hinauf zur Sauna. Für mich ein lang entbehrter Genuß, für Fritz aber ein unbekanntes Abenteuer. Eine echte finnische Rauchsauna, wie sie heute noch bei manchen Waldbauern zu finden ist, besteht aus einem mehr oder weniger großen Blockhaus. Man betritt einen Vorraum, der ein bis zwei Fenster sowie Ruhebänke enthält. Er dient zum Ausruhen, zum Abkühlen nach den einzelnen Saunadurchgängen, zur Aufnahme diverser Gerätschaften wie Holzeimer, Schöpfkellen, Wasserkessel, Tücher und der unerläßlichen Birkenlaubbesen. Letztere, im Juni–Juli geerntet und langsam getrocknet, behalten das herrlich duftende Laub bis weit in den folgenden Winter.

Durch eine schmale Tür, die ein Schiebefenster besitzen soll, betritt man den eigentlichen Saunaraum. Außer einem kleinen Fenster in der Seitenwand muß ein Schiebefenster in der Rückwand oder eine Klappe im Dachfirst vorhanden sein. Sie dienen zum Entlüften des Raumes nach dem Aufheizen der Rauchsauna. Gegenüber der Eingangstür sind die Sitzbänke angeordnet. Je nach Größe der Sauna sind diese in ein, zwei oder gar drei Etagen eingebaut. Die Leisten der Sitze müssen aus harzfreiem Holz geschnitten sein. Meist verwendet man Weiden- oder Aspenholz. In der Mitte des Saunaraumes befindet sich der große, aus Granitrundlingen errichtete Saunaofen. Diese Steine stammen aus einer ganz bestimmten Gegend Finnlands. Die Erfahrung lehrte, daß Steine aus dieser Gegend auch bei größten Temperaturunterschieden nicht zerspringen, was für die Standfestigkeit der Öfen unerläßlich ist. Der Ofen sollte so dimensioniert sein, daß er etwa einen halben Raummeter Brennholz als Füllung aufnehmen kann.

Wird der Ofen angeheizt, füllt sich der Saunaraum langsam mit Rauch, der nicht zur Gänze durch die Entlüftungsklappe entweichen kann. Hat der Steinmantel des Ofens die notwendige Hitze erreicht, die zu einer Raumtemperatur von 100 bis 110 °C führt, und ist das Holzmaterial zu reiner Glut zusammengebrannt, dann wird der ganze Raum kurz gelüftet, damit der restliche Rauch vollständig entweichen kann.

Jeder Besucher erhält einen handlichen Holzeimer mit Wasser, einen Lappen, der, angefeuchtet, als Sitzunterlage auf der anfänglich sehr heißen Lattenbank dient, und den Birkenlaubbesen zum Schlagen der Haut. Dadurch wird die Durchblutung angeregt und die Transpiration gefördert.

Die Temperatur der Rauchsauna sinkt relativ rasch ab. Darin besteht der große Vorteil dieses Saunatyps. Die Hitzebelastung paßt sich so der Widerstandsfähigkeit des Kreislaufes an.

Es ist schon ein Schock, wenn man das erste Mal bei 100 bis 110°Celsius eine Rauchsauna betritt. Fritz, als vorsichtiger Mediziner, wollte partout nicht in den + 2 °C kalten Isojoki springen und Götz sowie mir in das bräunliche Moorwasser des Flusses folgen. Ich höre noch seinen verzweifelten Ausruf vom Ufer herüberschallen: »Das ist ja gegen jede medizinische Vernunft«, dann schlug das erfrischende Wasser über unseren Köpfen zusammen. Nach ein paar Schwimmstößen entsteigt man dem kühlen Naß, um sich 10 bis 15 Minuten im Vorraum der Sauna auszuruhen. Dann betritt man die Sauna zum zweiten Durchgang. Die Temperatur ist angenehm abgesunken. Der Körper gibt nun viel leichter Flüssigkeit ab, denn die Poren sind elastischer geworden.

Man kann diesen Vorgang noch ein bis zwei Mal wiederholen. Zum Schluß wäscht man sich, frottiert sich mit den rauhen Leinentüchern ab und wandert in die angenehm temperierte Hütte zum anschließenden Ruhen. Man soll die abgegebene Flüssigkeit im Laufe der folgenden Stunden ersetzen. Unnötig zu sagen, daß Fritz in der Folge zum leidenschaftlichen ›Saunisten‹ wurde. Splitternackt zogen wir, erfrischt und verjüngt, zu dritt durch das Erlenwäldchen der erleuchteten Hüttentür entgegen. Wir betraten einen großen, durch einen Kamin wohlig erwärmten Raum, setzten uns auf die groben Holzbänke und bemerkten plötzlich eine blonde, junge Frau, die uns drei nackte Faune anlächelte. Sie stand im Halbdunkel am Herd und schien unser Abendessen zuzubereiten. Götz sagte nur: »Macht euch keine Gedanken, sie hat sowas schon öfter gesehen, als ihr glaubt!«

Wir gingen bald zu Bett, denn am nächsten Morgen war die erste Treib- und Drückjagd auf Elche in den Wäldern Lappfjärds angesagt.

Um 6 Uhr am Sonntagmorgen weckte uns Götz mit einem ›Lumumba‹. Dieses harte, nach Kognak schmeckende Gesöff kam aus Südafrika. Da Alkohol Staatsmonopol in Finnland ist, kauft der Staat das Billigste vom Billigen, um es dann den wenig wählerischen Finnen um horrendes Geld weiterzuverkaufen. Mein Freund und ich waren noch zu verschlafen, um das uns gereichte Wasserglas dieses Gurgelbrenners abzulehnen. Die Wirkung war dementsprechend, und wir kamen erst wieder zu uns, als das Eiswasser des Isojoki über uns zusammenschlug. Man spürte förmlich den Kognak aus den Ohren und der Nase entweichen, als wir das Morgenbad im Fluß nahmen. Dann aber, nachdem wir uns mit den Badetüchern trockengerieben hatten, war es ein unglaublich belebendes Gefühl, und die wundersame Durchblutung unserer Körper hielt fast den ganzen Jagdtag an.

Die Finnen sind sehr geschichtsbewußt und verehren ihre Dichter und Barden. So trug auch jedes Badetuch den Namen eines der berühmten sieben Brüder, nach einem Roman von Alexis Kivi. Wir frühstückten in der wohlig gewärmten Hütte, und die Welt war wieder in Ordnung. Die Jagdsachen waren rasch zusammengetragen. Ein unvergeßlicher Sonnenaufgang beim Überqueren des Isojoki ließ das Moorwasser des Flusses golden aufleuchten. Im Laden an der Hauptstraße, im sogenannten Anders-Handel, deckten wir uns mit Saunawurst ein und kauften den für jeden Finnen unentbehrlichen, geriebenen Kaffee.

Dann fuhren wir zu dem vereinbarten Treffpunkt, dem sogenannten Kosakenlager. Der Platz hatte seinen Namen nach einem Kriegslager von Kosaken, die sich im Zuge der Oktoberrevolution vor den vorrückenden finnischen Freiheitskämpfern des ersten Jägerbataillons zurückzogen. Hier sollen Pflanzen wachsen, die sonst nur im Kaukasus zu finden sind. Samenreste dieser Flora sollen in den Futterbeuteln der Pferde den weiten Weg in den hohen Norden mitgemacht haben.

Lappfjärd sowie das an der Ostseeküste gelegene Kristinestad sind Teile des fast ausschließlich von Schweden bewohnten Küstenstreifens am Bottnischen Meerbusen. So konnte ich mich mit meinen neuen Jagdkameraden gut verständigen. Der Kontakt zu diesen gutmütigen Bauern, Fischern und Förstern war rasch hergestellt. Götz selbst konnte natürlich ausgezeichnet schwedisch sprechen, während die ›Fino-Schweden‹ der Küstenregion nicht oder nur schlecht finnisch sprechen.

Die Elchjäger waren schon versammelt. Einige führten Hunde mit sich. Meist waren es mehr oder weniger reinrassige sogenannte Elchhunde (Jämthunde), aber auch sonderbarerweise ein Irishsetter und sein Gegenstück, Götzens Biene, ein Rauhhaardackel, waren mit von der Partie. Ein Ingenieur aus der Stadt Isojoki aber hatte zwei prachtvolle, reinrassige, karelische Bärenhunde. Es waren sehr reservierte Persönlichkeiten, hielten sich von der übrigen Meute fern. Mit diesen beiden Hunden und ihrem Herren sollte ich sehr bald schon eine Einzeljagd auf Elche mitmachen, die ich zu einer der größten körperlichen Leistungen meines bisherigen Jägerlebens zählen möchte.

Es war eine bunt zusammengewürfelte Jagdgesellschaft. Alle Mitglieder aber waren Einwohner der Gemeinde Lappfjärd oder Kristinestad, also Angehörige dieser großen Katastralgemeinde. Niemand kann einer finnischen Jagdgesellschaft angehören, der nicht seinen Wohnsitz im Bereich der Jagdgemeinde hat. Gerne denke ich an all die guten Freunde zurück, die wir dort gewonnen haben. Da waren einmal Elgot und sein Bruder, beide Bauern in Lappfjärd, Dåhli, der Tankstellenbesitzer und in diesen Jahren der Jagdleiter, Uljens, Dåhlis Schwager, ebenfalls Bauer zwischen

Lappfjärd und Kristinestad, Erikson, Fischer, Robbenjäger und Nerz-
züchter, Åke Grans, Leiter der dortigen Bankfiliale, Björs, ein Elektriker,
der Inhaber des ›Anders-Handels‹ und Smedberg, ein Lehrer.

Die Bewaffnung der Jäger war sehr unterschiedlich. Einige von ihnen
waren mit guten, neuen Sakkogewehren ausgerüstet, andere mit den verschiedensten Militärkarabinern. Elgot und sein Bruder aber besaßen je ein
japanisches Beutegewehr, die ihr Urgroßvater aus dem russisch-japani-
schen Krieg mit nach Hause gebracht hatte.

Beide Gewehre schossen vorzüglich. Schützen und Treiber waren bewaffnet und wechselten ihre Funktion, den jeweiligen Gegebenheiten entsprechend. Nur die Hundeführer gingen immer in der Treiberwehr. Dieses System machte sie von der Windrichtung mehr oder weniger unabhän-
gig und war nur manchmal für uns von Nachteil, da wir stets vorstanden.
Die vorstehenden Schützen wurden nahezu immer an den bis zu 60 m
breiten Schneisen der Überlandleitungen angestellt. Die Stände befanden
sich auf Grund generationenalter Erfahrungen an gut begangenen Fern-
wechseln. Zwischen den einzelnen Ständen waren oft große Entfernungen. Selten konnte man die Nachbarschützen sehen. Der Beginn des
Drückens wurde immer nach der Uhrzeit festgelegt. Einen Hebschuß
hätte niemand vernommen. Ohne Hunde wären die Riesentriebe nicht
erfolgreich durchzudrücken gewesen.

In den sechziger Jahren trugen Schützen und Treiber rote Kappen oder
Hutüberzüge. Es war zunächst alles frei, gegen Ende der Jagdzeit nur
noch die etwa fehlenden Stücke (meist Kälber oder Tiere). Auffallend oft
kamen uns Füchse vor der Front, ein sicheres Zeichen, daß der Trieb begonnen hatte. Niemand schoß einen Fuchs, um die etwas später und vorsichtiger anwechselnden Elche nicht zu vergrämen. Die Treiber hatten,
obwohl ortskundig, an einem Handgelenk immer einen Marschkompaß,
denn auch sie gingen nicht auf Sicht. Damals sah man auch noch sehr viel
Auerwild, oft ganz vertraut in den Beeren stehend. Manchmal Birkwild
in ganzen Flügen in den Birken oder auf stehengelassenen Mandeln aus
Hafergraben. Es aus den überall verstreut stehenden Heuhütten zu erlegen, war kein Kunststück, und ein herbstlicher Junghahn war in der
Pfanne stets willkommen.

Um die Mittagszeit war der erste Trieb meist beendet. Rasch flammte
ein Feuer auf. Als Unterzündmaterial verwendete man immer Birkenrinde, die in jedem Fall sofort brennt. Als Dauerbrenner aber wurde ein
meist abgefaulter Kiefernstumpf aus dem häufig moorigen Boden ge-
wuchtet, sauber bis auf den kienspanigen Kern geputzt und in die Flamme
gelegt. Ein wunderbarer Geruch verbreitete sich rundum, und bald hingen die diversen Kaffeekannen über dem Feuer, und die Saunawürste

brutzelten an langen Weidenruten. Der Schnaps kreiste, die Hunde umlagerten die Jäger und erhielten ihren Teil. Man besprach den nachmittägigen Trieb, rauchte und war in dieser unendlichen Weite mit sich und der Welt im reinen.

Ich führte damals eine Bockbüchsflinte 7×65R mit 16er Schrotlauf. Ein Allroundgewehr, Handarbeit aus Ferlach, vom unvergessenen Büchsenmacher Düsel. Für den Schrotlauf hatte ich Flintenlaufgeschosse und das TIG-Geschoß für den Kugellauf. Darüber hinaus konnte ich mit dieser Waffe auch auf Rauhfußhühner waidwerken. So ausgerüstet glaubte ich, für alle Eventualitäten gewappnet zu sein. Die finnischen Jagdkameraden hatten damals noch keine kombinierte Waffe gesehen, und so ging mein Gewehr von Hand zu Hand. Man riet mir, gleichgültig ob der Elch nach dem ersten Schuß zu Boden geht oder sonst zeichnet, sofort den zweiten Schuß abzugeben. Scheinbar war ihnen eine Waffe, aus der man nur zwei Schuß abgeben konnte, nicht ganz geheuer.

Mein Stand beim nachmittägigen Trieb, an einer großen Starkstrom-Überlandleitung, war durch eine sogenannte ›Eisenkiefer‹ gekennzeichnet. Überalterte Kiefern bekommen eine eigenartige Rinde und sollen ein besonders feinringiges, hartes Holz besitzen. Dieser Baum und ein am Stammanlauf gelegener Granitblock boten mir eine gute Deckung. Das Wild erwartete ich aus einem gegenüberliegenden großen Hochmoor, das mit einigen verkrüppelten Kiefern und eingestreuten Birken bewachsen war. Dieses Moor konnte ich bis zu dem dahinterliegenden Waldrand übersehen und würde genügend Zeit haben, anwechselndes Wild in Ruhe anzusprechen.

Es war inzwischen 14 Uhr geworden, und die schräge Herbstsonne ließ die Birken im Moor goldgelb aufleuchten. Ein geradezu riesiger Altfuchs mit fahlgelbem Balg hatte bereits vor einer halben Stunde ziemlich flüchtig die Leitungs-Trasse überquert. Ich schloß daraus, daß sich die Treiberwehr bereits in Bewegung gesetzt hatte. Ansonsten war der nordische Wald still. Keine Vogelstimme war zu hören, kein Windhauch bewegte die Birken. Da hörte ich plötzlich aus der Ferne dumpfes Lautgeben von Hunden. Ich hatte den Eindruck, daß die Bail mehr auf der Seite meines nicht sichtbaren linken Nachbarn erklang.

Ich blickte wieder zurück zum rechten Rand des vor mir liegenden Moores. Da sah ich in 300 Metern Entfernung ein starkes, einzelnes Elchtier schräg auf mich zuwechseln. Je mehr es sich der Überlandleitung näherte, desto öfter verhoffte es, immer hinter einem der verkrüppelten Bäume gedeckt. Ich stellte fest, daß mein Stand gut gewählt war, denn das mächtige Tier näherte sich einer Gruppe von drei zusammenstehenden Birken, die mir gerade gegenüber standen. Sie waren fast entlaubt und deckten den Wildkörper nur teilweise ab. Längst hatte ich am Stamm der Kiefer angestrichen und das starke Tier schon einige Zeit im Zielfernrohr. Deutlich konnte ich das Spiel der Lauscher und den unglaublich fördernden Gang des urigen Wildes beobachten. Das Tier schien allein zu sein, denn die ganze freie Strecke über konnte ich kein weiteres Stück erblicken. Hinter der kaum deckenden Birkengruppe verhoffte das pferdegroße Stück und zeigte mir den mächtigen Stich. Ich hatte keine Bedenken, auf dreißig Schritt dem Tier das Flintenlaufgeschoß von vorne auf den Trägeransatz zu plazieren. Eingedenk der Ratschläge meiner finnischen Jagdkameraden, wollte ich den Kugelschuß sofort dem Flintenlaufgeschoß folgen lassen. Aber es kam anders. Auf meinen ersten Schuß brach das Alttier vorne zusammen. Ich sprang ein paar Schritte vor und wollte die Kugel auf den starken Träger setzen. Da hatte ich einen Versager. Noch nie hatte mich diese Waffe im Stich gelassen. Deutlich sah ich die stark schweißende Wunde am genau sitzenden Einschuß, aber auch die böse blickenden Lichter des Elchtieres.

Im selben Augenblick wurde das starke Stück hoch. Ich erhielt einen kräftigen Stoß, scheinbar von der Schulter des hochwerdenden Tieres, der mich rücklings zu Boden warf. Das angeschweißte Tier setzte seine Flucht fort und war in Sekunden hinter der mächtigen Altkiefer verschwunden. Ich raffte mich ganz benommen auf, betastete meine Glieder und stellte fest, daß ich mit dem Schrecken davongekommen war. Dann sah ich nach meinem Gewehr. Ich fand meine Waffe auf einem weichen Grasbuckel, als ob ich sie dort abgelegt hätte. Sie schien unversehrt. Ich nahm die Patrone heraus und besah mir den Geschoßboden. Der Eindruck des Schlagbolzens war deutlich im Zündkapselboden zu sehen. Es war ein unverständliches Pech, daß dieser Schuß nicht losgegangen war. Ich verbrach die Stelle, an der das Tier zusammengebrochen war, folgte der Schweißfährte zur anderen Seite der Lichtleitungsschneise und verbrach die deutliche Schweißfährte noch einmal. Dann lud ich meine Waffe erneut und stellte mich wieder hinter meine Kiefer, das Herz voll Ungewißheit und Besorgnis.

Es verging eine Stunde, ohne daß sich etwas ereignete. Ich hörte keinen Schuß, und auch die Hunde waren verstummt. Die tiefe Stille des nordischen Waldes hüllte mich ein. Dann sah ich, an derselben Stelle, an der das Elchtier erschienen war, eine Bewegung. Es war Uljens, der genau dem Wechsel folgend auf mich zukam. Wie gut, dachte ich, daß er eine rote Kappe trug. Er blieb gleich bei mir, denn hier sollten sich Treiber und Schützen sammeln. Ich erzählte ihm von meinem Mißgeschick und zeigte ihm die Pürschzeichen und die Patronen mit dem Eindruck am Geschoßboden. Als die Schützen und restlichen Treiber versammelt waren und sich mein Abenteuer angehört hatten, wurde vereinbart, die Nachsuche auf den kommenden Tag zu verlegen, da es bereits merklich zu dämmern begann.

Der nächste Tag war ein Montag, und die meisten Jagdmitglieder mußten zur Arbeit. Da erbot sich der Ingenieur aus Isojoki, der Urlaub hatte, mich bei der Nachsuche mit seinen beiden Bärenhunden zu begleiten. Wir vereinbarten als Treffpunkt den Einkaufsladen an unserer Brücke über den Isojokifluß.

Müde kamen wir nach Sturforstorp. Erst die Sauna erfrischte uns. Lange saßen wir und besprachen alle Möglichkeiten der morgigen Nachsuche. Es war noch finster, als die Scheinwerfer meines Wagens den pünktlich am Parkplatz des Einkaufsladens wartenden Jäger mit seinen beiden prachtvollen Bärenhunden anleuchteten. Der jüngere der beiden Hunde war ein Rüde und der Sohn der älteren, bestens abgeführten Hündin. Der Jungrüde war das erste Mal auf der Nachsuche auf einen Elch, was sich in der Folge als äußerst ungünstig herausstellen sollte. Normalerweise stellen sich angeschweißte Elche rasch dem folgenden Hund. Auch alte, einzeln stehende Tiere oder Altelche, solange sie allein sind, stellen sich relativ bald. Warum sich Elchwild überhaupt den Hunden stellt, auch wenn es gesund ist, konnte bislang nicht geklärt werden.

Mein Führer stieg mit seinen Hunden zu mir in den Wagen, und wir fuhren so weit wie möglich an die Lichtleitung heran. Hier warteten wir das Büchslicht ab und pürschten dann vorsichtig zum Anschuß. Jede Nachsuche setzt Ruhe und Bedächtigkeit voraus. Leider waren diese beiden Eigenschaften meinem Freund aus Isojoki nicht angewölft. Beide Hunde wurden sofort geschnallt und verschwanden augenblicklich im Dämmerlicht des Waldes. Der drahtige Finne folgte in einem Tempo, als ob es um eine Goldmedaille bei einer Olympiade ginge. Mit keinem Blick überzeugte er sich, ob ich ihm überhaupt folgen konnte. Ich stolperte so gut es ging hinterher, verlor aber bald meinen Jagdkameraden aus den Augen.

Ich ging also aufs Geratewohl weiter in der Hoffnung, irgendwann den Standlaut der Hunde zu hören und mich so wieder orientieren zu können. Tatsächlich hörte ich schon bald den gleichmäßigen, tiefen Laut der Hündin und das erregte Jiff-Jaff des Jungrüden. Ich setzte mich in Trab, um das kommende Geschehen nicht zu verpassen, als plötzlich die Hunde verstummten. Kurz darauf unterbrach ein gräßlicher Fluch des Finnen die Stille des Waldes. Wie ich später erfuhr, hatte der hitzige Jungrüde das Tier viel zu bald wieder auf Trab gebracht, ehe mein Freund zu Schuß kommen konnte. Ich gab das Letzte, um in die Nähe meines Begleiters zu kommen.

Bald sah ich ihn auch, besser gesagt, nur noch die Hacken seiner Gummistiefel, als er erneut, seinem Landsmann Paavo Nurmi nacheifernd, zwischen den Kiefern verschwand. Immerhin kannte ich nun die Richtung und folgte, meinen Kräften entsprechend, so rasch ich konnte. Nach ungefähr 50 Minuten erscholl in großer Entfernung erneut das Duett der beiden Hunde. Ich setzte wieder zum Spurt an, als ich einen Schuß hörte. Die Hunde verstummten augenblicklich. Ich hatte aber nun die Richtung und stand wenig später neben meinem Finnen, der gebückt zwischen den Sträuchern herumirrte und sichtlich nach einem Anschuß suchte. Er berichtete, daß er die Hunde sowie das augenscheinlich schwerkranke Tier erreicht hatte. Er konnte gerade noch einen Schuß dem bereits wieder flüchtig abgehenden Elchtier nachwerfen, hatte aber wenig Hoffnung, dieses getroffen zu haben.

Noch zweimal gelangten wir auf diese Weise in die Nähe des kranken Stückes, dann brachen wir die Folge vorläufig ab, um Feuer zu machen, Kaffee zu sieden und etwas zu verschnaufen. Scheinbar taten die Hunde dasselbe. Es war jedenfalls nichts von ihnen zu sehen oder zu hören. Ich hatte eigentlich bereits die Hoffnung aufgegeben, das von mir angeschweißte Elchtier zustande zu bringen, als wiederum aus weiter Ferne der Laut der Hunde an unser Ohr drang. Der Finne sprang auf, bedeutete mir, das Feuer zu löschen, und war augenblicklich im Walde verschwunden. Ich versorgte das Feuer und bewegte mich in beherrschtem Tempo auf die Bail zu. Ein erneuter Schuß beendete das Duo der Hunde. Wieder hörte ich das Fluchen meines finnischen Freundes, dann war es still im Wald. Ich beschloß, nicht mehr zu laufen, sondern setzte meinen Weg im verminderten Schongang fort. Nichts war zu hören.

Als ich bereits die Hoffnung aufgegeben hatte, überhaupt den Anschluß an Hundeführer und Meute zu bekommen, und mir Gedanken machte, wie ich den Weg zum Auto finden würde, erscholl plötzlich, ganz in meiner Nähe, der tiefe Hals der Hündin und das bereits matte Jiffen des Jungrüden. Es war Standlaut und erklang immer von einer Stelle. Nun wollte ich meine Chance und den Vorsprung, den mir das zurückgewechselte Elchtier vor dem Finnen gebracht hatte, nützen. Ich änderte meine Richtung und pürschte rasch und vorsichtig auf die Laut gebenden Hunde zu. Gedeckt durch einen mächtigen, eiszeitlichen Findlingsblock erblickte ich das gestellte Wild. Müde, fast unwillig unternahm das Elchtier ein paar Ausfälle, wenn ihm einer der Hunde zu nahe kam. In diesem Augenblick sah ich die rote Kappe des Finnen. Sofort hatte ich das breitstehende Elchtier im Absehen und setzte ihr das TIG-Geschoß aufs Blatt. Das starke Stück lag im Feuer. Ich sprang hinzu und schoß mit dem glatten Lauf auf den Träger. Es wäre aber nicht mehr notwendig gewesen. Dann setzte ich mich auf einen Wurzstock und zündete mir eine Zigarette an.

Die beiden karelischen Bärenhunde rupften an den Einschüssen, und mein Jagdbegleiter begann das Elchtier nach seinen Schüssen zu untersuchen. Es waren aber nur meine genau angesagten Treffer zu finden. Mein erster Schuß vom Vortage mit dem Flintenlaufgeschoß lag etwas tief. Das starke Brustbein des Elches hatte den Bleibatzen abgelenkt. Die Verletzung war dennoch von starker Wirkung, denn der Brustkorb war an einer Stelle offen. Es mußte daher auch die Lunge etwas abbekommen haben. Erstaunlich die Zähigkeit dieses alten Elchtieres.

Ich war glücklich, daß mein Hochblattschuß das Drama beendet hatte. Wir lüfteten das schwere Wild. Dann mußten wir zusehen, noch vor der völligen Dunkelheit mit einem Traktor und Hilfskräften zur Stelle zu sein. Der Elch darf nicht steif sein, wenn man ihn aus der Decke schlägt. Als der Traktor mit dem Anhänger zur Stelle war, wurde der Elch mit der Seilwinde auf die gekippte Plattform des Zweiradhängers gezogen und dort festgezurrt. Ich bewunderte die Ortskenntnis und das fahrerische Können des Traktorfahrers, wie er mit der schweren Last zwischen Steinen und Stämmen durchlavierte, bis er an der Waldstraße war. Um 22 Uhr war das Elchtier zerwirkt. Jeder Jagdteilnehmer erhielt seinen genau abgewogenen Anteil an Wildbret von jedem Körperteil. Auch ich erhielt meinen Teil und den Anteil von Götz und nahm ihn mit zur Hütte. Ich dankte dem Ingenieur aus Isojoki und überreichte ihm aus unseren Vorräten eine Flasche Kognac. Die beiden ›Karelier‹ hatten sich selbst beim Zerwirken des Elches genossen gemacht. Sie hatten es auch redlich verdient.

Götz und Fritz hatten mit der Sauna auf mich gewartet. Nachher saßen wir noch einige Zeit bei einer Flasche ›Lumumba‹, denn am nächsten Tag gab es keine Jagd, und wir konnten lange schlafen.

Die Erlegung meines ersten Elches liegt nun schon mehr als zwei Jahrzehnte zurück. Viele Nordlandfahrten folgten. Mein treuester Begleiter war Xandl, ein Kärntner Jagdkamerad. Beide wurden wir im Laufe der Jahre selbst schon zu Nordländern. Nichts verbindet Männer so sehr wie gemeinsame Kriegsjahre, gemeinsames Jagen und Fischen. So ging es mir mit Xandl. Oft mußten wir lachen, wenn wir – ohne zu reden – genau das taten, was in der jeweiligen Situation einer vom anderen erwartete. Aus den vielen glücklichen und erlebnisreichen Nordlandfahrten möchte ich noch die folgenden Begebenheiten schildern.

Das Gottesurteil

Es war an einem wunderbar klaren, schon etwas herbstlichen Augusttag, als Götz, Xandl und ich mit meinem Volvo-Kombi auf dem Fährschiff den Oulu-Järvi überquerten. Wir kamen aus Lappland und wollten unseren Freund Pauli in seinem Einschichthof besuchen. Dort würden wir einige Tage fischen und auf Vogeljagd mit dem Finnenspitz gehen. Wir saßen am Bug der Fähre, sonnten uns, und Götz erzählte aus seinen ersten Arbeitsjahren als Forstmann. Damals lernte er Paulis Großvater kennen. Dieser war Herr über fast 4000 ha Wald und mehrere fischreiche Seen. Der heutige Besitz besteht nurmehr aus den alten Hofgebäuden, dem R.-Järvi, einigen Feldern sowie 10 ha Wald. Pauli ist heute Invalide, nachdem er sich bei der Holzarbeit das Rückgrat verletzt hatte. Er lebt allein in der Nähe der alten Gebäude in einem neuerrichteten, schmucken Häuschen. Seine Frau und ein Teil der Kinder arbeiten in der etwa 60 km entfernten Stadt. Eine Tochter hat einen Waldbauern geheiratet. Pauli lebt unter der Woche als Waldläufer, Jäger und Fischer. Seine Frau und einige Kinder kommen über das Wochenende. Wie konnte ein so großer Besitz zugrunde gehen?

Die abseitige Lage des großen Bauerngutes, die schlechten Holzpreise und die Wirtschaftskrise in der Zwischenkriegszeit, die hohen Steuerbelastungen, familiäres Mißgeschick und auch der Alkohol hatten zum Verlust des einst stolzen Besitzes geführt. Götz liebte aber diese Gegend und die Menschen, die er so lange schon kannte, und wurde von diesen ebenfalls verehrt und geschätzt.

Inzwischen hatten wir das Südufer des Oulu-Järvi erreicht und fuhren seit eineinhalb Stunden durch unbewohnte, große Waldgebiete auf einer gut gehaltenen, schmalen Sandstraße. Die Straßenränder waren in diesem außergewöhnlichen Pilzjahr streckenweise voll von knackigen, gesunden Herrenpilzen. Wir sammelten eine große Menge davon und freuten uns in den nächsten Tagen über diese Bereicherung unseres Küchenzettels. Als Einstandsgeschenk brachten wir dem Hausherrn zwei Liter Wodka und acht prächtige Äschen aus dem Tornejoki, die wir geräuchert hatten. Hinter einer Biegung der Waldstraße tauchte ein Postkasten am Straßenrand auf. Hier zweigten wir auf einen Waldweg ab und erreichten nach weiteren vier Kilometern offenes Gelände. Bald darauf standen wir vor Paulis Behausung. Ein etwas groß geratener fuchsroter Finnenspitz (Suomenpystikorva, was soviel wie ›Finnischer Spitzohr‹ heißt) umsprang bellend unseren Wagen. Die Prinzessin aller Finnenspitze, unsere Vogelhündin ›Pikku‹, sah indigniert zur Seite. Beide vertrugen sich aber in den folgenden Tagen recht gut. Daher gelang es uns auch, ein Gesperre bereits voll ausgefederter Auerhühner erfolgreich zu bejagen. Preiselbeeren, Herrenpilze und gebratene Auerhahnbrust gaben eine erwünschte Abwechslung der Fischmahlzeiten der letzten Tage.

Unglaubliche Mengen von Preiselbeeren verlockten zum Sammeln. Wir hatten an einem Tag jeder unsere Birkenrindenfäßchen voll der vogelkirschengroßen Beeren. Abends reinigten wir die gesammelten Beeren auf einer ebenso einfachen, wie sinnreichen Einrichtung in Paulis Einschichthof. Ein schräg gestellter, länglicher Tisch wurde mit einem rauhen Leinentuch bespannt. Zwei schmale Bretter, hochkant, als seitliche Begrenzung so gelegt, daß sie nach unten zu bis auf eine schmale Öffnung zusammenliefen. Auf diese einfache Weise kollerten alle gesunden Beeren die schiefe Ebene hinab und durch die Öffnung in einen bereitgestellten Behälter. Alle Verunreinigungen, welche der Riffler mit den Beeren aufnahm, wie kleine Ästchen, Blätter, vertrocknete Beeren u. ä., blieben unterwegs am Leinen haften und wurden von Zeit zu Zeit mit einem Handbesen weggewischt.

Neben der Wohnküche befand sich ein geräumiger Schlafraum mit Betten für die ganze Familie. Ein mächtiger Ofen stand an der Wand zur Küche und wurde von einem geradezu unwahrscheinlich kapitalen Elchgeweih gekrönt. Xandl, der noch keinen Elch erlegt hatte, konnte sich von der starken Trophäe kaum trennen. Wir besprachen für den kommenden Tag, auf der anderen Seite des Raha-Järvi (›der Steuereinnehmer See‹) auf Hühner zu jagen.

Die ›Vogeljagd‹ mit dem roten Finnenspitz zählt zu den beliebtesten Jagdarten der Finnen. Der sehr ambitionierte damalige Jägermeister Finnlands – Mäki – ein Freund des verstorbenen Staatspräsidenten Kekkonen und ein großer Verehrer des ehemaligen deutschen Reichsjagdgesetzes, hatte diese Jagdart einige Jahre verboten. Er konnte sich aber nicht durchsetzen, und so ist diese faszinierende Vogeljagd mit dem Finnenspitz (auch Vogelhund genannt) wieder erlaubt. Ab Ende August reifen in den unendlichen finnischen Wäldern die Preiselbeeren und auf den Mooren die Moltebeeren. Auer- und Birkwild befinden sich im Schlaraffenland und brokken im wahrsten Sinne des Wortes im Unerschöpflichen. Ihr einziger Feind zu dieser Zeit (neben dem seltenen Luchs) ist der Fuchs, der sie zum unwillkommenen Aufbaumen zwingt. Unerreichbar für ihren Feind warten sie, bis der Störenfried das Feld räumt und sie mit lautem Flügelklatschen wieder in die Beeren einfallen können.

Auf diesem Geschehen beruht die Vogeljagd mit dem roten Finnenspitz. Er wird meist schon am Waldrand des ausgewählten Jagdgebietes geschnallt und verschwindet rasch zwischen Beerensträuchern, Moosbuckeln und Findlingssteinen. Die Jäger gehen lauschend in Richtung des verschwundenen Hundes. Je nach Bestand des Gebietes stößt unser Vogelhund früher oder später auf Auer- oder Birkwild und bringt dieses zum Aufbaumen. Nun beginnt die Kunst dieser klugen Hunde. Sie umkreisen den Baum, auf welchem Hahn oder Henne stehen, geben Laut, winseln und benehmen sich ganz anders als ihr ›Double‹, der Fuchs.

Staunend blickt der große Vogel von oben auf das ungewohnte Schauspiel. Der Jäger, der den Hund vernommen hat, nähert sich nun vorsichtig dem Ort des Geschehens. Es soll Hunde geben, die beim Kommen ihres Meisters den Hahn auf der dem Jäger abgewendeten Seite durch ihre Künste ablenken. So ist es nicht schwer, den ahnungslosen Vogel mit einem gezielten Schuß ins rote Beerenkraut zu werfen. Die Lust, Federwild aufzustöbern und vor allem den Baum sofort zu finden, auf welchem der Hahn oder die Henne steht, diese dann so lange festzuhalten oder beim Überstellen zu verfolgen und neuerlich zu binden, bis der Jäger erscheint und nur dann Laut zu geben, wenn die Vögel ›fest‹ sind, kann ihnen nicht beigebracht werden, es muß dieser Hunderasse angewölft sein.

Zu dieser Zeit schmecken die eben erst ausgefederten Junghahnen und Hennen am besten. Später im Herbst, nach der Ernte der kleinen Haferfelder, läßt man einige Garben vor den Streuhütten an den Feldrändern stehen. Sie sind das Ziel ganzer Flüge von Birkwild. Aus dem Dunkel der Hütte ist es nicht schwer, sich einen oder mehrere gute Hahnen auszusuchen und zu erlegen, wenn sie die schmackhaften Haferrispen äsen. Mit Wehmut erinnere ich mich der Zeiten, als die Birken am Rande der kargen Ackerflächen in den stillen Wäldern übersät waren mit Birkwild. Von weitem ein eigenartiger Eindruck, wenn sich die schlanken Zweige unter der Last der vielen schwarzen Klumpen herunterneigten.

Wir waren zeitig am Morgen aufgebrochen, hatten bis zur Mittagszeit Hahnen erlegt und einen Sack voll Herrenpilze gebrockt. Am See angekommen, schoben wir das Boot ins Wasser, beluden es mit unseren Waffen und der Beute, verstauten uns und die beiden Hunde und setzten über. Pauli hatte das Essen fertig und servierte uns ausgezeichnete Fischbuletten. Er hatte schon lange Xandls bewundernde Blicke, die dem wirklich starken Elchgeweih galten, bemerkt. Als wir nach dem Essen in der warmen Nachmittagssonne auf der Holzstiege vor Paulis Haus saßen, die Hahnen rupften und die Pilze säuberten, begann er unvermutet die Geschichte des Elches zu erzählen:

Es war am 2. Oktober. In der Nacht hatte es gefroren und am Morgen zu schneien begonnen. Bald lagen 20 cm Neuschnee. Mittags hörte es auf zu schneien. Pauli hatte tags zuvor die Jagdkarte auf Elche gelöst, denn die Jagd auf dieses urige Wild geht in Finnland am 15. Oktober auf. Er war zu diesem Zweck in der Kreisstadt, hatte sich Munition besorgt und Frau und Kindern einen Besuch abgestattet. Am Rückweg war er bei seiner Tochter, die einen wohlhabenden Waldbauern geheiratet hatte und auf halbem Wege auf einem großen Hofe wohnte. Spät abends kehrte er heim und schlief lange in den Schneemorgen hinein. Er war gerade dabei, ein verspätetes Frühstück zu sich zu nehmen, als er aus der Ferne seinen Finnenspitz Laut geben hörte. Er hatte ihn kurz zuvor vor das Haus gelassen.

Pauli trat vor die Hütte, um besser hören zu können. Sofort wurde ihm klar, daß sein Hund einen Elch vor sich haben mußte. Das Wild stellte sich nicht oder nur kurzzeitig, denn die Bail bewegte sich mit Unterbrechungen etwa einen Kilometer vom Hause entfernt in Richtung auf die offene Fläche zu. Viele Gedanken gingen durch Paulis Kopf. So nahe bei seinem Haus so viel Wildbret! Aber es waren noch fast zwei Wochen bis zum Aufgang der Jagd. Doch wer sollte in dieser Einsamkeit einen Schuß hören oder gar die vorzeitige Wildbeutung aufdecken? Die Bail kam wieder etwas näher, und Pauli holte seine Büchse und lud diese. Dann setzte er sich auf die Stiege seines Hauses und stellte den Repetierer neben sich.

Plötzlich kam ihm ein Gedanke, ausgelöst von einem vor längerer Zeit gelesenen Roman, in dem ein Gottesurteil beschrieben wurde. Pauli beschloß, den Elch dann zu erlegen, wenn sein Hund diesen genau zwischen Haus und Sauna durchtreiben würde. Die Unwahrscheinlichkeit eines solchen Ereignisses beruhigte ihn. Sicherheitshalber aber nahm er sein Gewehr zu sich und legte es über die Knie. Der Hund hatte seit einiger Zeit verschwiegen. Ein Zeichen, daß beide in Bewegung waren. Auf einmal hörte er seinen Hund ganz nahe, fast schon bei der Holzlage, halbwegs zur Sauna! Kaum hatte er das Geschehen erfaßt, als ein mächtiges Elchgeweih zwischen den räumdigen Kiefern auf die Sauna zuschaukelte. Ein 600 kg schwerer, massiger Rumpf trug die schwere Hauptzier unaufhaltsam über die freie Fläche zwischen Haus und Sauna.

Der starke Hirsch wollte die mit dichten Weiden verwachsenen alten Feldflächen erreichen. Der Schuß auf 60 Schritt war leicht. Der Prügelelch ging noch 20 Meter, dann krachte er zu Boden. Nun war es geschehen! Pauli kam zur Besinnung, als er seinen Hund knurrend am Einschuß rupfen sah. Nun mußte alles weitere sehr rasch erledigt werden, denn immerhin endete ein autobefahrbarer Waldweg an der Behausung des Erzählers. Von der Stiege des Einganges war der mächtige Wildkörper nicht zu übersehen.

Rasch wurde der Traktor in Gang gebracht, der Elch mit einem Seil an das Gefährt gebunden und zunächst hinter den Holzschuppen gezogen. Dort stand eine alte Kiefer, an deren unterem Ast ein Flaschenzug angebracht werden konnte. Auf diese Weise wurden hier schon manche Stücke aus der Decke geschlagen. Dieser Elch aber war der erste, den Pauli allein bewältigen mußte. Aber er hatte ja Zeit und war an dieser Stelle nicht mehr einzusehen. Es begann wieder leicht zu schneien, und bald waren die verräterischen Spuren zwischen Sauna und Haus unter einer leichten Schneedecke verschwunden.

Am darauffolgenden Tag, gegen Mittag, war es geschafft! Das ausgelöste Wildbret hing, durch eine Zwischenwand vom großen Holzlager des Schuppens getrennt, an einer starken Fichtenstange, sauber und kühl verwahrt. Knochen, Läufe und der unverwertbare Teil des Aufbruchs waren fürsorglich in die Decke des Elches verstaut und eingebunden. 50 Schritt hinter dem Holzschuppen hatte ein Sturm vor einem Jahr eine starke Fichte geworfen. Der in die Luft ragende Wurzelteller hinterließ eine tiefe Mulde. Hier wurde das Deckenpaket untergebracht und mit dem Reisig der aufgearbeiteten Fichte verblendet. Bald darauf bedeckte der Schnee auch diese Spuren von Paulis Untat. Am Wochenende, wenn Paulis Familie vollzählig am Hof sein würde, sollte das Wildbret endgültig verteilt und versorgt werden.

Erleichtert und müde von der schweren Arbeit suchte Pauli an diesem Abend schon bald sein Lager auf. Die lange nordische Herbstnacht sorgte für einen erholsamen Schlaf. Bei herrlichem Sonnenschein trat Pauli am nächsten Tag vor sein Haus. Wie groß aber war sein Schrecken, als er Knochen, Deckenfetzen und Schweißspuren des so gut verblendeten Aufbruches halbwegs zwischen Holzschuppen und Zufahrtsweg verstreut herumliegen sah! Mächtige Tritte eines Bären ließen keinen Zweifel über den Urheber des Durcheinanders aufkommen.

So rasch es ging, brachte Pauli die Reste der Bärenmahlzeit wieder in das Versteck und bedeckte nun alles mit Steinen und Ästen aus dem nahen Holzschlag. Auch mußte er die Tritte des starken Bären verwischen, denn ein Besucher hätte die auch in Finnland nicht häufigen Zeichen der Anwesenheit eines so starken Bären genauer untersucht und dabei unweigerlich die Reste des Elches entdeckt. Mit Bangen erwartete Pauli die kommende Nacht. Er schlief unruhig und trat öfters während der Nacht vor sein Haus. Einmal schlug der Hund heftig an, aber Pauli konnte nichts feststellen. Dann verfiel er in tiefen Schlaf, aus dem ihn erst die späte Vormittagssonne weckte. Er sprang auf und stürzte vor sein Haus. Entsetzt starrte er auf dasselbe Durcheinander wie am Vortag!

Die noch herumliegenden Reste des Hirsches waren weniger geworden und daher in der halben Zeit verräumt. Im Kopf des einsamen Waldläufers nahm der Bär langsam die Gestalt des personifizierten schlechten Gewissens an. Es war ja auch unverständlich, daß ein Bär zu dieser Jahreszeit, bei einem so reich gedeckten Tisch an Waldfrüchten, sich ausgerechnet an den Resten eines Elches delektieren sollte! Mit einem ungutem Gefühl dachte Pauli daran, ob der Bär nicht in der kommenden Nacht einen Einbruch in den Holzschuppen versuchen würde. Als er gerade seine Hände im Schnee gereinigt hatte, erschien unvermutet die Polizeistreife und hielt vor dem Haus ihren Wagen an. Die beiden Streifenbeamten wollten jedoch nur einen Kaffeetratsch halten und sich ein wenig aufwärmen. Gesprächsweise erwähnten sie einen starken Bären, der von einigen Bauern in der Umgebung gesichtet worden sei. Sie machten Pauli darauf aufmerksam, daß der Bär zu dieser Zeit in ganz Finnland Vollschonung genieße. Dann dankten sie für den Kaffee und fuhren fort.

Pauli wischte sich den Schweiß von der Stirne und begann das Wochenende herbeizusehnen. In der folgenden Nacht war Halbmond. Der Himmel war klar, und Pauli beschloß, dem unheimlichen Bären eine Lektion zu erteilen. Warm gekleidet setzte er sich mit einem Schlafsack an das Fenster in dem Holzschuppen, von dem aus man den Wurzelteller der gestürzten Fichte einsehen konnte. Der Mond war gerade aufgegangen und beleuchtete die winterliche Szene. Ein Fuchs erschien auf der Bildfläche und untersuchte die Stelle, an der die Elchreste versteckt waren. Pauli war etwas eingenickt, als sein Ohr das Knacken eines Astes im nahen Holzschlag vernahm. Als er zum Wurzelteller blickte, war der Fuchs verschwunden. Dafür deckte ein mächtiger Bär den Asthaufen, mit dem die Reste des Elches verblendet waren. Das Fenster klirrte etwas, als Pauli sein Gewehr langsam hinausschob. Sofort erhob sich der Bär und äugte zur Hütte. Pauli zielte über das Haupt des nächtlichen Besuchers und gab, schnell hintereinander, zwei Schüsse ab. Wie ein Schatten verschwand Karhu, der König der finnischen Wälder. Er kam nicht mehr wieder. Seine starke Fährte verlor sich in nördlicher Richtung.

Gegen Mittag, es war Samstag, kam die Familie aus der Kreisstadt. Das Wildbret wurde versorgt und Pauli wie ein Held gefeiert. –

Inzwischen hatten wir die Junghahnen geputzt und die Herrenpilze geschnitten. Es war Zeit, das Nachtmahl zu richten. Wir wollten in der kommenden Nacht im Raha-Järvi vom Boot aus Hechte stechen und mußten noch die Lampen prüfen.

Biber und Elche – Hechte und Heringe

Ein kühler, aber klarer Herbsttag lag über dem Heldenfriedhof von Imatra. Soldaten aus den Befreiungskriegen, dem Winterfeldzug und dem unseligen Zweiten Weltkrieg liegen hier. Sie haben ausschließlich für die Freiheit ihrer Heimat gekämpft. Götz, Xandl und ich haben hier, am

Saima-See, Station gemacht, um der toten Kameraden zu gedenken. Die mächtige, dunkle Holzkirche wacht ernst über den Schlaf unserer Brüder. Schweigend gehen wir zu unserem Wagen. Wir sind unterwegs, um Biber zu beobachten, und wenn uns Diana hold ist, auch einen der seltenen Pelzträger zu erbeuten. Ja, es gibt Biber hier im östlichen Einzugsgebiet des riesigen Saima-Sees.

Die Fama erzählt, daß Finnen aus dieser Gegend nach Kanada ausgewandert waren. In ihrer neuen Heimat lernten sie Biber kennen und sahen die große Ähnlichkeit mit denen ihrer Heimat. Sie beschlossen, ihren zurückgebliebenen Verwandten einige Biber zu schicken, damit diese sie aussetzen könnten. Das Experiment gelang überraschend gut. Ich konnte den Wahrheitsgehalt dieser Herkunftserklärung nicht überprüfen, daß aber Biber vorkommen, ließ sich in den folgenden Tagen feststellen.

Von Imatra fuhren wir nach Ruokolahti, wo uns ein früherer Förster von Götz zu einem Nachtansitz auf Biber führen sollte. Aber das Wetter wurde schlechter, und es begann zu regnen. Ein steifer Ostwind setzte ein. Tief zogen Wolken rasch über den allgegenwärtigen Saima-See mit seinen tausend Inseln. Laut Kalender sollte Vollmondlicht den herbstlichen Kiefern- und Birkenwald bescheinen. Im Scheinwerferlicht tauchte eine winkende Gestalt am Straßenrand auf. Es war der örtliche Förster von Tapio, der uns zur nächtlichen Mondpürsch auf Biber führen sollte.

Nun wird der geschätzte Leser fragen, wie kommt man denn dazu, überhaupt Biber zu schießen? Die Antwort ist folgende: Die angeblich ausgesetzten Biber hatten sich recht gut eingewöhnt und mehrere stattliche Kolonien gebildet. Sie bauten Dämme und Burgen, und gar mancher Waldbauer stellte fest, daß seine Jungkulturen plötzlich unter Wasser standen oder Felder und Mähwiesen versumpften. Man einigte sich, in krassen Fällen das Landwirtschaftsministerium anzurufen. Dieses entsendet eine Kommission und genehmigt bei Bedarf den Abschuß innerhalb einer Schaden verursachenden Kolonie. Einem solchen Vorgang hatten wir, durch die Vermittlung unseres finnischen Freundes, die Einladung auf einen Biberabschuß zu verdanken.

Götz sprach mit seinem früheren Mitarbeiter, und es wurde beschlossen, trotz des nicht sehr günstigen Wetters, uns an den Wirkungsstätten der Biber anzustellen. Der Wind hatte sich gelegt, der Himmel klarte etwas auf, und man konnte die Umgebung einigermaßen erkennen. Wo ein Bach träge eine flache Erlen-, Aspen- und Birken-Au durchfloß, wurden wir angestellt. Ich blickte die silberglänzende Wasserrinne hinauf und hinunter in der Hoffnung, die Kiellinie, die ein rinnender Biber erzeugen sollte, im Mondlicht zu erkennen. Nichts war zu sehen. Der Wald schien selbst in tiefem Schlaf versunken.

Plötzlich hörte ich ein leichtes, kurzes Rauschen und einen nicht sehr lauten, dumpfen Aufschlag. Kurze Zeit darauf, aber etwas weiter entfernt, wiederholten sich die eben gehörten Geräusche. Es dämmerte mir, daß wir uns mitten im ›Holzschlag‹ der einzigen Holzfäller der Tierwelt befanden. Noch einmal hörte ich das Fallen eines kleineren Stammes, nicht weit von meinem Standplatz. Dann war es wieder still. Neue Wolkenbänke machten eine Sicht unmöglich, und wir beschlossen, gegen 19 Uhr die Jagd abzubrechen und unser Quartier aufzusuchen.

Nachdem der Treffpunkt für den kommenden Tag festgesetzt war, beschrieb uns der Förster den Weg zu unseren bis dato unbekannten Quartiergebern. Wir wendeten und fuhren in Richtung Ruokolahti zurück. Von dort seien es nur mehr drei Kilometer bis zum Gutshof der Familie Lämpiainen. Das Gut hieß Lämpiälä und sollte auf einer Anhöhe oberhalb des Saima-Sees liegen. Wir irrten bei stärker werdendem Wind und aufkommendem Regen auf abenteuerlichen Waldwegen herum, als wir auf einem flachen Hügel in offenem Gelände mehrere große Gebäude erkennen konnten. Es war kein Licht zu sehen, als wir unser Fahrzeug im Hof des Anwesens abstellten. Zu unserer großen Verwunderung hörten wir aber deutlich aus dem Haupthaus ein wunderbares Klavierspiel. Wir gingen durch die offene Eingangstür und betraten eine nur durch ein Lämpchen spärlich erleuchtete Halle, orientierten uns nach der Musik und standen erstaunt in der Tür eines großen Wohnraumes. Dort saß eine alte Dame, in einen weiten Hausmantel gehüllt, und spielte auf einem großen Flügel in tiefer Versunkenheit eine Beethoven-Sonate. Eine einzige Kerze beleuchtete den spärlich möblierten, großen Raum. Die dem Flügel gegenüberliegende Wand wurde fast vollständig von einer riesigen Elchdecke eingenommen. Wir warteten ergriffen, bis die alte Dame ihr Spiel beendet hatte. Götz machte sich bemerkbar, und wir wurden freundlich begrüßt. Wir hatten, gottlob, unser richtiges Quartier gefunden. Die beiden Töchter des Hauses waren schon bei den Sommerhütten und heizten die Sauna. Sie erklärte uns den Weg zum See, und bald darauf sahen wir eine schmucke Wohnhütte und am Seeufer die Sauna. Zwischen beiden gingen die jungen Frauen hin und her, um alles für unser Kommen vorzubereiten. Vuoko und Raja waren zwei prächtige Geschöpfe, die uns alle nötigen Hinweise für die nächsten Tage gaben. Sie wünschten uns eine gute Sauna, dann waren wir allein und begannen, uns häuslich einzurichten.

Obwohl wir zum Umfallen müde waren, bestand Götz auf dem Besuch der Sauna. Und wieder erlebten wir das Wunder dieser einmaligen Errungenschaft für die Körperpflege. Wir waren entspannt, gelockert und fühlten uns unglaublich wohl. Dann aber sanken wir auf unser Lager und waren sofort eingeschlafen. Wie immer wachte ich als erster auf. Es war

7 Uhr morgens und noch finster. Das Feuer im offenen Kamin war bald entfacht, das Kaffeewasser im Kessel am Schwenkhaken brodelte gemütlich über den Flammen. Inzwischen dämmerte es, und ich nahm Handtuch und Seife und wanderte zum Seeufer. Fast beim Steg angekommen, sah ich am Ende desselben einen ungefähr einen Meter langen, walzenförmigen und hell-dunkel gezeichneten Körper liegen.

Leise schlich ich zur Hütte zurück, weckte meine beiden Freunde, und mit unseren Ferngläsern bewaffnet pürschten wir vorsichtig zum Ufer hinunter. Gut gedeckt blickten wir auf das Wunderwesen, das am freischwimmenden Stegende in den leichten Wellen des Saima-Sees schaukelte. Es war eine Süßwasserrobbe! Ein unglaublich seltener Anblick war uns zuteil geworden. Nicht einmal Götz mit seinen über 70 Finnlandjahren hatte je eine Saima-Seerobbe in freier Wildbahn gesehen. Nicht lange konnten wir den Anblick genießen. Irgendeine Bewegung mußte der Robbe aufgefallen sein. Lautlos glitt sie in die grauen Fluten und war auf Nimmerwiedersehen verschwunden. Beglückt von diesem einmaligen Erlebnis gingen wir still zur Hütte zurück.

Heute ging es zu den Biberbauten, wo wir tagsüber beobachten, fotografieren und eventuell auch unser Waidmannsheil versuchen wollten. Der Himmel war bedeckt, es roch nach Regen, aber es war windstill, und das war das wichtigste für unser Vorhaben. Wir fuhren wieder zu derselben Stelle, an der wir am vergangenen Abend ergebnislos auf Biber angestanden waren. Bei Tage sah die Gegend ganz anders aus. Mehrere kleine Seen, Ableger des großen Saima-Sees, lagen entlang der sandigen, schmalen Waldstraße. Immer wieder querten wir die Verbindungsflüßchen dieser Seenkette. Und wieder stand unser Förster an der Straße. Aber diesmal war ein aus Karelien ausgewanderter Bauer, der am Saima-See angesiedelt worden war, neben ihm. Er sollte uns zu den Biberbauten führen. Um diese Zeit waren die Biber im Bau und hielten Siesta von der nächtlichen Arbeit. Es war uns nicht klar, wie wir sie zu Gesicht bekommen sollten.

An einem kleinen See, abseits der Waldstraße, lagen die Bauten des zur Bejagung freigegebenen Bibervolkes. Ein mächtiger Holzhaufen, der den Eindruck völlig planlosen Aufeinanderschichtens machte, versperrte den Seeausfluß und war Damm und Bau in einem. Die Biber hatten mit diesem Stauwerk die Seefläche ganz beträchtlich vergrößert, wie an den nun im Wasser stehenden Uferbäumen leicht zu erkennen war. Es war vollständig ruhig, kein Wind bewegte die Zweige. Da erscholl von der gegenüberliegenden Seeseite ein peitschender Knall. Es mußte also doch ein Biber unterwegs gewesen sein, der mit der Kelle klatschend auf das Wasser schlug und so höchste Alarmstufe signalisierte. Wir konnten ihn nicht mehr erblicken, denn er war sofort weggetaucht.

Der Karelier deutete mit den Fingern, daß fünf Biber den Bau bevölkerten. Die Wolken hingen tief, und es war leider kein Fotografierwetter. So knipste ich einige frisch gefällte Aspenstämmchen sowie die beiden Transportkanäle, die zum großen Biberbau führten. Dann brachte der Karelier zuerst meinen Freund Xandl zum gegenüberliegenden Seeufer, ungefähr 300 m vom Hauptbau entfernt, und postierte ihn hinter einer am Ufer stehenden Fichte. Dort werde der Biber in etwa 20 m Entfernung auftauchen, wenn er ihn aus dem Bau getrieben habe. Ein wenig später tauchte der Bauer bei mir auf und führte mich am Ufer entlang zu einem halb am Land liegenden, halb ins Wasser reichenden Felsen. Es ergab sich, daß ich dort fast genau gegenüber von Xandl postiert war, ich suchte mir die bestmögliche Position, setzte mich auf meinen Rucksack und harrte der Dinge, die da kommen sollten.

Der Karelier verschwand im Wald, und es wurde wieder still um uns. Xandl winkte zu mir herüber, und ich winkte zurück, zum Zeichen, daß ich ihn gesehen hatte. Beide hatten wir Kugelgewehre, was wir noch bereuen sollten. Es verging eine halbe Stunde, ohne daß sich etwas rührte. Dann aber hörte ich dumpfes, weit entferntes Klopfen von Holz auf Holz und zwischendurch kräftige, kurze Rufe wie Ohee oder Hallo. Dann wurde es still. Intensiv beobachtete ich die Wasserfläche vor mir, als ich plötzlich einen scharfen Knall von Xandls Gewehr und im gleichen Augenblick das ›Tschok‹ der Kugel hörte, als diese die Wasserfläche berührte. Eine winzige Zeitspanne hatte ich mich ablenken lassen. Aus dem linken Augenwinkel sah ich für einen Moment den tennisballgroßen Oberteil des Biberkopfes! Es war mir unerklärlich, daß er mich, obwohl er schon unter Wasser an mir vorbeigeschwommen war, sozusagen ›im Rückspiegel‹ erblickt hatte und im Bruchteil einer Sekunde wieder untergetaucht war. Ich hatte nicht einmal Zeit anzubacken. Auch Xandls Schuß ging fehl. Ferne, am oberen Seende ertönte ein warnender, sehr lauter, klatschender Schlag der Biberkelle auf der Wasseroberfläche.

Nach einiger Zeit wurden wir von unserem Karelier abgeholt, der uns verständlich machte, daß für heute die Jagd zu Ende wäre. Wir pürschten vorsichtig zurück zum Biberbau, bewunderten die Gesamtanlage und besichtigten den nächtlichen Arbeitsplatz. Hier fotografierte ich die frisch gefällten Aspen und die bereits auf Transportgröße zurechtgenagten Prügel, die die Biber bis zum Transportkanal gezogen hatten. Am Nachmittag fuhren wir zurück zu den beiden hübschen, schlanken Töchtern der Klavier spielenden alten Dame. In Lämpiainen hatte man uns scheinbar schon erwartet, denn kurze Zeit später war ein Elchbraten auf dem Tisch, der, zusammen mit kleinen, kugeligen Kartöffelchen, in würziger Sauce serviert wurde und ausgezeichnet mundete.

Mit am Tisch saß diesmal der Herr des Hauses und erzählte uns während des Essens die unglaublichsten Elchgeschichten. Dabei sprach er unserem mitgebrachten ›Kap-Kognak‹ kräftig zu, bis er unvermutet eingeschlafen war. Die hübschen Töchter zwinkerten sich zu, wir verabschiedeten uns, nachdem uns die Mädchen mitgeteilt hatten, daß die Sauna bereits auf uns warte. Am Weg zu unserem Auto hörten wir wieder die mächtigen Akkorde des Flügels. Diesmal war es das Prélude von Rachmaninoff. Es dunkelte bereits, als wir zur Hütte kamen.

Götz, der mit dem Karelier gesprochen hatte, sagte uns, daß wir am kommenden Tag statt der Kugelgewehre mit einer Schrotflinte und starken Schroten unser Glück nochmal versuchen sollten. Er hatte ein solches Gewehr, Kaliber 12, im Gewehrschrank unserer Hausherren in Lämpiainen gesehen und von diesem die Erlaubnis bekommen, es für den kommenden Jagdtag mitzunehmen. Wir losten, wer den ersten Schuß haben sollte. Wie immer hatte mein Freund Glück, und ich mußte auf den Nachmittag warten.

Am nächsten Morgen regnete es. Auch die Saima-See-Robbe ließ sich nicht mehr blicken. Wir waren wieder um 10 Uhr am vereinbarten Treffpunkt. Diesmal begleitete ich meinen Freund zu seinem Standplatz, da ich erst am Nachmittag ›dran‹ war. Der Karelier sagte zu Xandl, er müsse unbedingt sofort auch den zweiten Lauf abschießen, damit der Biber sicher zur Strecke käme. Beim Schrotschuß ist es die Schockwirkung, die tötet. Es ist daher wichtig, daß der rinnende Biber im Augenblick, da er getroffen wird, Luft in den Lungen hat, dann bleibt er auf der Wasseroberfläche, was die Bergung überhaupt erst möglich macht. Mehrere Komponenten mußten also zusammentreffen, um einen Biber zu erbeuten.

Diesmal hörten wir unseren Begleiter früher am Bau herumrumoren. Auch der Biber tauchte rascher auf, als dies am Vortag geschehen war. Wo die restlichen Biber hinschwammen, konnten wir nicht feststellen. Ich sah auch ›meinen‹ Biber nicht, der unter mir weggetaucht war, als ich gestern durch Xandls Schuß abgelenkt worden war. Xandl war aber vorbereitet. Als der Biber kurz auftauchte, erklangen fast gleichzeitig zwei Schüsse, das Wasser kochte an der Stelle, an der der Biber aufgetaucht war, dann war es ruhig, und der Biber trieb am Rücken langsam entlang des Ufers. Die Entfernung betrug ungefähr 30 Meter, und wir begannen uns Gedanken zu machen, wie wir an das erlegte Wild herankommen würden. Weit und breit war kein Kahn zu sehen, auch hatten wir keinen Hund dabei. Wir begannen Steine zu werfen, in der Hoffnung, daß die so erzeugten Wellen den Biber langsam zum Ufer treiben würden. Vergebliche Liebesmühe. Da erschien der karelische Siedler und hatte auf einmal eine Angel in der Hand. Die starke Rute trug eine verrostete Rolle. An der Schnur hing ein

Kosta mit guter Murmeltierbeute

Xandl mit dem guten Wolayer Bock des Autors

Xandl (links) mit seinem
finnischen Biber

Am Bibersee

mächtiger Heintz-Blinker mit einem großen, ebenfalls verrosteten Drillinghaken. Mit einem geschickten Wurf landete er den Blinker auf der anderen Seite des im Wasser liegenden Bibers und drillte diesen langsam zum Ufer. Der Biber, ein prächtiger Rüde, war viel stärker, als wir erwartet hatten, ja er erschien uns geradezu mächtig in seinem dunkelbraunen, dichten Winterbalg. Tief orangefarbig zeigte er seine starken Nagezähne. Mit 26 kg war er schwerer als die meisten Rehböcke in unserer Heimat. Xandl und der Karelier mußten sich mächtig plagen, bis sie unseren Volvo erreichten, denn die schwabbeligen Masse war nicht leicht zu transportieren.

Um es kurz zu machen: Ich selbst hatte kein Waidmannsheil, denn die zweimalige Störung hatte das Bibervolk übelgenommen. Wir konnten sie am Nachmittag nicht mehr zum Verlassen der Burg bewegen. Vielleicht waren sie auch für kurze Zeit ausgewandert. Auf dem ›Schloß Lämpiainen‹ wurde an diesem Abend noch drei weiteren Flaschen ›Lumumba‹ der Garaus gemacht. Wir schliefen bis weit in den Morgen. Es war ein schöner Herbsttag, und die Rückreise war von vielen Fotografierstationen unterbrochen. Auf der Weiterfahrt nach Lahti sprachen wir viel vom Biber, seinem ausgesprochenen Ingenieurtalent, dem bemerkenswerten Instinkt dafür, wo der günstigste Platz zur Errichtung eines Dammes ist. Ich habe vor dieser Finnlandreise auch in ›Grzimeks Tierleben‹ gelesen und möchte hieraus eine interessante Passage zitieren und hoffe, daß sie zum Nachdenken anregt:

»Die ehedem sechzig Millionen Biber der Vereinigten Staaten müssen mit der Unzahl ihrer kleinen Stauseen und Dämme die Hochwasser sehr stark verringert haben. Auch für Deutschland galt das vor tausend bis zweitausend Jahren. Jetzt bemüht man sich, dasselbe durch Talsperren in den Gebirgen und Flüssen zu erreichen. Sieht man von dem dabei gewonnenen elektrischen Strom ab (der im Rahmen des Atomzeitalters vielleicht bald seine Wichtigkeit verloren haben wird), dann wendet man heute Milliarden und Milliarden auf, um für die Schiffahrt auf den Strömen und das Wasserbedürfnis der Menschen künstlich das wieder zu schaffen, was man im Gleichgewicht der Natur durch die sinnlose Vernichtung der Biber zerstört hat.«

Unterwegs kamen wir nach Mikkeli. Hier war während des Zweiten Weltkrieges das Hauptquartier des legendären Heerführers und Befreiers Finnlands, Marschall Mannerheim. Ungebrochen ist sein ungeheures Ansehen bei der finnischen Bevölkerung. Selbst die Russen ließen Mannerheim unangetastet! In Lahti besorgten wir uns die Jagdpapiere, kauften Munition und vervollständigten unsere Sammlung von Puukos, Blinkern und Fliegen. Wer kennt nicht die Leidenschaft der Fischer, alle neu aussehenden Blinker zu sammeln, auch wenn man davon ganze Schachteln zu Hause besitzt? Dann besorgten wir die ›Mitbringsel‹ für unsere Jagdherren, bei denen wir die nächsten Tage zur Elchjagd eingeladen waren. Wir besichtigten auch das Denkmal der berühmten ›Finnischen Reiterei‹ aus dem Dreißigjährigen Krieg, der ›Hakka-Pelittas‹ am Stadtrand von Lahti. Aber vor allem besuchten wir den berühmten Elch von Lahti. Eindrucksvoll steht dieses Denkmal, das der Bildhauer Mantynen geschaffen hat, im Zentrum der Stadt. Jedesmal vor der Elchjagd legten wir dem Elch unsere Hand auf das Blatt und bildeten uns ein, auf diese Weise das Jagdglück zu beeinflussen.

Unser nächstes jagdliches Ziel lag ganz im Süden Finnlands, in der Schärenlandschaft der Ostseeküste. Am Wege dorthin besuchten wir in Ekenäs den legendären schwedo-finnischen Forstmeister Ranken. Er war damals bereits 87 Jahre alt und mit Götz sehr befreundet. Wir tranken Kaffee und plauderten über österreichische und finnische Forstprobleme. In Gedanken waren wir aber bereits in Kemito. Dort besaß der finnische Zeitungsmillionär und Kunstmäzen Amos Anderson ein etwa 5000 ha großes Waldgut mit einem wunderbaren Herrschaftssitz. Das Gut ist nun, nach dem Tod des Besitzers, eine Stiftung geworden und der Landsitz ein Museum.

Früh am Nachmittag trafen wir in der Verwaltung der Stiftung in Söderlangvik ein. Der freundliche Verwalter, ein Bekannter von Götz, war auch der Jagdleiter der Elchjagd in den folgenden Tagen. Punkt 7 Uhr 30 am nächsten Morgen war die Jagdgesellschaft im Gutshof versammelt. Mit uns zusammen waren wir nur sieben Schützen und fünf Treiber. Die Stimmung war gedrückt, denn man hatte bereits in den vergangenen Tagen vier Treiben veranstaltet und noch kein Stück Wild gestreckt. Nicht einmal Ossi, der alte, bereits pensionierte Verwalter des Gutes, konnte sich an eine derart erfolglose Jagdsaison erinnern. Auch wir wurden von der pessimistischen Aussicht angesteckt, doch die herrliche Schärenlandschaft ließ uns die trüben Gedanken bald vergessen. Mein erster Stand an diesem Tage war durch Los ermittelt worden. Im Gegensatz zu den bäuerlichen Elchtreiben ging es hier hochherrschaftlich zu.

Jeder Stand war durch einen Pfahl markiert, dem die Nummer eingebrannt war. Das zeigte uns, daß auch hier alte, erprobte Elchwechsel abgestellt wurden. Die Stände wurden verlost, indem man seine Nummer aus dem Hut des Jagdleiters zog. Und wieder einmal stand ich allein, diesmal an einer Wegbiegung, mit Sicht auf einen Schlag zu beiden Seiten. Es war windstill, der Himmel war bedeckt, alle Farben schienen ohne Abstufung und Kontraste ineinanderzufließen. Die grauen Eiszeitgranitblöcke, das Rentiermoos, die entlaubten Birken, ja selbst die grünen Kiefern stachen an diesem Tage nicht vom sonst so blauen Himmel ab. Es war gut, dachte ich, daß wir die roten Mützen trugen.

Zwei Stunden rührte sich nichts. Da trat unversehens der Jagdleiter hinter meinem Stand aus dem Wald und bedeutete mir, ihm rasch zu folgen. Das Wild sei unerwartet nach hinten ausgebrochen, der Trieb müsse daher anders abgestellt werden. Der Wechsel vollzog sich rasch, und wieder war ich in der nordischen Stille allein. Aber auch hier rührte sich nichts. Mittags traf die ganze Jagdgruppe in der Nähe meines Standes zusammen. Das obligate Kaffeefeuer wurde rasch entfacht, die Saunawürste am Spieß gebraten, geraucht, gelacht und die Aussichten für den letzten Trieb am Nachmittag diskutiert.

Bald waren wir wieder auf den Läufen, umfuhren eine tief ins Land reichende Schäre der Ostsee und befanden uns schließlich am Rande einer großen Brandfläche. Einige stehengebliebene Baumgruppen unterbrachen die von großen Findlingsblöcken übersäte, sonst kahle Fläche. Hier wurden wir auf unsere vorher ausgelosten Stände verteilt. Zu meiner Linken stand in 500 m Entfernung Ossi, der alte Gutsverwalter. Götz blieb diesmal bei mir, um zu filmen. Xandl war im Wagen eines Jagdgastes auf die andere Seite der abzustellenden Fläche gefahren. Gerade als ich mich einzurichten begann, ertönten weit an der Seite, auf der Xandl seinen Stand einnehmen sollte, zwei Schüsse. Ich suchte mit dem Glas in dieser Richtung und sah auf einmal Xandl, der, inmitten von drei Elchen, einmal auf diesen, dann wieder auf einen anderen an ihm vorbeiflüchtenden Elch zielte. Ich hörte aber keinen weiteren Schuß. Das ganze sah wegen des ebenen Geländes und durch die starke Optik meines Doppelglases sonderbar aus. Ich hatte das Gefühl, Xandl könnte mit seiner Waffe jeden der an ihm vorbeiflüchtenden Elche berühren. Eben wollte ich Götz auf das beschriebene Geschehen aufmerksam machen, da sah ich, daß er nach vorne deutete, und hörte ihn sagen: »Schau mal, was da auf dich zukommt. «

Im scharfen Troll bog um ein stehengebliebenes Stangenholz ein Schaufelelch, ein Tier mit Kalb und weiter rechts von dieser Elchfamilie ein einzelner, starker Stangenelch. Der Schaufler verschwand rasch hinter einer Gruppe von Findlingen. Ich schoß auf das Tier. Es verhoffte schwer krank. Sofort repetierte ich und schoß auf das nun hochflüchtige Kalb. Dann sah ich, etwa 150 Meter rechts von mir, den gleichmäßig, aber raumgreifend vorbeiflüchtenden starken Stangenelch. Im Anschlag fragte ich Götz, wieviele ich eigentlich erlegen dürfte. Er sagte nur: »Alle, alle die du bekommen kannst. « Da war mein Schuß schon draußen. Aus dem Augenwinkel sah ich das Kalb immer tiefer werden und stürzen. Der mächtige Hirsch verschwand ohne das geringste Zeichen hinter einem Granitblock, der mir für einige Zeit die Sicht auf den Elch verstellte. Dann kam er wieder hervor, immer im gleichen, fördernden Troll. Er war aber schon zu weit für einen zweiten Schuß. Plötzlich begann der Riese zu torkeln und stürzte schwer in einige Jungfichten. Ich sah zum Tier. Es lag aber bereits verendet, und einer der Elchhunde rupfte am Stich und beleckte den Einschuß, was scheinbar alle Elchhunde gern tun.

Auf Xandls Seite wurde noch zweimal geschossen, auch Ossi löste sich einmal. Ich konnte aber nicht sehen, mit welchem Erfolg. Dann erschienen auf meiner Seite zwei Treiber und der junge Verwalter. Er stieß auf das Tier und winkte mir zu. Die beiden Treiber hatten inzwischen den Hirsch gefunden und zeigten zwei erhobene Finger. Also muß das Kalb auch in der Nähe liegen. Der Verwalter kam zu mir und klopfte mir anerkennend auf die Schulter. Auch Ossi hatte ein Tier zur Strecke. Ich ging zu den Elchen und fotografierte meine bisher stärkste Beute. Dann gingen Götz und ich zu Xandl hinüber, der ganz unglücklich nach einem zweiten Elch suchte, den er beschossen hatte. Ein schwächerer Spießer lag, sein Nachbar hatte ein Kalb erlegt. Wir konnten den zweiten Elch aber nicht finden. Xandl erzählte auf unsere Frage, warum er nicht auf das andere Elchrudel geschossen habe, daß er die Munition im Auto seines Jagdkameraden vergessen hätte. Er verfügte nur über die beiden im Magazin der Waffe enthaltenen Patronen – Pech.

Mit zwei inzwischen von den Treibern herbeigeholten Traktoren wurde nach und nach das Wild geborgen; und spät am Nachmittag, es war inzwischen finster geworden, hingen dann drei Elchhirsche, drei Tiere und ein Kalb im Gutshof von Söderlanvik. Das von mir erlegte, vermeintliche Kalb stellte sich als eine Art Knopfspießer, also als Elch vom ersten Kopf heraus. Ich sägte ihm die zierlichen ›Stangerln‹ ab und habe immer meine Freude daran, wenn jemand, dem ich sie zeige, mir zur Erlegung des guten, alten Abschußrehbocks gratuliert. Der alte Stangenelch war mit seinen geschätzten 600 kg Lebendgewicht der an Wildbret beste Elch, der je auf Kimito erbeutet wurde. Also einer von den stärksten und einer von der schlechtesten Erblinie. Ich war froh, den Schaufler nicht beschossen zu haben, denn Götz, der ihn besser beobachten konnte, sagte mir, dieser wäre ein junger, gut veranlagter ›Palmat‹, wie hier Elchhirsche mit Veranlagung zum Schaufelgeweih genannt werden, gewesen. Und Elche mit Schaufelgeweihen sind in Südfinnland selten.

Es war Mitternacht, als wir mit dem Zerwirken der Beute fertig waren. Dann ging es in die Sauna, die von den Frauen der Jäger geheizt und vorbereitet war. Zur Abkühlung sprangen wir in die kalte Ostsee, denn die große Rauchsauna lag am Ufer einer ihrer Schären.

Diese Lage hätte mich beinahe das Leben gekostet. Wir waren alle froher Dinge, tranken Bier und sangen. Ab und zu ging einer zum Wasser, um sich abzukühlen. Nach etwa einer halben Stunde wollte ich auf den Steg hinaus, um dasselbe zu tun. Ich schloß die Tür, ging die zwei Schritte über die Bretter und sprang in das kalte Wasser. Als ich auftauchte, war um mich tiefste Finsternis, denn die Saunatür war zu und die Fenster mit Läden dicht verschlossen. Kein Licht drang nach außen! Ich hatte beim Kopfsprung ins Wasser die Richtung verloren und konnte den Steg nicht finden. Das Salzwasser brannte mir in den Augen. Da das Wasser kaum mehr als + 3° Celsius hatte, konnte ich mir ausmalen, daß ich nicht lange schwimmfähig bleiben würde. Einen Augenblick lähmte mich die Angst, aber dann begann ich wasserzutreten und versuchte, die Dunkelheit mit den Augen zu durchdringen. Aber es war vergebens. Da kam, Gott sei Dank, einer aus der Sauna. Das Licht aus der offenen Tür zeigte mir den Steg, der nun schon fast 10 m entfernt war. Ich kraulte erleichtert zur Leiter und war gerettet.

Als ich mein Abenteuer den Kameraden in der Sauna erzählte, wurden sie für einen Augenblick stumm und klopften mir auf die Schulter. Dann aber war es vergessen, und die Unterhaltung nahm ihren Fortgang. Wir erfuhren, daß die Jagdgesellschaft, die uns eingeladen hatte, den Wildbreterlös dazu verwenden wollte, die Kosten einer schon länger geplanten Reise nach Ägypten aufzubesserrn. Daher waren sie mit mir besonders freundlich, denn ich hatte ja zu ihrem Vorhaben einiges beigetragen.

Tags darauf wurde nur ein Trieb am späten Vormittag gemacht. Er war aber für mich durch einen großartigen Anblick gekrönt. Ich stand auf einem Hügel, am Rande eines alten Kiefernbestandes. Etwas tiefer und daher von meinem Standort aus gut einzusehen, lag eine Wiese, eingerahmt von kahlen, moosbewachsenen Granitrippen, auf denen die kleinen, verkrüppelten Schärenkiefern wuchsen. Durch die Stämme der Kiefern schimmerte das Wasser der Ostsee. Mein Jagdbegleiter hatte seinen Stand fast am Ufer des Meeres, so daß wir eine Art Zwangswechsel kontrollierten. Ich konnte Xandl nicht sehen, dafür aber leuchtete die rote Mütze des Altverwalters Ossi, der rund 200 m nördlich von mir postiert war, herüber.

Es war einer jener vollkommen klaren, kalten nordischen Herbsttage. Der Himmel hatte eine beinahe mediterrane, tiefblaue Farbe, das Meer kontrastierte mit dem Gelb des Schilfes am Ufer und dem Dunkelgrün der Kiefern. Wie Fackeln leuchteten die Birken und Aspen, die wie goldene Tupfen eines fröhlichen Malers überall hingekleckst waren.

Plötzlich stand auf einem moosbewachsenen Rücken zu meiner Linken ein schwarzer Kasten, ein Stangenelch. Unwillkürlich backte ich an, aber dann erinnerte ich mich sofort, daß der Jagdleiter für diesen Tag nur mehr den Abschuß von Tieren und Kälbern freigegeben hatte. Der ›Stangler‹ setzte sich in Bewegung, als in seinem Gefolge vier weitere Elchhirsche folgten. Der Herrenclub überquerte majestätisch und ohne Eile die Wiese vor mir. Es war ein unvergeßlicher Anblick. Schade, daß Götz mit seiner Filmkamera an diesem Tag bei Xandl stand, denn eine solche Szene ist nicht alle Tage einzufangen. Kaum aber war der letzte Elch verschwunden, als ein Rudel Weißwedelwild, hochflüchtig, in seiner charakteristischen Fortbewegungsart an mir vorbeikam. Unwillkürlich dachte ich an das amerikanische Pseudonym für dieses Wild, ›Jumping Deer‹, als der Spuk auch schon vorbei war.

Diese Erscheinung hielt ich zunächst für eine Halluzination, denn woher sollten plötzlich Weißwedelhirsche kommen? Aber Götz und der Verwalter klärten uns nach der Jagd auf und berichteten, daß diese Wildart vor längerer Zeit in Südfinnland ausgesetzt worden war. In den Nachkriegsjahren gab es einen enormen Jagddruck auf das Elchwild, denn es mußten Tausende karelische Neusiedler verpflegt werden! So kam man auf den Gedanken, diese anspruchslose Wildart zu importieren und damit gleichzeitig den Artenreichtum zu vergrößern. Das Weißwedelwild hat sich aber unglaublich vermehrt und macht nun gemeinsam mit dem hohen Elchbestand den Behörden große Sorgen. Die Wildschäden nehmen zu, und die Bejagung des scheuen Wildes ist ungleich schwieriger als die Elchjagd. Noch dazu hat man unverständlicherweise die Schußzeit auf Weißwedel von der des Elches getrennt und später angesetzt. Zur Zeit unseres Besuches war damals das Weißwedelwild geschont und die Gelegenheit, auf dem alten Kontinent diese liebenswerte Hirschart zu bejagen, nicht gegeben. In Amerika und Kanada zählen die Weißwedel(oder Virginia-)Hirsche zu den ›Verbeißern‹ (englisch browser). Sie äsen vorwiegend die Triebe von Holzgewächsen und nehmen nur im Frühjahr Gras und Kräuter auf. Ihre Einführung in Finnland war daher durchaus problematisch.

Die Weißwedel waren kaum verschwunden, als die Büchse meines Freundes ›sprach‹. Ich sah gerade noch ein starkes Elchtier die Kiefern zwischen Meer und Wiese queren und dachte bereits, Xandl hätte gefehlt. Er aber sah nur das Kalb und streckte es mit gutem Schuß. Das ist ja das Aufregende bei einem Vorstehtreiben oder einer Drückjagd. Man erlebt nicht nur das unmittelbare Geschehen am eigenen Stand, sondern registriert alles, was rund um einen zu hören oder zu sehen ist, schließt alle Geräusche mit in das eigene Umfeld ein, kombiniert, stellt Vermutungen über die Schüsse der Nachbarn an, glaubt, den Kugelschlag gehört zu haben, und vieles mehr!

Die Strecke betrug an diesem Tag ein Tier und ein Kalb. Es schien, daß nunmehr die Ägyptenreise gesichert war, denn alle Teilnehmer waren fröhlich gestimmt. Man wünschte uns alles Gute für den weiteren Aufent-

halt in Finnland und noch viele, viele Elche. Am Gutshof von Söderlangvik erwartete uns Pekka, der Sohn von Götz, um uns zu unserer nächsten
und für diesen Besuch Finnlands letzten Station, nach der Insel Kroog,
zu bringen.

Pekka hatte ich bisher zweimal gesehen: 1949 als Knäblein in Helsinki
und 1963, als er mich gemeinsam mit seinem Vater in Kärnten besuchte.
Er war damals gerade in einer Ausbildung, um Fischmeister zu werden,
und wir besuchten einige Fichzuchtanstalten. Nun stand er wieder vor
mir, groß, schlank, sehr männlich und Vater zweier Kinder, einer Tochter
mit Namen Sabine, kurz Biene genannt, und eines Sohnes, namens Ben.
Er war mit der einzigen Tochter eines finnischen Ostseefischers verheira-
tet, der in der Nähe von Turku in den herrlichen Schären ein Haus und
Grundbesitz hatte. Der Schwiegervater war schon eine Zeitlang tot, und
die Mutter von Gitte hatte eine eigene Wohnung in einer nahegelegenen
kleinen Stadt.

Das eingeschossige Holzhaus, ganz im Stil der Schweden des Bottnischen Meerbusens, hatte eine wunderbare Lage. Etwa 40 Minuten vom
nächsten Ort entfernt, am Waldrand gelegen, hatte man Aussicht auf das
Meer, das etwa 100 Meter vor dem Wohnhaus begann. Nahe dem Ufer ein
großes Bootshaus, in dem auch die Netze und das übrige Fischereigerät
aufbewahrt wurden. Nicht weit vom Bootshaus befand sich die Rauchsauna. All das konnten wir aber erst am nächsten Tag sehen, denn es war
bereits dunkel, als wir todmüde und hungrig bei den jungen Leuten eintrafen. Wir bekamen eine herrliche Seeforelle und die gebackene Haut dieses
Fisches als besondere Delikatesse. Bald danach fielen wir todmüde in die
Betten. Am kommenden Tag sollten wir in eine von Pekka errichtete
Sommerhütte übersiedeln, die auch im Herbst zu beheizen war. Pekka
hatte sich einige Tage Urlaub genommen und zeigte uns die Insel, den
Wald, einen Süßwassersee, der einen guten Krebsbestand aufwies, und
berichtete über die See- und Fischrechte, die mit dem Besitz verbunden
und auf die jungen Leuten übergegangen waren.

Die Gesamtgröße des Besitzes beträgt einige 150 ha. Obwohl der
Schärenwald schlechteste Bonitäten aufwies, deckte er den jährlichen Bedarf an Brenn- und Bauholz. Unter der forstlichen Beratung seines Vaters
hatte Pekka bereits große Teile des Waldes so durchforstet, daß der Kie-
fernwald einen recht gepflegten Eindruck machte. Das geräumige Bootshaus beherbergte einen hochseetüchtigen Kutter, der von einem starken
Dieselmotor getrieben wurde, ein kleineres Motorboot und als Beiboot
zum Kutter ein Ruderboot. Netze hingen an den Wänden und an Stangen
von der Bootshausdecke. Es roch wunderbar nach Salzwasser, Teer und
Fisch. Vom Bootshause aus konnte man zur Rechten hinaus aufs offene

Meer sehen. Am Horizont sah man die Aufbauten der Frachtdampfer und manchmal die schneeweißen Fähren der schwedischen ›Saga-Linie‹ auf ihrer Fahrt von und nach Turku.

Auch im offenen Meer hatte Pekka ein genau begrenztes Fischwasser, in dem nur er Netze legen und fischen durfte. Dorthin wollten wir am kommenden Tag, um den Heringen nachzustellen. Die Fischfauna im nördlichen Teil der Ostsee ist von bemerkenswerter Vielfalt. Der Salzgehalt ist hier sehr niedrig, denn die Ostsee ist flach und war nach der Eiszeit ein riesiger Süßwassersee. Auf Grund der flachen Meeresbodenformation ist der Wasseraustausch sehr gering und so langsam, daß das Aufsalzen von der Nordsee her nur langsam fortschreitet. Das ermöglicht eine Gewöhnung der ursprünglichen Süßwasserfische an den schwachen Salzgehalt, und umgekehrt stoßen die Salzwasserfische langsam in die salzärmeren Meeresteile vor. Es ist daher nichts Ungewöhnliches, wenn man im vollen Heringsnetz auch Hechte und prächtige Barsche vorfindet.

Eine langgestreckte, nahezu kahle und flache, nur mit wenigen verkrüppelten ›Schärenkiefern‹ bestockte Insel ist der Küste, auf der Pekkas Haus steht, vorgelagert. Erst dahinter ist das offene Meer. Die Wasserfläche zwischen Krog und Insel gleicht einem breiten Strom. Im kristallklaren Wasser standen unzählige Barsche um die mächtigen Pfosten der Bootshütte und äugten schräg zu uns herauf. Am Schilfrand erblickten wir einen starken Hecht. Groß wie ein Stück Treibholz, ließ er mein Anglerherz höher schlagen. Genau gegenüber dem Wohnhaus war die vorgelagerte Insel unterbrochen. Durch einen 100 m breiten Kanal konnte man die offene See sehen: Eine unvergleichliche Möglichkeit, Lichtsignale gegenseitig auszutauschen! Diese besondere Lage des Hauses machte es in der Zeit der Prohibition zur Schlüsselstelle des blühenden Alkoholschmuggels.

Nie wurde jedoch in unserer Gegenwart von der zweifellos lukrativen Nebenbeschäftigung des alten Fischers gesprochen. Nur einmal sagte Götz bei unserer Waldbesichtigung auf der Insel: »Hier bin ich auch mal in ein altes Schnapsloch gefallen. Es waren fünf Kisten Gin drin, prima Ware. Muß irgend jemand vergessen haben.« Später, auf der Heimfahrt, erzählte uns Götz, daß die jungen Leute bei einer Dachreparatur ein ›vergessenes‹ Lager mit mehreren Kisten Whisky gefunden hätten. Und das gerade vor Weihnachten!

An mehreren starken Kiefern, die am Ufer der Insel wuchsen, hingen, mit Flugloch zum Meer, roh gezimmerte, große Nistkästen. Man errichtete sie früher für die Schellenten. Sie wurden auch regelmäßig von diesen Höhlenbrütern angenommen. Die Fischer hatten an der Rückseite dieser Kästen Klappen eingebaut, die man zur Nistzeit öffnete und die frischgelegten Eier der Schellenten entnahm. Die Enten, ihrer Eier beraubt, legten sofort wieder. So hatte man im Frühjahr Eier genug.

Die beim Hause gelegenen Felder hatte Pekka verpachtet. Der Pächter betreute dafür den hauseigenen Kartoffelacker. Am Abend dieses ersten Tages stand zu unserer großen Verblüffung ein starker Schaufelelch mit Tier und Kalb im Hafer. Längst hatte er die für die Birkhahnen errichtete Vogelscheuche umgedrückt. In diesem feuchten und regnerischen Jahr war der Hafer nicht mehr ganz ausgereift und wurde einfach den Elchen überlassen. Xandl war Feuer und Flamme. Scheinbar dachte er an die Geschichte von Paulis Elch und wollte unbedingt der Familie von Pekka (der kein Jäger ist) einen Elchbraten zu Füßen legen. Da Pekka nicht Mitglied der Jagdgemeinschaft war, daher auch keinen Jagdschein besaß, wäre die Ausführung dieses Planes Wilderei gewesen. Selbst als Xandl ein ›Paulisches Gottesurteil‹ vorschlug, nämlich zuzuwarten und den Elch nur dann zu erlegen, wenn er am Morgen unserer geplanten Abfahrt wieder im Hafer stehen sollte, wurde sein Ansinnen lachend, aber kategorisch abgelehnt. Die Zeit der germanischen Gottesurteile war zu lange vergangen! Traurig wandte er sich wieder dem Auskochen der Schädel unserer vorher erbeuteten Elchgeweihe zu.

Der nächste Tag war wunderschön. Ein wolkenloser, azurblauer Himmel überspannte die Schärenlandschaft. Ein stetiger Nordwind kräuselte das Wasser vor dem Bootshaus. Am Vormittag fuhren wir in den nahen Ort, um für Gitte und uns einzukaufen. Auch für Ben und Sabine wollten wir einige Kleinigkeiten besorgen. Da wir noch vor dem Mittagessen zurück sein wollten, fuhren wir zeitig los. Auf einem kleinen Haferacker an der Straße sahen wir vier Stück Weißwedelwild stehen. Es äugte vertraut auf unseren Wagen. Als ich jedoch aussteigen wollte, um zu fotografieren, schnellten sie in ihren eigenartigen Fluchten dem nahen Walde zu.

Am Nachmittag wollten wir mit Pekka in die offene See hinausfahren, um das große Heringsnetz auszulegen. Die Heringsschwärme ziehen mit der Flut in der Nacht in die verzweigten Schären, um das hier größere Nahrungsangebot zu nutzen.

Um 13 Uhr hatten wir das Netz zum Auslegen richtig zusammengefaltet und im Boot verstaut. Dieselöl wurde nachgefüllt, warme Windjacken zogen wir über. Dann tuckerte unser Kutter der See zu. Im Schutz der langen vorgelagerten Insel war das Meer ruhig. Sobald wir aber die offene See erreichten, gab es ziemlichen Seegang, dem wir ›Gebirgler‹ mit gemischten Gefühlen entgegensahen. Aber Götz und Pekka waren guter Dinge und bewegten sich im stark schlingernden Kutter, als wären sie auf See geboren. Einzelne rote Bojen markierten Pekkas Fischwasser. Wir begannen, nach den Anweisungen Pekkas, das Heringsnetz vom Ende der

Schäre zu einer der roten Bojen im offenen Meer auszulegen. Langsam bekamen wir Übung, die Bewegungen des Schiffes auszugleichen und dabei unsere Arbeit zu verrichten. Xandl, wie immer der Geschicktere von uns beiden, erntete lobende Zurufe.

Das windige Wetter gefiel den beiden Finnen nicht. Sie rechneten daher mit keinem besonderen Fangergebnis, im günstigsten Fall mit 100 kg Hering. Wir aber waren beruhigt, denn diese Menge war mehr, als wir alle in den nächsten Tagen verzehren konnten. Frisch geräuchert schmecken die kleinen Ostseeheringe so wunderbar, daß ich sie jeder Forelle vorziehe. Das Netz war ausgelegt, wir aber ziemlich durchnäßt und unsere Gesichter vom Wind und Salzwasser ganz aufgezogen; so fuhren wir heim. Solange es hell war, beschäftigten wir uns mit dem Reinigen der Elchschädel. Dann rief uns Gitte zum Abendessen. Der kommende Tag war dem Fischen gewidmet. Am frühen Morgen stand die Elchfamilie im Hafer. Xandls langer, sehnsüchtiger Blick ging uns allen zu Herzen.

Um 8 Uhr waren wir mit dem Fischkutter unterwegs, um das Netz einzuziehen. Ein strahlender Tag sagte sich an. Das Wasser war ruhig, und wir näherten uns voll Erwartung dem Netz. Das Einholen war weit schwieriger und nahm unsere ganze Aufmerksamkeit in Anspruch. Xandl zog das Netz ein, ich blieb am Motor, Götz saß zwischen uns und löste die Fische aus dem Netz, und Pekka ordnete das Fanggerät und verstaute es im Heck des Kutters. Auf diese Weise ging alles rascher vonstatten, als wir gedacht hatten. Wir waren schon gegen 11 Uhr wieder am Bootshaus. Gitte hatte den großen Räucherofen (ein umfunktioniertes Dieselölfaß) hergerichtet, trockenes und halbfeuchtes Erlenholz vorbereitet sowie die zum Unterzünden unentbehrliche Birkenrinde bereitgelegt. Gittes Mutter war aus N.-Kirkby gekommen, um ihrer Tochter beim Räuchern zu helfen.

Es folgten unvergleichlich schöne Herbsttage, bis der Tag des Abschieds von unseren lieben Gastgebern kam. Xandl wollte die Decke des Elchkalbes mitnehmen. Wir hatten sie daher eingesalzen und gedachten sie am Heimweg in Hämeenlinna zum Gerber zu geben. Am Abend vor der Abfahrt saßen wir noch gemütlich beisammen. Immer wieder neckten wir Xandl wegen seines Elches im Haferfeld. Wetten wurden abgeschlossen, ob die Elchfamilie wirklich am kommenden Morgen dort stehen würde. Es war so gegen 21 Uhr, als wir ein Auto kommen hörten. Vor dem Hause blieb es stehen, eine Tür wurde zugeschlagen, dann klopfte jemand an. Gitte öffnete, und draußen stand ein Bauer aus Nago mit einem großen Paket im Arm. Er war ein Mitglied der örtlichen Jagdgesellschaft und brachte der Familie Götz ein frisches Elchblatt als Entschädigung für den Wildschaden. Er hatte unseren Haferelch heute früh beim Einwechsel in seinen Einstand geschossen.

Wir luden den glücklichen Schützen ein, sich zu uns zu setzen. Die Verlierer der Wette mußten die eingesetzten Flaschen öffnen, und es wurde ein langer Abend. Aber wir konnten ja morgens länger schlafen, denn der Elch würde bestimmt nicht mehr im Hafer stehen!

Unser letzter Morgen bei den Kindern von Götz auf Kroog brach an. Es war ein düsterer Morgen, und in meinem Kopf rumorte es ein wenig. Wie gewöhnlich war ich als erster aus den Federn, legte etwas Holz auf den glosenden Kiefernstrunk, als mein Blick auf eine scheinbar fertig gerüstete starke Angelrute fiel, an deren Ende ein mächtiger, verrosteter Heintzblinker schlampig in einen Rutenring eingehängt war. Warum nicht ein paar Würfe riskieren, während meine beiden Freunde tief und fest schliefen? Ich zog meine Gummistiefel an, schlüpfte in die Wollweste, nahm die Rute von der Wand und ging die paar Schritte zum sogenannten Badefelsen. Dieser war ein mächtiger Findlingsblock, der wie eine riesige Tafel in die Ostsee ragte. Sein im Wasser verschwindender Rand ließ ein günstiges Landen eines gehakten Fisches zu.

Mein erster Wurf war unkonzentriert, die Rolle sperrte, und der große Blinker klatschte einige Meter von mir entfernt aufs Wasser. Die Angel schien lange nicht mehr in Gebrauch gewesen zu sein. Der nächste Wurf aber gelang überraschend gut, und der Blinker verschwand in der dünnen Nebelschicht, die sich über der Wasseroberfläche gebildet hatte. Ich wußte, daß das Wasser dort bereits an die 30–40 m tief war, und ließ daher dem Blinker Zeit abzusinken. Dann drehte ich an der Rolle, die knarrend einrastete. Ächzend und stöhnend rollte sie Meter um Meter auf. Plötzlich war ich hellwach, denn untrüglich hatte der Haken gefaßt. Ich schlug an, wartete eine Sekunde, aber es rührte sich nichts. So kam ich zu der traurigen Feststellung, daß ich wieder einmal einen Tangknäuel gehakt hatte. Verärgert spulte ich in langsamem, gleichmäßigem Trott den Blinker mit den vermeintlichen Wasserpflanzen zum Ufer. Als ich auf wenige Meter das Schnurende zu Gesicht bekam, erstarrte ich zur Salzsäule. Ein mächtiger, wie ein Entenschnabel geformter, gelblicher Hechtschädel mit leicht geöffnetem Maul ließ sich wie ein Stück Holz heranziehen. In meiner Überraschung schlug ich noch einmal heftig an, beinahe wie ein Anfänger. Jetzt war die Hölle los. Ein sicher meterlanger Hecht machte eine schäumende Kehrtwendung, so daß ich seinen gebogenen Rücken handhoch über der Wasseroberfläche erblicken konnte. Die Schnur aber war auf einmal schlaff, und das Ende des starken Peryls baumelte traurig in der Luft. Der Blinker wird dem Riesen heute keine Schwierigkeiten mehr machen.

Ich kehrte mit hängenden Schultern zur Fischerhütte zurück. Glücklicherweise hatte Götz bereits einen heißen Kaffee gebraut, der mein inneres Gleichgewicht einigermaßen wiederherstellte.

Im Auwald

Das größte geschlossene Auwaldgebiet Österreichs beginnt bereits im Stadtgebiet von Wien, am linken Ufer der Donau. Dort ist die sogenannte Lobau durch verschiedene Bauten bereits durchlöchert wie ein uralter, mottenzerfressener Tuchfetzen. Die Au erstreckt sich, in wechselnder Breite, bis zur Marchmündung, also bis zur tschechischen Staatsgrenze. Ehemals kaiserliches Jagdgebiet, befindet sich nunmehr ein Teil dieser Wälder im Besitz der Stadt Wien. Der weitaus größere Auwald aber ist Staatswald und wird von den Bundesforsten verwaltet. Es war naheliegend, diesen größten Laubholzproduzenten als Faserholzlieferanten für unsere Firma zu gewinnen.

Es war im Januar 1953, als ich im ehemaligen kaiserlichen Jagdschloß Eckartsau vorsprach. Die Sonne begann an diesem schönen, kalten Wintertag langsam hinter einer fernen Wolkenbank zu versinken, als zur vereinbarten Zeit der Jeep der Forstverwaltung in den Schloßhof einbog. Dem offenen Gefährt entstiegen zwei fest vermummte Gestalten. Der damalige Leiter der Forstverwaltung, Oberforstmeister Roman Peschaut, hatte noch zu Zeiten der Monarchie studiert und war bis zum Ende des Zweiten Weltkrieges bei verschiedenen großen Domänenverwaltungen in der Bukowina, Siebenbürgen und Ungarn tätig, bevor er, als Auwaldspezialist, die Donauauen der Bundesforste übernahm. Der zweite, ein schlanker junger Mann, war sein damaliger ›Zugeteilter‹ und mein späterer, langjähriger Freund, Forstmeister Putzgruber.

Der Chef war ein zierlicher, kleiner Mann mit klugen, gütigen Augen. Er war ein Repräsentant jener Forstbeamten, die in den Weiten der Karpaten, der Bukowina, Siebenbürgens oder als Forstwirtschaftsführer des sogenannten Bukowinisch-Griechisch-Orientalischen Religionsfonds im Vielvölkerstaat die Zentralverwaltung zu repräsentieren hatten. Er war noch ein Forstmann der ›großen Horizonte‹. Diese altösterreichischen Forstmänner hatten ein Gegenstück in den legendären Oberforstmeistern der ehemaligen Ostprovinzen des Deutschen Reiches. Klingende Namen tauchen vor meinem geistigen Auge auf, wie: Frevert in Rominten, Kramer aus dem Elchwald oder Beninde und viele mehr. Auf österreichischer Seite: Ladislaus Böhm vom Griechisch-Orientalischen Religionsfonds, Simmet in Bosnien, Forstrat Semmler im Franztal/Bukowina oder Pichlmeier aus Kirlibaba. Der Forstrat Roman Peschaut blieb noch einige Jahre, dann übernahm mein Studienkollege Norbert Putzgruber die Verwaltung. Viele glückliche Jahre habe ich in diesen herrlichen, rund

12000 ha großen Auwäldern auf Reh und Sau gewaidwerkt oder als ›Zaungast‹ meinem Herzen und meiner Erinnerung unvergeßliche Bilder der frühherbstlichen Hirschbrunft eingeprägt.

Darüber hinaus ist dieses, durch die spätere ›Hainburg-Affäre‹ weitum bekanntgewordene, größte geschlossene Augebiet vor dem Eisernen Vorhang ein Vogelparadies ohnegleichen. Kormorane, Schwarzstörche, Kaiseradler, Fisch- und Schreiadler, Grau- und Silberreiher, um nur die markantesten Arten zu nennen, sind dort vertreten. In den sogenannten Ausständen fand sich die Europäische Sumpfschildkröte in prachtvollen Exemplaren. Während des Zweiten Weltkrieges war das ehemalige kaiserliche Jagdschloß eine Zeitlang Reserve-Lazarett für die von der Balkanfront kommenden Verwundeten. Manche von diesen brachten als Andenken griechische Landschildkröten mit. Den meisten wurden diese Tiere später lästig, und sie ließen die kleinen Panzerträger einfach aus. Der dichte Laubteppich im Herbst bot diesen Fremdlingen aber eine gute Möglichkeit zu überwintern. So konnte der erstaunte Wanderer und Naturfreund in den Folgejahren manch mächtigem Exemplar dieser Exoten im Auwald begegnen.

Vor dem Kriege hatte der am gegenüberliegenden Donauufer in Petronell wohnende Graf Traun in seinem Augebiet amerikanische Wilde Truthühner ausgesetzt, die sich erstaunlich gut hielten und zu prachtvollen Exemplaren heranwuchsen. Auf sein Anraten hin wurden einige dieser schon akklimatisierten Truthühner auch im Bereich der staatlichen Auen ausgesetzt und waren bald ebenso heimisch wie auf der Petroneller Seite. Man konnte sie abends auf ihren Schlafbäumen leicht anpürschen und mit gutgezielten Schüssen einen nach dem anderen herunterholen. Zweifellos handelte es sich um eine grobe Faunenverfälschung. Aber die Tiere machten keinen Schaden, und die Forstverwaltung konnte den so wichtigen Herren im Ministerium eine begehrte Weihnachtsfreude bereiten.

1945 kamen die Russen. Nach ihrem Abzug gab es keine Truthühner mehr in den Donauauen. Eigenartigerweise sind mehrere Einsetzversuche, allerdings an anderen Austandorten, in den vergangenen Jahren nicht mehr geglückt. Im Auwald ernährte sich das Trutwild hauptsächlich von den unzähligen Schnecken und Kerbtieren. Sein Wildpret muß daher viel geschmackvoller gewesen sein als das Fleisch von den heutigen ›Kolchose-Putern‹, die mit Fischmehl und anderen dubiosen Futtermitteln ernährt werden. Man könnte aber den Versuch, Trutwild auszusetzen, wo eine solche Aktion Aussicht auf Erfolg haben würde, wiederholen. Es verursacht keinen Schaden und wäre ein modernes ›Gen-Reservoir‹ für die langsam degenerierenden Tiere in den Massenzuchten. Man sollte allerdings nur einwandfreie amerikanische Wildfänge aus guten Populationen aussetzen.

Am Ende der Besatzungszeit war der Reh- und Rotwildbestand durch die ›echten und falschen‹ Russen stark dezimiert. Nur das Schwarzwild hatte bald heraus, daß man die meist nächtlich mit Hilfe von Autoscheinwerfern jagenden Russen meiden mußte. Es wuchs zu stattlichen Rotten heran und ging auf den an die Auwälder anschließenden Feldern der Bauern zu Schaden. Diesen war aber das Führen von Kugelgewehren verboten. In diesen Jahren konnten die Keiler alt werden, und so stammen die wirklich starken Gewaffe hauptsächlich aus jener Zeit. Von einem der stärksten Keiler soll nun die Rede sein.

Ein Hauptschwein

Menschen, die in und von der Natur leben, sind in höherem Maße Individualisten als jene, die dichtgedrängt in notwendiger Arbeitsteilung in den Städten leben müssen. Und wie im Gebirge so zeitigt auch das Leben am Strom in den Auwäldern seine Originale. Oft erinnere ich mich an den schrulligen, schon recht schwerhörigen, alten Förster K. Eigentlich schon in Pension, wurde er fallweise in der Jagdzeit zum Führen von Jagdgästen eingesetzt. So begleitete er jedes Jahr den Seniorchef einer Firma aus Wien, der ebenfalls sehr schlecht hörte. Beide verstanden sich ausgezeichnet, weil sie in der gleichen, unüberhörbaren Lautstärke zu sprechen gewohnt waren.

In der Rehbrunft saß ich einmal auf einem Hochsitz, der an einer großen, im vergangenen Winter abgeholzten Fläche errichtet worden war. Die jungen Stockausschläge erlaubten einen guten Einblick in die vom Rehwild gern besuchte Fläche. Die Größe des Schlages gestattete auch an den beiden anderen Seiten je einen Hochsitz, ohne daß das jeweilige Jagdgeschehen gestört wurde. Es war gerade Büchsenlicht, und ich leuchtete den ganzen Bereich mit meinem Glase ab. Es war aber kein Stück auf den Läufen. Da hörte ich plötzlich von der gegenüberliegenden Seite die knarrende, laute, unverkennbare Stimme von Förster K.: »Herr Dokta, heit wer'n ma do ka Glück hobn.«

Darauf schrie der Dr. W.: »Wo is das Stück oben?«

»Koa Stück is oben, ka Glück wer'n ma hobn!«

»A so, ka Stück is oben«, replizierte der Doktor. In diesem Moment wurde der alte Bock vor mir hoch. Das Geschrei auf der anderen Seite des Schlages war ihm doch zuviel. Er stand breit da und äugte zu den beiden alten Herren, die sich anschickten, den Hochsitz zu verlassen. Ihre weitere Unterhaltung ließ sie meinen Schuß überhören. Der ahnungslose Bock lag mit einem Hochblattschuß im Feuer. Oft weiß man nicht, wem man sein Waidmannsheil zu verdanken hat. In diesem Fall war es klar.

Der Nachfolger des alten Försters K. war der etwas jüngere Oberförster Z. Er war von kleiner Statur, unglaublich hager, beinahe ausgezehrt, aber doch das, was man hierzulande ›a zach's Mandl‹ nannte. Demzufolge waren seine Ansitzvorrichtungen derart filigran, daß ich jedesmal Blut schwitzte, wenn ich eine seiner Leitern oder Sitzbretter benützen mußte. Seine Frau war das genaue Gegenteil. Eine mächtige, dominierende Erscheinung, aktiv und tatendurstig. Sie führte eine ausgedehnte Hühnerzucht und verkaufte die Eier am Naschmarkt in Wien, wohin sie jeden zweiten Tag zu früher Morgenstunde fuhr.

Nach alter Tradition zählte zum sogenannten Naturalentgelt (Deputat) eines staatlichen Försters neben freier Wohnung, Brennholz und Licht auch ein Deputatacker. Solche wurden in Eckartsau, da anderweitig schwer zu verpachten, den Förstern der Bundesforste innerhalb des Überschwemmungsgebietes zugewiesen. Die damals gar nicht so seltenen Hochwasser machten in so manchen Jahren die Mühen und Kosten der Bewirtschaftung zunichte. In guten Jahren gab es aber wiederum erbitterte Kämpfe mit den Wildsauen.

Frau Z. zitterte also in zweifacher Hinsicht um die jährliche Ernte, die eine Stütze ihrer Hühnerzucht darstellte. Sie lag daher ihrem Manne ständig in den Ohren, etwas gegen die Sauen zu unternehmen. In der Zeit der Russenbesetzung war dies aber ein schweres Unterfangen. Zu guter Letzt griffen die Z.'s tief in die Tasche und gatterten den Acker ein. Wer aber kennt nicht die Beharrlichkeit der wilden Stammesbrüder unserer braven Hausschweine, wenn es darum geht, dem milchigen Kukuruz zu Leibe zu rücken. Auch hier fanden sie eine weiche Stelle und unterwühlten den an sich saufest errichteten Zaun.

Die liebe Not mit der hühnerzüchtenden Ehefrau begann aufs neue. Wie sagt jedoch das alte Sprichwort? Not macht erfinderisch! 30 Schritte vom Einwechsel in das Gatter entfernt stand eine tiefbeastete Eiche. Oberförster Z. befestigte an einem der stärkeren unteren Äste eine Tischlerzwinge und spannte seine Doppelflinte ein. Dann zog er eine Schnur von der Oberkante des Durchschlupfes im Maschendraht zum Boden und befestigte an derselben ein Stück weißes Papier. Diese Zielhilfe verschob er solange auf der gespannten Schnur, bis diese auf der gedachten Höhe der Körpermitte einer mittleren Wildsau stand. Dann richtete er die geladene und gespannte Flinte genau auf diesen Papierhaltepunkt ein und schraubte sie mit der Zwinge in dieser Stellung fest. Er überprüfte nochmals die ganze Anlage und entfernte sodann das Papier von der Schnur. An der Oberkante der von den Sauen in den Maschendraht gebrochenen Öffnung befestigte Z. zwei Blechkonservendosen, die bei der kleinsten Berührung der gespannten Schnur zu scheppern begannen. Der einfache Sitz in der Astgabel der Eiche war so befestigt, daß der Oberförster, ohne wesentliche Bewegung, die Abzughähne der Flinte erreichen konnte.

All diese komplizierten Vorbereitungen waren notwendig, denn in den letzten Tagen war der Himmel bewölkt, es regnete häufig, und zudem war Neumond. Der Zustand des Maisackers aber ließ ein Warten auf einen günstigen Mondansitz nicht mehr zu. Gegen 17 Uhr war Z. mit einem Sitzkissen wieder zur Stelle. Gegen die Gelsenplage hatte er sich mit mehreren Päckchen der Marke ›Austria 3‹ bewaffnet, einer damaligen Zigarettensorte, die wegen ihres beißenden Rauches scheint's ausschließlich als ›Gelsentod‹ konzipiert war. Diese Blutsauger hatten die Angewohnheit, bei Einbruch der Dämmerung in ganzen Wolken die bodennahen Schichten zu verlassen und langsam in die Höhe zu steigen.

Unser Freund erklomm die Eiche und machte es sich auf dem Sitzbrett so bequem wie möglich. Noch einmal überprüfte er die Einstellung der Flinte und harrte der Dinge, die da kommen sollten. Es hatte zu regnen aufgehört. Dafür wurden die Gelsen lebendig. Die ›Austria 3‹ kamen zum Einsatz. Da begannen plötzlich die beiden Konservenbüchsen zu scheppern, obwohl weit und breit keine Sauen zu sichten waren! Z. blickte den Zaun entlang und sah auf einmal das schwächliche Spießböckchen aus dem nahen Silberpappelschlag, welches versucht hatte, sein mickriges Gehörn am Maschendraht zu fegen. Das Gescheppere veranlaßte den Jüngling jedoch zu sofortiger Flucht. Vom Donauufer erklang der Schrei eines Graureihers. Dann hörte man die Schiffssirene eines Schleppers. Am schweren Stampfen der Dieselmotore konnte man erkennen, daß er stromaufwärts fuhr.

Z. blickte wieder zu seinem Maisacker. Er schätzte, daß noch gut zweidrittel der Kolben auf den Halmen war. Das würde für die Hühner reichen, und auch die kommende Aussaat schien gesichert. Kein Blatt rührte sich. Der Zigarettenrauch stieg, leicht kräuselnd, geradewegs in das Laubdach der knorrigen Eiche. Die Dämmerung brach an, und mit dem Aufstieg der Gelsen mußte er den Einsatz der ›Austria 3‹ verstärken. Es wurde rasch finster. Die ersten Ziegenmelker klatschten mit den Schwingen, ein Waldkauz ki-wihte in der Eiche, und die Rohrdommel meldete sich aus dem Schilf des Altarmes. Oberförster Z. begann mit dem Schlaf zu kämpfen. Da erschien ihm, zwischen Wachen und Einnicken, das Bild seiner Frau. Sofort war er wieder hellwach! Er lauschte in die Dunkelheit, dann entzündete er im Schutze seiner Jacke einen neuen Glimmstengel.

Plötzlich schreckte vom Altarm her ein Reh. Dann erklang das planschende Geräusch, das Schalenwild erzeugt, wenn es einen Wasserarm

Obere Wolaye mit Biegengebirge (italienische Grenze)

Obere Wolayer Hütte

Die Christusfigur vom Lana-Kreuz mit zwei Wolayer Rehböcken

Untere Wolayer Hütte, von einer Lawine zerstört

durchrinnt. Der Oberförster wußte einen stark begangenen Wechsel, der das Altwasser, ungefähr 200 m von der Eiche entfernt, durchquerte. Und wieder schreckte ein Reh. Nun aber bereits am diesseitigen Ufer des Donauarmes. Dann war es still. Z. wollte sich eben wieder eine Zigarette anzünden, da brach in seinem Rücken ein starker Ast. Kurze Zeit darauf blies eine Sau wenige Meter von der Eiche entfernt. Es war stockdunkel. Man konnte keine Hand vor den Augen sehen. Der Oberförster umfaßte vorsichtig den Kolbenhals seiner Flinte und ging auf ›Druckpunkt‹. In diesem Augenblick schepperten die Konservenbüchsen, und beinahe gleichzeitig detonierten beide Läufe der Flinte.

Einen Bruchteil einer Sekunde lang blendete das Mündungsfeuer unseren Helden, dann war es finster, wie vorher. Zunächst hörte Z. mehrere Stücke hinter der Eiche, auf der er saß, wegbrechen und kurz darauf das Planschen und Rauschen im Schilf des Altarmes. Vor ihm, im Maisacker, aber war die Hölle los. Röchelnd und blasend durchquerte ein Stück Schwarzwild den Kukuruz. Mehrmals prallte das angeschweißte Wild gegen den Zaun. Endlich zog es langsam gegen die Mitte des Ackers. Das Röcheln und Gurgeln kam nur mehr von einer Stelle, wurde seltener und leiser.

Der Oberförster zündete sich erneut eine Zigarette an und leuchtete mit dem Streichholz zu seiner Flinte. Die Tischlerzwinge hatte gehalten. Er nahm die Waffe aus der Halterung, stieg leise vom Sitz und ging langsam nach Hause. Die wenigen Stunden bis zum ›Grauwerden‹ verdöste er in seiner Kanzlei. Es war noch dunkel, da war er schon wieder unter der Eiche. Beim ersten Büchsenlicht ging er die wenigen Meter bis zum Zaun. Hier, am Anschuß, lud er seine Flinte wieder. Es lag viel Schweiß am Gatter. Die Sau mußte von beiden Flintenlaufgeschossen getroffen worden sein. Die Schweißfährte war deutlich kenntlich und führte zunächst mitten in den Maisacker. Hier hatte das starke Stück eine Zeitlang verhofft und war dann im rechten Winkel zu dem seitlichen Wildzaun gezogen. Diesen hatte das Stück mehrmals angefallen, was der Oberförster am Abend vorher auch vernommen hatte.

Von da weg ging die Reise zurück zur Mitte des Feldes. Nun lag auch Lungenschweiß in der Fährte, den die Sau in großen Güssen aus dem Gebrech ausgestoßen hatte. Er mußte eigentlich bald am Stück sein. Der Mais reichte dem schmächtigen Förster bis über die Schultern. Nun leuchtete eine kleine Blöße durch die Maisstengel. In ihrer Mitte lag ein mächtiger Wildkörper. Es war ein Hauptschwein, wie Z. es noch nie gesehen hatte!

Kanzlei und Wohnung des Oberförsters waren in den Wirtschaftsgebäuden, die zum Schloß gehörten, untergebracht. Z. hatte die kapitalen Waffen dieses ›Russenkeilers‹ über seinem Schreibtisch hängen. Ich habe es nie versäumt, bei meinen vielen Besuchen in Eckartsau stets auch einige Minuten in Z.'s Kanzlei vor diesen vielleicht stärksten Keilerwaffen, die je auf dem Boden der Republik Österreich erbeutet wurden, zu sitzen und diese zu bewundern. Z. hatte diese seltene Trophäe nie zu einer Ausstellung geschickt. Auch hat er diese starken Waffen nie ausgepunktet. Er legte keinen Wert auf solche ›Kinkerlitzchen‹, wie er sich auszudrücken pflegte.

Die Geisterorgel

Wie soll denn ein normaler Winter aussehen? Eigentlich kann man darüber heutzutage keine exakte Auskunft mehr geben. Im pannonischen Bereich, wozu auch Südmähren, meine Heimat, zu zählen ist, begann es ab Mitte November zu frieren, und einen Monat später deckte eine mehr oder minder hohe Schneedecke das Land. Diese blieb meist liegen, bis Mitte März zaghaft ein Frühlingsahnen begann. Letzteres kam auch nicht über Nacht mit Gewalt und kippte dann vielfach in einen bösen Nachwinter um, wie das heutzutage oft passiert. Ich kann mich nicht erinnern, daß in meiner Jugend einmal die Tulpenblüte unter einem halben Meter Spätschnee versank, der die dann noch blühenden Kirschenäste abgebrochen hat. Irgendwie hat sich das Wetter in den letzten Jahrzehnten geändert, auch wenn die Meteorologen ›im langjährigen Durchschnitt‹ eine solche Änderung schwer festschreiben können.

So geschah es einst Anfang Januar, als ich zwei Nächte vor Vollmond einen Nachtansitz auf Sauen in den Auen von Eckartsau geplant hatte. Im Gebirge plötzlich einsetzendes Tauwetter brachte große Schneemengen zum Schmelzen. In den Nordalpen trat Föhn auf, und in seinem Gefolge begann es zu regnen. Die Zubringer der Donau begannen mitten im Winter Hochwasser zu führen. In Ostösterreich aber merkte man nichts von diesem massiven Wetterumsturz, und so fuhr ich frohen Mutes meinen Mondansitzen entgegen. Der junge Förster K. wollte mit mir in die Au und an anderer Stelle ansitzen. Wir wollten uns um 19 Uhr im Schloßhof treffen. Um die Sauen von den Feldern fernzuhalten, hatte die Forstverwaltung mehrere Kirrungen in der sogenannten tiefen Au angelegt. An den Zuwechseln konnte man vom Hochsitz aus in Ruhe die Abschußstücke aussuchen, ohne am Futterplatz selbst zu stören. Dennoch waren viele der bäuerlichen Feldmieten für Kartoffeln und Futterrüben aufgebrochen und arg verwüstet. Die Forstverwaltung stand daher unter mächtigem Druck und war froh, wenn ein Schwarzwildbegeisterter eine kalte Nacht lang ansitzen wollte.

Um 18 Uhr passierte ich die Wiener Reichsbrücke und bemerkte im Schein der Brückenbeleuchtung, daß die Donau merklich angeschwollen war. Im Inundationsgebiet lag Schnee. Es war also noch nicht überflutet. Zuerst meldete ich mich bei dem Forstmeister und zog mich in dessen Wohnung um. Dann fuhr ich ins Schloß, um den Förster K. abzuholen. Unterwegs erzählte ich ihm von meinen Eindrücken beim Überqueren der Donau. K. beruhigte mich. Er habe zu Mittag die Hochwassermeldungen abgehört. Man erwarte ein mittleres Hochwasser erst gegen Mittag des kommenden Tages. Wir würden uns daher in der zweiten Nacht an die Felder setzen.

Wir querten also den während der Regierungszeit Kaiser Franz Josefs errichteten Hochwasserschutzdamm und fuhren in die ›tiefe Au‹. Ungefähr 300 Meter vom Schutzdamm entfernt blieben wir auf einer festgefrorenen Wiese stehen. K. ging zu seinem nahegelegenen Stand, und ich marschierte tiefer in die Au, dem Hauptstrom zu.

Der Mond war eben aufgegangen und beleuchtete die verschneite Au mit seinem silbernen, kalten Licht. Ich hatte noch etwa einen halben Kilometer zu gehen, dann erreichte ich meinen Lieblingssitz an einer Wegkreuzung. Ich richtete mich ein, d. h. ich kroch in meinen warmen, aber schweren Schaffellsack, ordnete Munition und andere Notwendigkeiten in erreichbare Nähe um mich herum und sah dann und wann zum Mond, der rasch über den Wipfeln der Altweiden erschien und seinem vorgegebenen Weg folgte.

Die Au war mit 10 cm hohem Schnee bedeckt, der vor einigen Tagen gefallen war. Es war auch tagsüber kalt gewesen, so daß der Schnee nicht verharschte. Ich war daher lautlos bis zu meinem Sitz gelangt. Nun lauschte ich in die starre, kalte, nächtliche Au. Aber die gewohnten Geräusche waren in dieser Nacht nicht zu hören. Es war unheimlich ruhig. Nirgends knackte ein Ast, kein Kauz ließ sein trauriges Kijuwit hören, kein Quieken aus einer heranwechselnden Rotte Sauen war zu vernehmen. Kein Reh stand, wie sonst in diesen hellen Nächten, plötzlich und wie verträumt auf den verschneiten Waldwegen, um nach kurzem Verhoffen ebenso lautlos wieder im Bestand zu verschwinden. Kein Fuchs schnürte die glatte Traktorspur entlang und blieb sofort sitzen, wenn man mit den Lippen auf den Handrücken das zwitschernde Mäuseln nachahmte.

Die blauen Schatten der kahlen, hohen Weiden wanderten langsam über den glitzernden Schnee. Ich war ein wenig eingenickt, dann aber wurde ich plötzlich hellwach. Ich hörte aus undefinierbarer Richtung ein hohes Pfeifen. Aber es war kein Pfeifen im üblichen Sinne. Es klang in verschiedenen Tonhöhen, wie eine uralte, asthmatische Dorforgel, deren Blasbalg noch von zwei Buben getreten wurde. Immer waren es Einzeltöne, wehmütig, bald kürzer, dann wieder länger, oft ineinander übergehend. Immer aber leicht asthmatisch und fauchend.

Ich konnte mir nicht den geringsten Reim machen, was oder wer diese Töne erzeugen sollte. Unwillkürlich blickte ich auf die Uhr, doch die Geisterstunde war noch nicht angebrochen. Nach einiger Zeit aber lokalisierte ich ein Fortschreiten dieser eigenartigen Geräusche aus der Richtung des Donaustromes, und zwar langsam donauabwärts vordringend. Die melancholischen Pfeiftöne kamen immer näher. Da bemerkte ich auf einmal, daß die geschlossene Schneedecke auf großen Flächen verschwunden war. Der dunkle Waldboden kam zum Vorschein. Nun erkannte ich, daß das Hochwasser im Begriff stand, die Au zu überfluten.

So schnell ich konnte, schlüpfte ich aus dem Fellsack und warf ihn auf den Weg. Ich hängte mein Gewehr um, steckte Glas und Munition in den Rucksack und kletterte blitzschnell vom Hochsitz hinunter. Dann nahm ich den Fellsack und lief in Richtung Wagen. Es war mein Glück, daß die Wege in der Au regelmäßig aufgeschüttet wurden und auf diese Weise immer etwas höher als die umliegenden Waldabteilungen waren. So kam ich trockenen Fußes bis zur Wiese, obwohl mir das vordringende Wasser im Mondlicht aus den Waldbeständen entgegenblinkte. Die Wiese aber war vollkommen mit Wasser bedeckt. Am anderen Wiesenrand stand mein Wagen, daneben Förster K., der mir erregt zuwinkte. Ich querte die Wasserfläche, und meine Filzstiefel saugten gierig das eiskalte Wasser auf. Am Wagen erkannte ich, daß das Wasser bereits die untere Hälfte der Reifen bedeckte. So schnell waren zwei Mann noch nie in einem Wagen. Dieser sprang glücklicherweise sofort an, und wir erreichten den Hochwasserdamm in allerletzter Minute.

Wir fuhren einige Kilometer auf der Dammkrone stromabwärts, da wir dort eine höher gelegene Straße zum Schloß erreichen konnten. Der Mond beleuchtete eine gespenstische Szene. Immer wieder wechselte Wild über die Dammkrone, verhoffte kurz gegen uns und verschwand eilends im geschützten Bestand jenseits des Inundationsgebietes. Rechts von uns war nun die gesamte Aufläche unter Wasser. Ich übernachtete bei Förster K. Nachdem ich aus den nassen Stiefeln heraus war, setzten wir uns noch zu einem Glas Poysdorfer zusammen, und ich erzählte ihm die unheimliche Geschichte von den Pfeiftönen. Er hatte sie auch gehört und behauptete, daß es das Wasser sei, das in die unzähligen Mauslöcher eindringe und die Luft aus diesen herauspresse, so wie es der Orgelbalg auch tut. Er hätte dieses auch das erste Mal gehört, wüßte es aber von seinem Vater, der dieses Phänomen einige Male erlebt hatte. Bedingung sei aber ein langsames Vordringen des Hochwassers, denn eine Flutwelle würde alle Geräusche überdecken.

Am folgenden Abend saß ich, im Rücken durch den Hochwasserschutzdamm gedeckt, am Feldrand der Au an. Eine Rotte Bachen mit ihren Frischlingen und Überläufern zog gegen eine Miete aufs Feld. Ich erlegte einen Frischling und aus den verhoffenden Überläufern einen richtigen Schmorbraten. Auch K. hatte einen Überläufer geschossen. Wir gingen in das Dorf, holten den Bauern, dem das Feld gehörte, um mit dessen Traktor die drei Stücke abzutransportieren. Dabei spielte die politische Optik auch eine gewichtige Rolle.

Nur ein Achter

Es sind nun bald zwei Jahrzehnte vergangen, seit ich das letzte Mal in meiner geliebten Donau-Au bei Stockerau jagen konnte. Mein Lehrprinz, der langjährige Forstmeister und Leiter des Waldbesitzes, war zu dieser Zeit bereits in Pension und zu seiner Tochter und deren Mann in die Steiermark gezogen. Der alte Gutsherr, mein jagdlicher Gönner, war mit über 90 Jahren verstorben. Auf Grund einer Fideikommißvereinbarung ging der herrliche Aubesitz an einen Neffen aus Übersee. Dieser junge Graf war ein leidenschaftlicher Jäger und nahm meine Einladung auf Sommergams in meine Kärntner Jagd gerne an. Er war ein vorzüglicher Sportsmann und exzellenter Schütze. Unter der Führung meines damaligen Jägers Ludwiger erlegte er zwei gute Gamsböcke im Melnik und als ›Draufgabe‹ einen starken Murmelbären. Hochbefriedigt kehrte er in sein Schloß zurück.

Mitte September erhielt ich eine Einladung auf einen Brunfthirsch. Ich sagte dankend zu und traf an einem Freitagnachmittag im Forsthaus ein. Förster Schlosser hatte auf mich gewartet, und wir fuhren gemeinsam in die Au. Unterwegs berichtete er mir, daß die Brunft in diesem Jahr sehr schlecht sei. Das ständig trockene und für diese Jahreszeit zu warme Wetter ließ keinen richtigen Brunftbetrieb aufkommen. Dementsprechend war auch der bisherige Jagderfolg sehr bescheiden. Zu Beginn der Brunft erlegte ein Jagdgast einen schwachen Sechserhirsch. Zwei Hirsche wurden gefehlt. Das war bisher alles.

Auch die Neuerungen bei der Jagdleitung, die der junge Besitzer eingeführt hatte, schienen nicht recht zu funktionieren. Er hatte zur Hirschbrunft gleich viele Angehörige des österreichischen Hochadels eingeladen. Das führte zu Koordinationsschwierigkeiten, Problemen mit dem zur Führung der Gäste vorgesehenen Personal und einer dem Wild bis dahin unbekannten Beunruhigung der Brunftplätze. Der Erfolg war dementsprechend schlecht. Besser gesagt, gleich Null!

Wir kamen pünktlich beim Treffpunkt vor dem sogenannten Jagdschloß in der Theresienau an. Eine Kolonne eleganter Autos parkte vor dem Gebäude, und eine illustre Jagdgesellschaft suchte nach den zugedachten Pürschführern. Ich meldete mich beim Grafen, dankte noch einmal für die Einladung und wurde den Anwesenden vorgestellt. Fast alle waren sympathische, junge Leute mit ihren meist sehr hübschen Gattinnen. Wir hatten aber keine Zeit zu verlieren, es war ja bereits 16 Uhr und höchste Zeit, an die zugewiesenen Orte zu kommen.

Der Graf wies mir einen Hochsitz an der westlichen Grenze des Besitzes zu, der ungefähr zehn Kilometer von Theresienau entfernt war. Dort befand sich ein langgezogener Wildacker, an dessen beiden Enden je ein Hochsitz errichtet worden war. Ich kannte die Gegend gut und war viele Male zu allen Jahreszeiten an diesem Acker. Daher wußte ich, daß dort in der Brunft kaum mit Hochwild zu rechnen war, da sich in einer Entfernung von nur 300 Metern der nachbarliche Grenzzaun, quer durch die Au, von der Donau bis zu den Feldern hinzog: Ab und zu stellten sich ein paar Stücke im Winter in den dichten Erlen ein und wurden, wenn man sie, nach einer Neuen, eingespürt hatte, an den beiden Hochsitzen vorbeigedrückt und meist auch erlegt.

Eher betroffen als verärgert, wußte ich aber keine andere Möglichkeit, als mich mit einem Waidmannsheil zu bedanken. Als Ortskundiger bekam ich keinen Pürschführer. Zum Abschuß wurde mir ein Ib-Hirsch freigegeben, wie man damals einen älteren, kronenlosen Hirsch bezeichnete. Natürlich konnte ich auch einen jüngeren Abschußhirsch erlegen. Ich hatte den weitesten Weg, stieg daher sofort in meinen Wagen und fuhr etwa 5 km in Richtung Tulln und dann wieder in die Au hinein. Den Wagen ließ ich etwa 100 Meter vor dem Acker stehen, erklomm den oberen Hochsitz am Beginn der freien Ackerfläche und war nun ernstlich verärgert! Der Acker war vor kurzem abgeerntet worden und lag jetzt, frisch umgebrochen und braun, vor mir. Ich überlegte, was in dieser Situation zu tun wäre. Sollte ich abbaumen und in mein Quartier im Gasthof Wagner fahren?

Aber wir sollten uns ja nach Einbruch der Dunkelheit in der Theresienau einfinden, um die Order für die Frühpürsch entgegenzunehmen. Traurig zündete ich mir eine Zigarette an und betrachtete die ungünstigen Verhältnisse. Der Acker war ungefähr 150 Meter lang und nicht breiter als 50 Meter. An seinem unteren Ende war der zweite Hochsitz am Rande eines Erlenstreifens errichtet. Im Rücken beider Hochsitze lag eine geschlossene Unterabteilung mit verschiedensten Baumarten. Ein recht gutes Einstandsgebiet, das aber nur im Winter von Rotwild besucht wurde. Im Süden und unmittelbar beim unteren Hochsitz beginnend, führte ein kaum meterbreiter Fischersteig hinab zu einem breiten Altarm der Donau. Der zuerst genannte Erlenstreifen lag also am Ufer des Altarmes und endete ungefähr 300 Meter westlich davon, am schon erwähnten Grenzzaun.

Gegenüber dem unteren Hochsitz lag eine Wiese, die, etwa 30 m breit und ebenfalls 300 m lang, dem Erlenstreifen folgend, bis zum Grenzzaun reichte. Daher konnte man von diesem Hochsitz aus den Grenzzaun deutlich sehen. Nördlich der Wiese lag wiederum ein Erlenbestand, der die eine Seite des Ackers begrenzte. Ich beschreibe die örtliche Situation so genau, weil sie in der Folge das Geschehen stark beeinflußt hat.

Von meinem, dem sogenannten oberen Hochsitz aus sah ich mit dem Glas am Ende des Fischersteiges das Wasser des Altarmes glänzen.

Es war, wie gesagt, in den vergangenen Tagen hochsommerlich warm. Auch an diesem Abend war es windstill und drückend schwül. Ein Gewitter schien sich zusammenzubrauen. Ich suchte die Waldränder ab und haderte insgeheim mit meinem Schicksal. Aber, wie so oft im Leben, kam es anders, als ich dachte! Es war so gegen 18 Uhr, und ich blickte wieder einmal zum Fischersteig, sah aber kein Wasser mehr! Sofort hob ich mein Glas und erblickte einen mächtigen, fahlbraunen Wildkörper, quer über den Fischersteig stehen. Das Haupt war gegen den Grenzzaun gerichtet, aber bereits von den Erlenästen gedeckt. Ebenso war die Hinterhand des starken Stückes auf der anderen Seite des Steiges durch den Bestandesrand verdeckt. Nur der kastenförmige Rumpf füllte die Breite des Steiges aus. Zweifellos handelte es sich um einen Hirsch.

An Schießen war natürlich nicht zu denken, denn ich konnte das Wild nicht genauer ansprechen. Ich durchbohrte förmlich mit meinen Blicken die schützenden Erlenzweige, die das Haupt des Hirsches verdeckten. Auf einmal schwankten die Äste hoch über dem Rumpf. Ich sah für einen Augenblick je eine mächtige Gabel, als der Hirsch das Geweih auf den Rücken legte. Kurz danach hörte ich den müden, tiefen, langgezogenen Trenser zu mir herüberschallen. Das war mein Hirsch! Siedend heiß stieg mir das Blut zu Kopf.

Als ich mich gefaßt hatte, war der Fischersteig leer, und das Wasser des Altarmes glitzerte in den letzten Sonnenstrahlen. Ich zog das Gewehr zu mir, um für alle Eventualitäten gewappnet zu sein. Der Hirsch aber erschien nicht mehr. Das Büchsenlicht begann nun rasch zu schwinden. Als ich sicher war, daß ein weiteres Verweilen am Hochsitz nichts mehr bringen würde, baumte ich ab und ging vorsichtig zum Wagen. Ich wollte unterwegs nichts abtreten, um den Hirsch nicht zu vergrämen.

Während der Fahrt in die Theresienau grübelte ich. Alle möglichen Überlegungen gingen mir im Kopf herum. Was konnte das für ein Hirsch sein? Mitten in der Brunft, weit ab von den Brunftplätzen der Theresienau und allein? Ich hatte nicht viel von ihm gesehen, aber das Benehmen und die massige Form des Körpers ließen auf einen alten Hirsch schließen. Ich beschloß, dem Grafen nur zu melden, ich hätte einen kurzen Augenblick ein Stück Wild gesehen, konnte aber nicht genau ansprechen, was es war. Ich erreichte den Treffpunkt und sah die meisten Jagdgäste bereits versammelt und einen kleinen Imbiß einnehmen. An diesem Abend war kein Schuß gefallen. Das Wild schien immer mehr nur nachts auszutreten. Der Graf nahm die Pürscheinteilung für den kommenden Morgen vor. Ich erhielt (nun zu meiner großen Freude) wieder denselben Revierteil zugesprochen, sicher auch deshalb, weil ich dort keines Führers bedurfte.

Etwaige andere Überlegungen des Jagdherrn verdrängte ich, denn alles kam mir nun, durch die völlig veränderte Situation, äußerst gelegen. Ich erbat noch die Erlaubnis, falls es nötig sein sollte, den ganzen Tag auf meinem Stand auszuharren und erst beim abendlichen Treff zu erscheinen. Es wurde mir genehmigt, und ich freute mich insgeheim wie ein Schneekönig! Wir verabschiedeten uns, und ich fuhr in mein Quartier. Während der Fahrt und später, beim Abendessen und einem kühlen Bier, begann ich, mir für den kommenden Tag einen Plan zurechtzulegen.

Der Hirsch war alt. Das konnte ich mit Recht annehmen. Wahrscheinlich war er abgebrunftet. Vielleicht war ihm aber auch der ungewohnte Wirbel im Brunftgebiet zuviel geworden, und so hatte er ruhigere Gefilde aufgesucht. Ich schloß aus, daß er angeschweißt sein könnte. Förster Sch. hatte mir berichtet, daß die beiden bislang gefehlten Stücke genau ausgegangen wurden und kein Anzeichen dafür sprach, daß sie getroffen worden wären. Ich spekulierte also weiter: Den Hirsch hatte ich erst spät zu Gesicht bekommen. Kurze Zeit darauf wurde es finster. Außerdem war Neumond, und die Nacht würde sehr dunkel sein. Der Erlenstreifen, in den der Hirsch eingewechselt war, wurde an seiner südlichen Seite von besagtem breiten Altarm der Donau begrenzt, im Westen aber vom Grenzzaun des Nachbarbesitzes. Es war nicht anzunehmen, daß er in der Nacht, ohne gestört worden zu sein, den Altarm durchrinnen würde. Blieb allein die Wiese auf der Nordseite und der an sie anschließende dichte Erleneinstand. Die Möglichkeit, auch in der Nacht weiterzuwechseln, konnte ich nicht ausschließen. Ich war deshalb auch so lange am Hochsitz geblieben, um den Hirsch noch einmal zu hören. Er verschwieg aber, und so blieb diese Variante offen.

Wie erwähnt, hatte ich den Eindruck, daß der Hirsch abgebrunftet war. Der müde, tiefe Trenser, bei dem ich seine Stangen sah, sprach auch dafür. Meine ganze Hoffnung beruhte darauf, daß sich der abgebrunftete Hirsch in dem kleinen Erlenschacherl gebettet hatte und die kommende Nacht auch dort verbringen würde. Darauf baute ich meinen Plan für den kommenden Morgen auf. Ich bat zunächst meine Wirtin, mir eine Thermosflasche mit Kaffee, mehrere belegte Brote und zwei Flaschen Bier herzurichten. Dann ließ ich mir den Schlüssel für das Hoftor geben, damit ich gegen 4 Uhr früh das versperrte Anwesen verlassen konnte, zahlte für alles und ging auf mein Zimmer. Hier verstaute ich den Proviant im Rucksack, stellte den Wecker und legte mich nieder.

Das erwartete Gewitter hatte sich während der Nacht aufgelöst. Am Morgen war es daher fast ebenso schwül wie am Abend vorher. Ich fuhr bei völliger Dunkelheit in die Au und stellte den Wagen an derselben Stelle ab, die ich schon am Vorabend ausgewählt hatte. Es war mir klar, daß ich den unteren Hochsitz besetzen mußte. Dieser war allerdings für meine Begriffe zu nahe am Einstand des Hirsches. Ich mußte daher so leise wie möglich an ihn heranpürschen und hoffen, daß die Leiter beim Besteigen keine allzu großen Geräusche abgeben würde.

Der Wind war gut. Er kam stetig vom Westen und strich, wie meist, donauabwärts. Wenn nur der Hirsch den von mir erhofften Einstand gehalten hatte, dann war eine Chance für eine erfolgreiche Jagd gegeben. Ich erreichte den Bestandesrand, blieb stehen, prüfte nochmals den Wind und wollte verhören. Der Wald war aber totenstill, kein Hirschruf war zu hören. Ich setzte mich wieder in Bewegung. Unvermittelt stand ich zunächst vor dem oberen Hochsitz. Längs des Ackers führte ein Weg. Es waren daher keine Hindernisse zu erwarten. Auch war ich heute froh, daß der Acker gepflügt war. Man konnte keine alte Rehtante überraschen und zu nerventötendem Schrecken veranlassen. Dann ging ich langsam, Schritt für Schritt, den Acker entlang zum unteren Hochsitz.

Es war 4 Uhr 30, als ich am Fuß der Leiter angelangt war. Nichts rührte sich, der Wald schien in tiefem Schlaf gefangen. Ich ergriff eine Sprosse und begann vorsichtig an der Leiter zu ziehen. Sie ließ sich nicht bewegen, war also auch oben verankert. Nun galt es, die Sprossen beim Aufstieg so langsam zu belasten, daß sich das Holz, ohne zu knacken, dem höheren Gewicht anpassen konnte. Ein mühseliges und zeitraubendes Vorhaben, aber es gelang. Endlich stand ich oben vor dem Sitzbrett. Die Bockbüchsflinte nahm ich vom Rücken, lud und stellte sie gesichert in die linke Sitzecke, ließ dann den Rucksack von den Schultern zu Boden gleiten und legte ihn rechts neben die Bank. Das Sitzbrett wendete ich um. Die Oberseite wurde über Nacht meist etwas feucht. Der Hochsitz war geräumiger als der obere, war es doch der Prominentensitz für die wenigen winterlichen Drückjagden.

Nun stieg ich über das Sitzbrett und ließ mich langsam auf meinem Sitzpolster nieder, wischte mir den Schweiß von der Stirn, legte alle jene Dinge zurecht, die ich benötigen würde, und lauschte in den Morgen hinein. Der Himmel bekam jenen kaum merklichen, helleren, beinahe grünlichen Schimmer am östlichen Horizont, den man nur dann bemerkt, wenn man vorher, bei völliger Finsternis, im Walde war. Gegen diesen Schein begannen sich die Wipfel der Bäume mit ihren bizarren Ästen abzuheben. Noch immer hörte ich nicht das geringste Geräusch! Gegen 5 Uhr platschte es einmal laut im Wasser des Altarmes. Etwas später knackte ein Ast hinter meinem Rücken. Dann spürte ich einen Luftzug im Genick. Es war ein Waldkauz, der lautlos eine Runde um meinen Sitz zog, um zu sehen, wer da zu nachtschlafener Stunde am Hochsitz war. Ich schloß eine längere Zeit beide Augen, und als ich sie öffnete, war es wieder etwas heller geworden.

Noch aber konnte man keine Einzelheiten unterscheiden. Aber der Acker war als dunkler Streifen zu erkennen. Und vor mir, etwas heller, die Wiese. Dann wieder hörte ich den unangenehmen Schrei eines Fischreihers und als Antwort das Quaken von ein paar Stockenten. Ich tastete im Rucksack nach meiner Tritonmuschel, die ich von meinem Onkel geerbt habe. Da erscholl plötzlich, keine 40 Schritt vom Hochsitz entfernt, aus dem Erlengehölz ein mürrischer, tiefer und kurzer Trenser. »Er hat angestoßen«, wie die Jäger sagen. Der Hirsch war also da! Er hatte sich gestern, unmittelbar nachdem er in die Erlen eingezogen war, niedergetan. Ganz nah hörte sich der faule, fast an ein Gähnen erinnernde Trenser an! Ich hatte mich nicht geirrt – der Hirsch war am Abend nicht mehr weitergezogen! Andererseits war mir die Nähe unheimlich, denn nun war eine vierte Möglichkeit ins Kalkül zu ziehen: Der Hirsch konnte über den Fischersteig zurückwechseln! Dabei würde er nur ganz kurz sichtbar werden, und ein nochmaliges Ansprechen wäre nicht möglich! Nur ein Schnappschuß könnte ihn stoppen. Und das auch nur, wenn man ihn heranbrechen hören würde. Sollte er sich leise vorbeidrücken, dann mußte man schon großes Glück haben, einen Schuß auf der engen Schneise des Fischersteiges loszuwerden.

Langsam wurde Büchsenlicht, und man konnte Einzelheiten erkennen. Vom Altarm der Donau herauf hörte man das Pfeifen der Schwingen herumstreichender Enten. Ein zweiter Reiher meldete sich flußabwärts. Im Altwasser raubte ein Hecht. Man hörte das Rieseln und Spritzen des Wassers, als der gejagte Laubenschwarm über die Wasseroberfläche schnellte. Gegen halb acht ertönte das gleichmäßige Stampfen eines stromaufwärts fahrenden Schleppers. Es war schon 8 Uhr, als das Schraubengeräusch in der Ferne verklang.

Auf einmal zeterte eine Amsel, und ich griff zu meiner Waffe. Aber es schnürte nur ein Jungfuchs auf die Wiese und versuchte mit tolpatschigen Sprüngen, Mäuse zu erjagen. Von der Schnellstraße her ertönte nun das gleichmäßige Brummen der waldviertelwärts fahrenden Wochenendwiener. Leise zog ich die Thermosflasche aus meinem Rucksack und trank einen Schluck belebenden Kaffees. Öfters blickte ich den Fischersteig hinunter und dachte dabei, daß es gar nicht so ungünstig wäre, wenn ein Petrijünger daherkäme. Er würde mir den Hirsch wahrscheinlich auf die Wiese bringen. Das würde zwar auch nicht langsam vonstatten gehen und einen raschen Schuß verlangen. Aber die Wiese war doch 30 Meter breit, und der Schuß leichter als auf dem Fischersteig.

Auf dem Weg, der den Acker entlang führte, suchten zwei Amseln im taunassen Gras nach Regenwürmern. Da schoß ein Sperber im Tiefflug daher und griff sich eine von ihnen mit dem rechten Ständer, aus vollem Flug. Dann rumpelte er mit seiner Beute in die Stauden. Eine kleine Federwolke segelte zu Boden. Das Drama war vorüber. Die Sonne stand nun hoch am Himmel, und es wurde sommerlich warm. Vom Hirsch war weder etwas zu hören noch zu sehen. Längst hatte ich meine Windjacke abgelegt und beneidete den Hirsch um seinen kühlen Erleneinstand. Das erinnerte mich an das mitgebrachte Bier. Ich aß ein belegtes Brot und öffnete eine Flasche. Der Hirsch rührte sich nicht.

Die Zeit schlich dahin, und die Sonne erreichte den Zenit. Am Grenzzaun stand plötzlich ein Reh und zupfte zwischen den meterhohen Brennnesseln, die den Zaun umwucherten. Als ich wieder den Fischersteig entlangsah, erblickte ich den schlanken Hals und den schnabelbewehrten Kopf eines Graureihers. Der Kopf verschwand blitzartig und kehrte mit einem Fisch im Schnabel wieder. Als ich wieder zurücksah, war das Reh verschwunden. Das Bier begann sich zu melden und wollte in den natürlichen Kreislauf zurück. Um den Sitz nicht zu verlassen, löste ich dieses Problem mittels einer ›gezielten‹ Aktion aus luftiger Höhe. In diesem Augenblick knörte der Hirsch ein zweites Mal! Mir war, als hätte er mir zugesehen und würde mir zurufen: »Aber, aber!«

Er war also immer noch an derselben Stelle gebettet. Tatsächlich schien er mächtig abgebrunftet zu sein, also auch nicht mehr der »Jüngsten einer«. Gegen 13 Uhr begann ich mit dem Schlaf zu kämpfen und trank den restlichen Kaffee. Eine Packung Zigaretten war ausgeraucht, und ich griff nach der zweiten. Ich begann nun ernstlich einen Fischer herbeizusehnen, denn der Hirsch schien seine Siesta weiter auszudehnen. Alle möglichen Gedanken kamen und gingen. Die Sonne hatte das halbe Tagewerk längst hinter sich und beschien nun meine linke Körperseite. Auch an diesem Morgen hatte ich keinen Schuß meiner Mitbewerber gehört. Ebenso hatte nirgends ein Hirsch gemeldet. Es war unnatürlich warm. Ich dachte an meine Bubenzeit, als wir in Dürnstein die Donau oftmals schwimmend überquert hatten. Langsam begann der Tag alt zu werden.

Es muß gegen 18 Uhr gewesen sein, als ich auf einmal Stimmen, Lachen und den Klang eines Kofferradios den Altarm herunterkommen hörte. Es konnte sich nur um Faltbootfahrer handeln, die sich eine Sandbank, abseits des Hauptstromes, zum Zelten suchten! Was nun folgte, ging so rasch vonstatten, daß ich es in der entsprechenden Kürze gar nicht beschreiben kann. Sofort hatte ich mein Gewehr in der Hand und entsichert. Ich dachte nur noch: »Ansprechen mußt' durch das Zielfernrohr«, da stand der Hirsch schon mitten in der Wiese. Mein Gott, war das ein Kasten! Ich war mitgefahren, sah eine ›Hummerscherengabel‹ und war im Blatt, als der Hirsch verhielt und kurz in Richtung der lauten Gesellschaft zurückäugte. Da berührte ich den gestochenen Abzug, sah den Hirsch zeichnen und im nächsten Augenblick in den hohen Goldruten verschwinden, die vor dem Erlenbestand am gegenüberliegenden Wiesenrand wuchsen.

Jetzt erst merkte ich, daß mein Herz im Halse pochte. Automatisch lud ich nach und sicherte. Dann stellte ich das Gewehr griffbereit neben mich und zündete mir eine Zigarette an. Ich war nun fast 13 Stunden angesessen! Auf einmal begann mir alles weh zu tun. Die Schußentfernung schätzte ich auf 150 Schritt. Ich glaubte, deutlich den Kugelschlag gehört zu haben, und war mir meines Schusses sicher. Dennoch blieb ich lange am Hochsitz sitzen, bis ich merkte, daß es zu dämmern begann.

Ich hatte bereits den Rucksack gepackt und baumte ab. Das Zielfernrohr wanderte in den Schnerfer, und dann versteckte ich alles, bis auf das Gewehr, im nahen Gesträuch. Nun begann ich den Anschuß zu suchen. Die Wiese war durch die lange Trockenperiode braun verbrannt und staubig. Ich konnte weder Ausrisse noch Schweiß oder Schnitthaare finden. So verbrach ich den vermeintlichen Anschuß und ging vorsichtig in die Fluchtrichtung bis zu den Goldruten. Dort hoffte ich den Einsprung durch frisch gebrochene Pflanzenstengel zu finden. Leider war aber der ganze Goldrutenstreifen derart von alten und neueren Fährten durchfurcht, daß ich bei der nun fortschreitenden Dämmerung nichts mehr ausmachen konnte. Ich durfte daher keine Zeit verlieren und mußte in die Theresienau zurück. Der Hirsch mußte, aller menschlichen Voraussicht nach, nicht weit weg im Bestand liegen. Wir mußten ihn aber heute noch finden, denn bei der zu erwartenden warmen Nacht würde andernfalls das Wildbret verstinken.

Die Theresienau und die dort bereits versammelten Jagdgäste erreichte ich bei fast völliger Dunkelheit, erzählte kurz von meinem Erlebnis und bat den Grafen um den Förster mit seinem Wachtelhund. Alle wünschten mir Erfolg bei der Nachsuche und sagten mir, daß sie am kommenden Sonntagmorgen, an dem wegen des Kirchganges die Frühpürsch ausfiel, den Hirsch besichtigen wollten.

Eine halbe Stunde später war ich mit Förster Schlosser am Ort des Geschehens. Zunächst zog der junge Wachtel in die entgegengesetzte Richtung und mußte abgetragen werden. Dann ging die Reise hinauf zum Wildzaun. Mein Hoffnung, die ich in die Künste des Hundes gesetzt hatte, schwand zusehends. Ich schlug daher vor, daß Schlosser bis zum Wildacker zurückgehen und von dort aus mit dem Hund an der Leine den Rand des Goldrutenstreifens in Richtung auf den Wildzaun absuchen sollte. Ich selbst blieb beim verbrochenen Anschuß stehen, um die Höhe des möglichen Einsprunges in die Goldruten anzugeben. Jetzt klappte es wie am Schnürchen. Kaum auf meiner Höhe angekommen, riß der Hund förmlich seinen Herrn in die Goldruten, und bald darauf hörte ich sein freudiges Waidmannsheil! Wie ein getriebener Keiler brach ich durch die Goldruten und stand unter den ersten Ästen der Erlenrandbäume. Da lag ein Achter, aber was für einer. Meterlange Stangen mit herrlicher Perlung und riesigen Gabeln am Ende deuteten schon das später erhobene Geweihgewicht an: frisch gekappt 9, 5 Kilogramm.

Das Bild des frisch gestreckten Recken machte im Schein der starken Taschenlampe, die ich immer im Wagen mitführe, einen stärkeren Eindruck als dann am Morgen im Hofe der Försterei. Wir versorgten den Hirsch und fuhren nach Unterzögersdorf, um den Traktor und Fahrer zu holen. Um 22 Uhr waren wir wieder zurück, schlugen das Haupt ab, machten ein Feuer im ›Kaschpel-Kessel‹, in dem sonst das Saufutter gekocht wurde, der aber wegen seiner Größe zum Auskochen des starken Hirschhauptes gerade richtig war, und setzten uns um die Kochstelle, tranken einen herben Niederösterreicher und erzählten bis weit nach Mitternacht ›von alten Zeiten‹. Aus der Nachbarschaft gesellte sich der alte Heger Jarosch, ein Mährer, den der Altgraf aus seinen dortigen Besitzungen mitgenommen hatte und dem ich einige gute Rehböcke verdanke, dazu, froh, wieder einmal in seiner Muttersprache reden zu können. Als er den starken Hirsch sah, sagte er nur: »Ježiše, da wird sich aber junge Grof schaun, wenn morgen sieht!«

Die Försterin brachte Bauernspeck und selbstgebackenes Brot. Jarosch reinigte den Schädel von den Wildbretresten. Die perfekte Trophäenbehandlung wollte ich zu Hause selbst vornehmen.

Es war mein letzter Besuch in diesen gesegneten Revieren. Aber der Achter hängt in meinem Jagdzimmer und blickt mir beim Schreiben dieser Zeilen zu. Wie gewöhnlich, wenn ich diese starke Trophäe betrachte, sieht mich das kleine, über der linken Augsprosse herausragende Endchen an, als ob es fragen würde: Ist er nicht doch ein ungerader Eissproßzehner? Mir ist es gleich. Ich habe nie versucht, ein ›Hifthorn‹ auf das Endchen zu hängen, wie es die Regel der alten Jäger verlangt.

Hirschbrunft

Nun ist der Herbst ins Land gezogen,
Der Pflug tritt seine Herrschaft an.
Und tiefer wird der Sonne Bogen,
Der Reif zündet das Heidkraut an.

Gelb wird das Gras im alten Schlag,
Tiefrot das Kirschlaub, gold die Pappeln,
Die letzten Äpfel fallen ab,
Die Lärchen leuchten auf wie Fackeln.

Hoch überm Grat zieht seinen Kreis
Im ersten Sonnenlicht der Aar.
Nur morgens liegt ein Nebelstreif
Wie schützend überm Felsenkaar.

Noch eh' es tagt, lehnt vor der Hütte,
Die dort am Rand des Schlages steht,
Die Hand am Ohr, der Jäger stille.
Der Wind hat ihm den ersten Trenser zugeweht.

Es ist der »Alte« von der Stierkaaralm,
Das hat der Vitus gleich erkannt.
Er beugt sich vor, zünd't seine Pfeife an
Und lauscht zum Kaar hinauf gespannt.

Noch einmal dröhnt der Baß des Hirsches an sein Ohr,
Dann wird es still, kein Windhauch weht.
Aus allen Winkeln kriecht die Kälte vor.
Der Vitus still zur Hütte geht.

Der Rehbock aus Bessarabien

Nach schweren Rückzugsgefechten überquerte unser Artillerieregiment 1944 im Raume Dubosary den Dnjestr. Der vorangegangene Winter hatte sowohl uns als auch die Russen erschöpft, und es entwickelte sich an diesem Frontabschnitt ein Stellungskrieg.

In breiten Schleifen strömt der Dnjestr dem Schwarzen Meer zu. Das hohe Ostufer ermöglichte den Russen Einblick in unser Hinterland, so daß Truppenbewegungen am Tage immer wieder Ziel russischen Artilleriefeuers waren. Unsere endgültige Stellung bezogen wir im Mai 1944 in der Nähe von Mireny, gegenüber der Stadt Grigoriopol. Dort holt der Dnjestr weit nach Osten aus und umfließt das flache Westufer und die dort besonders dichten, verschilften Auwälder.

Unsere Infanteriestellungen lagen vor diesem Augebiet, die russischen Linien am gegenüberliegenden Flußufer. So war dieser Auwaldstreifen Niemandsland. Von beiden Seiten erfolgten manchmal Stoßtruppunternehmungen in den Uferwald. Unsere Artilleriebeobachtungsstelle befand sich auf einem flachen Höhenzug, nicht weit von den Infanteriestellungen entfernt, und gestattete einen guten Einblick in den Auwald. So kam es, daß ich nach einigen Tagen, die ich auf der Beobachtungsstelle verbracht hatte, auf einer kleinen Wiese im Schilfgürtel einen Rehbock entdeckte.

Ein genaues Ansprechen war wegen der Entfernung selbst mit der guten Optik des Scherenfernrohres nicht möglich. Dennoch schloß ich auf Grund der außergewöhnlichen Stärke des Stückes, daß es sich um einen starken Rehbock handeln mußte. Ich konnte ihn beinahe jeden Morgen an derselben Stelle austreten sehen, und der Gedanke, den Bock zu erlegen, beschäftigte mich stark.

Einige Tage danach wurde ich als vorgeschobener Beobachter zum IR III kommandiert. Ich begab mich daher in der darauffolgenden Nacht nach vorne in die Infanteriestellungen und meldete mich beim zuständigen Bataillonskommandeur. Es war in diesen Tagen nicht viel los in unserem Abschnitt. Die Nähe zum Waldrand aber ließ meinen Plan, den besagten Rehbock zu erlegen, in den Bereich des Möglichen rücken.

Meine Kameraden in der Infanteriestellung bezeichneten es als ein zu riskantes Unternehmen, da man nicht wissen konnte, ob nicht gerade einige Russen im Auwald steckten. Trotzdem ließ mich der Gedanke nicht mehr los, auf diesen Rehbock zu pürschen.

Von meinem neuen Standort aus konnte ich mich besser orientieren und legte mir einen Weg bis zur besagten Wiese fest. Es war klar, daß ich bei Dunkelheit aufbrechen mußte, um ungesehen den Waldrand zu erreichen. Außerdem mußte der Vorposten über mein Vorhaben informiert sein. Da ich aber erst bei Einbruch der Nacht wieder zu unseren Stellungen zurückkehren konnte, mußte ich mein langes Fernbleiben irgendwie begründen. Ich erbat daher beim Bataillonskommandeur die Genehmigung, auf einen Tag zu meiner Batterie zurückzugehen.

Nachdem ich die Erlaubnis dazu hatte, instruierte ich den Vorposten und verließ am nächsten Morgen, noch bei Dunkelheit, die Stellungen, passierte ungehindert die eingesehenen Flächen und war bald darauf im Auwald untergetaucht. Nun hieß es mit aller Vorsicht vorzugehen. Ich mußte auf jedes Geräusch achten und dabei darauf Bedacht nehmen, selbst keine Geräusche zu verursachen. Ich folgte einem Wechsel, den ich in den letzten Tagen aus meiner vorgeschobenen Stellung ausgemacht hatte und von dem ich hoffte, daß er mich zu besagter Schilfwiese führen würde.

Bis zum Einsetzen der Morgendämmerung war es still im Walde. Dann aber begann der Vogelchor mit einer Intensität, wie es nur im Frühling und nur in den Auwäldern der Fall ist. Ich konnte nun weniger auf Geräusche in meiner Umgebung achten und mußte daher noch vorsichtiger sein. Ich wußte, daß zu meiner Rechten ein Wasserarm des Dnjestrs lag, aus dessen Schilfgürtel der Rehbock stets ausgetreten war. Am Froschgesang und an den Rufen der Bläßhühner konnte ich feststellen, daß ich nun bald in die Nähe dieser Wiese kommen mußte.

Ich bewegte mich ganz langsam vorwärts und sah bald darauf durch die lichter werdenden Weidenbüsche die grüne Fläche vor mir. Leise schob ich mich hinter eine starke Weide am Rande, von wo ich einen guten Ausschuß auf die Wiese hatte.

Inzwischen war es drei Uhr morgens geworden und genügend hell, um den gegenüberliegenden Schilfrand deutlich zu erkennen. Zwischen den alten gelben Schilfstengeln schoß das junge Grün üppig in die Höhe. Zusammen bildeten sie eine undurchdringliche Mauer.

Es war ein friedlicher Morgen. Man hörte kein Artilleriefeuer und keine Fahrzeuggeräusche. Ich hatte meinen Karabiner über die Knie gelegt, im Magazin drei abgefeilte Patronen, blickte gebannt auf die vor mir liegende freie Fläche und vergaß beinahe die ungewöhnliche und nicht ungefährliche Situation, in der ich mich befand. Sollte der Bock heute wirklich austreten, mußte ich versuchen, einen Trägerschuß anzubringen. Die kurze Entfernung bis zum Schilfrand würde dies zulassen. Der Bock mußte im Feuer bleiben. Eine Nachsuche im Niemandsland war zu gefährlich.

Sollte der Bock liegen, wollte ich ihn rasch von der freien Fläche weg auf den Wechsel bringen und bis zum westlichen Aurand tragen, dort aufbrechen und bis zur Dunkelheit warten, bevor ich zu den eigenen Stellungen zurückkehren konnte. Das Wildpret sollten die Kameraden von der Infanterie bekommen. Die Trophäe würde mir unser Batteriekoch, der selbst Jäger war, auskochen. Alle diese Gedanken durchliefen meinen Kopf, als ich plötzlich den Bock, wie aus dem Boden gewachsen, mitten auf der Wiese sah! Breit stand er vor mir und verhoffte auf den zu meiner Linken liegenden Waldrand zu. Er war ungewöhnlich stark. Zwischen den Lauschern erhob sich eine geradezu enorme Krone, die spannweit darüber zu einem vollendeten Sechsergehörn auslegte.

Im Zeitlupentempo hob ich meinen Karabiner und richtete ihn vorsichtig auf den Bock – als ein peitschender Knall die Stille zerriß!

Ich erstarrte in der Bewegung, Schweiß trat auf meine Stirn, und ich senkte vorsichtig meine Waffe. Da war also noch jemand, in derselben Absicht am Waldrand versteckt, mir – Gott sei Dank – zuvorgekommen!

Der Rehbock war auf den Schuß im tiefen Gras verschwunden. Ich wartete gespannt, bereit sofort zu schießen, falls man mich entdecken würde. Dies war aber zweifellos nicht der Fall, denn sonst hätte mein Mitbewerber nicht geschossen. Es dauerte lange, dann teilten sich zu meiner Linken, keine 40 Schritt entfernt, die Zweige der Randweiden, und ein russischer Soldat trat langsam auf den Bock zu. Er legte seine Waffe neben sich, kniete nieder und betrachtete ganz versunken das Gehörn des Kapitalen. Er zeigte mir dabei den Rücken und schien nicht im mindesten daran zu denken, daß jemand in der Nähe sein könnte.

Was mich damals bewegt hat, kann ich heute nicht mehr sagen. Ich stand auf und ging vorsichtig und leise auf den vor mir Knienden zu. Als der Jäger meine Schritte hörte, drehte er sich langsam um. Er griff aber nicht zur Waffe, sondern hob mir das Haupt des von ihm erlegten Bockes entgegen und lächelte mich an. Er war ein einfacher Soldat, wahrscheinlich ein Bauernbursche aus der Ukraine und sicher nicht älter als ich.

Es ist etwa Eigenes um Jagd und Jäger. Es verbindet sie eine unsichtbare, aber um so stärkere Beziehung vom ersten Augenblick an.

Die Situation war ungewöhnlich. Ich fragte ihn auf russisch, ob er allein sei. Er nickte mit dem Kopf und bot mir eine Zigarette an. Diese Geste und das strahlende Gesicht des einfachen Burschen hatten eine eigenartige Wirkung auf mich. Plötzlich war kein Krieg um uns, die Vögel sangen wieder, und ein strahlender Morgen stieg aus der Kühle des Waldes.

Ich kann mich heute nicht mehr erinnern, was wir damals gesprochen haben. Wir zogen den Bock in die Deckung des Waldes. Ich hatte das bessere Messer zum Aufbrechen des Stückes. Er aber ließ es nicht zu, daß ich ihm bei der Arbeit half. Zum Schluß schärfte er das Haupt ab, reichte es mir herüber und sagte, daß er es sowieso nicht behalten dürfe. Das Wildpret wollte er abends über den Fluß bringen. Eine Zeitlang saßen wir noch zusammen und unterhielten uns. Dann stand der Russe auf, schulterte den Bock, nickte mir noch einmal zu und verschwand in der Tiefe des Waldes.

Während ich den Einbruch der Nacht abwartete, wurde mir klar, auf was ich mich da eingelassen hatte. Die Mitnahme der starken Trophäe mußte mein völlig unerlaubtes, ja strafbares Unternehmen aufdecken. Schweren Herzens reinigte ich das Haupt grob und versenkte das Gehörn in die Baumhöhle einer Altweide.

Rätselhaft bleibt, wie dieser starke Bock in die relativ kleine Auwaldinsel, weitab vom nächsten Rehwildvorkommen, verschlagen wurde. Das Schicksal eines Menschen aber nimmt mitunter seltsame Wege. Wer konnte damals ahnen, daß ich, mehr als ein Jahrzehnt später, ganz in der Nähe des damaligen Geschehens wieder waidwerken würde?

Rudi

Als ich im Jahre 1954 auch Pappel- und Weidenholz für unsere Produktion zu kaufen begann, kam ich das erste Mal in die Donauauen. Eine kleinere Papierfabrik war zur damaligen Zeit der einzige Faserholzabnehmer in diesem Gebiet. Daher wurde ich von den Leitern der Donauforstverwaltungen mit offenen Armen aufgenommen, die von der neuen Konkurrenzsituation zu profitieren hofften. Die meisten von ihnen hatten mit mir studiert, den anderen war die Gestion meines Unternehmens sympathischer. Auf diese Weise bekam ich nicht nur einen neuen Lieferantenkreis, sondern knüpfte manche jahrelange, herzliche Freundschaft.

Die Möglichkeit, den einen oder anderen jagdlich interessierten Kollegen auf einen Gams oder Kleinen Hahn in mein Hochgebirgsrevier einzuladen, brachte mir, vice versa, manch starken Aubock oder Hirsch und oft die Einladung zu winterlichen Schwarzwildjagden. Eine neue Welt erschloß sich meinen jagdlichen Ambitionen.

In den Jahren 1954 bis 1966 war ein nordmährischer Forstmeister Leiter des C.-M. Auwaldbesitzes im Raume Stockerau. Er war also ein Landsmann von mir, und wir verstanden uns vom ersten Tage an. Rudi war damals bereits 50 Jahre alt, aber eine sehnige, große Erscheinung, die eine natürliche Autorität auf ihre Umgebung ausstrahlte. Er war Troppauer, hatte in Wien an der Hochschule für Bodenkultur Forstwirtschaft studiert, war nach einigen Anfangsstellungen beim Baron Klein-Wisenberg im Teßtal als Forstmeister angestellt und später Leiter der südmährischen Besitzungen des regierenden Fürsten Liechtenstein bei Eisgrub. Dort leitete er die weltberühmten Kreisjagden des Fürsten, zu denen stets die besten Schrotschützen der damaligen Zeit eingeladen wurden. Strekken von mehreren tausend Hasen, Fasanen und Hühnern waren keine Seltenheit.

Mehr als ein halbes Leben hatte Rudi in den Augebieten der Thaya und Donau verbracht, und so konnte ich keinen besseren Lehrmeister finden, der mich in die vielfältigen, mir damals noch unbekannten Zusammenhänge dieser so einmaligen, von dem größten Strom Europas und seinen Nebenflüssen geprägten Urlandschaft eingeführt hat. Ihm verdanke ich meine große Liebe zum Auwald, den keiner so gut kannte wie er. Neben den größeren Waldbeständen der Österreichischen Bundesforste in der Lobau, Orth a. d. Donau, Eckartsau und Stopfenreuth, zählte die Stockerauer und Spillerner Au des gräflich Colloredo-Mansfeld'schen Besitzes zu den bestgepflegten und ertragsreichsten Auwäldern an der Donau. Rudi war auch eine feinsinnige Künstlernatur, aufgeschlossen für alles Schöne und Edle. In vielen Aquarellen hat er seine innige Verbundenheit mit der Natur zum Ausdruck gebracht.

Viele winterliche Vollmondnächte sind wir gemeinsam auf Sauen angesessen. Manchen Fuchs und manche Sau haben wir, oft noch steif vor Kälte, nach Hause gebracht. Unvergeßliche Stunden verbrachten wir an den geheimnisvollen Altwassern der Donau, bei der Fischwaid auf Karpfen, Hecht und Zander. Wenn wir uns ganz still verhielten, konnten wir unserem Konkurrenten, dem Graureiher, bei seinem viel erfolgreicheren Broterwerb zusehen. Aber auch die Schattenseiten der Auwälder, die in manchen Jahren in unvorstellbaren Mengen auftretenden Gelsen, lernte ich kennen. An einem heißen Juliabend saß ich vor einem Maisfeld am Rande der Au auf Sauen an, die dort zu Schaden gingen. Als dann die Rotte, in breiter Front, vor meinen Augen dem Mais zu Leibe rückte, brachte ich Kimme und Korn nicht mehr zusammen, besser gesagt, mein Auge nicht mehr hinter das Zielfernrohr, da Gesicht und Augen von Gelsen bedeckt waren.

Oft saßen wir nach der Abendpürsch oder dem Ansitz im gemütlichen Forsthaus bei einem guten Tropfen, betreut von seiner lieben Frau, und sprachen von unserer geliebten verlorenen Heimat. Rudi war nicht nur ein begeisterter Waidmann, sondern auch ein hervorragender Fischer. In den Altarmen und Ausständen der Thaya bei Eisgrub gab es damals ganz starke Welse. Zum Fang benützte man große Flaschenkürbisse, wobei immer zwei in einem Abstand von etwa eineinhalb Metern zusammengebunden waren. Oft waren sie mit einer besonderen, den Eigner kennzeichnenden Farbe bemalt. In der Mitte zwischen beiden Kürbissen war jene Schnur eingebunden, an der der starke Drillingshaken, beködert mit Flußmuschelfleisch oder Hühnerdarm, befestigt war. Am Abend wurde diese Fangeinrichtung zu Wasser gebracht. Morgens war dann oft das Zusammenschlagen der Kürbisse weithin zu hören, wenn der gehakte Waller versuchte, die Kürbisse unter Wasser zu ziehen. So konnte man leicht den gefangenen Wels orten.

Zu jeder Hirschbrunft hatte mir der Jagdherr zwei gute Hirsche freigegeben, was sicher auch auf die Fürsprache meines Freundes hin geschah. Ich erinnere mich an eine Mondnacht, als wir auf einem Hochsitz an der sogenannten ›Wildbretwiese‹ angesessen waren. Wir lauschten den Stimmen der einzelnen Hirsche, um uns danach die Morgenpürsch zurechtzulegen. Es war plötzlich kalt geworden. Ein klarer Himmel, an dem ein unwahrscheinlich groß wirkender Mond eben aufgegangen war, überspannte den stillen Wald. Wir baumten ab und wurden während des Heimweges Zeugen eines unvergeßlichen Naturschauspieles: Über den noch wärmenden Bodenschichten bildete sich eine Nebelbank. Sie schien in einer Höhe von einem Meter wie mit einem Messer abgeschnitten zu sein. Über dieser Nebelbank war die Sicht klar, und ein kalter Mond beleuchtete die gespenstige Szene. Darunter war sie aber so dicht, daß wir kaum unser Schuhwerk sehen konnten.

Alle Geräusche erstarben in dem immer dichter werdenden Bodennebel. Wir hatten das Gefühl, auf Watte zu gehen. Als wir zu den Randbäumen kamen, die die sogenannte ›Kohlstatt‹ umgaben, blieben wir wie angewurzelt stehen. Inmitten der freien Fläche ragte aus einem unendlichen Nebelmeer die uralte Eiche mit ihrem Hochsitz heraus. Davor zog ein Rudel Hochwild, dessen einzelne Stücke nur mit der oberen Körperhälfte über dem Nebel sichtbar waren. Wie eine Flotte von Wikingerschiffen bewegte sich das Rudel langsam dem Waldrand zu. Gleich einem mächtigen Nebelhorn dröhnte der Schrei des Platzhirsches, der dem Rudel folgte, über den wogenden Schleiern. Wir genossen gebannt diesen einmaligen Anblick und warteten, bis das letzte Stück im Wald verschwunden war. Schweigend setzten wir unseren Weg fort. Erst beim Tor zum Forsthaus sagte Rudi: »Hans, ich habe mein halbes Leben in den Auen verbracht, aber so ein eigenartiges Naturschauspiel noch nie gesehen. Wir werden so etwas auch wahrscheinlich nie mehr zu Gesicht bekommen!«

Wir gingen bald zu Bett, denn wir mußten früh heraus, da der Vollmond das Hochwild die ganze Nacht auf den Läufen halten würde. Rudi war kein Kostverächter. Er liebte einen guten Tropfen, den ihm die Rebenhänge östlich der Donauauen auch reichlich spendeten. Sein Stammgetränk, wie konnte es bei einem Nordmährer anders sein, war aber das Bier!

Es war 1965, und Rudi sollte im August zu mir auf einen Sommergams und ein Murmeltier kommen. Ich hatte zu dieser Zeit mein Hochgebirgsrevier in den Karnischen Alpen, im Grenzgebiet zu Italien, bereits in der zweiten Pachtperiode. Die Wolaye beherbergte starke Gams, vielleicht die stärksten Österreichs. Murmeltiere hatte ich erfolgreich in den fünfziger Jahren dort ausgesetzt. Unsere Jagdhütte lag im Herzen des Revieres, auf 1800 m Seehöhe, inmitten eines Hochgebirgskessels. Man konnte, vor der Hütte sitzend, einen großen Teil des Jagdgebietes überblicken. Manche Rehbockpürsch wurde erst im letzten Augenblick an der Hüttentür disponiert. Im Sommer aber standen die Gams jenseits der Maderköpfe im schattigen Ochsenjudengras. Um dorthin zu gelangen, mußte ein langer, steiler Hang bis zum Steinhüttel überwunden werden. Damals mußte noch alles, was auf die Hütte kam, am Buckel hinaufgeschleppt und jeder erlegte Gams oder Rehbock auf demselben Weg zu Tal befördert werden. Die bereits mediterrane Sonne heizte an manchen Augusttagen den Gamsjägern gehörig ein, denn diese südlichste Jagd Österreichs hatte dolomitenartigen Charakter.

In jenem Frühjahr 1965 war eine besonders gute Hahnbalz. In allen Latschenkesseln rodelte es, das Wetter war prächtig, und mein Mitpächter Xandl und ich lagen nach der Morgenbalzpürsch vor der Hütte in der Sonne. An der Tür hingen zwei starke Hahnen, davor auf dem Holztisch stand eine Schale voll Enzian und Petergstamm. Neben jedem von uns steckte eine Flasche kühlen Bieres im Schnee. Als ich wieder einen Schluck dieses Göttertrankes machte, fiel mir Rudi ein, der ja im August mit aufs Steinhüttel steigen sollte. Da durchzuckte ein Gedanke meinen Kopf, wie ich ihm eine Überraschung bereiten könnte.

Ich zog mich an, nahm meinen Rucksack, verpackte darin acht Flaschen ›Gösser Spezial‹ und begann, langsam zum Steinhüttel aufzusteigen. Ich ließ mir Zeit an diesem herrlichen Sonntag im Mai, beobachtete das Treiben der Murmel, die noch vor kurzem tief unterm Schnee dem Frühjahr entgegenträumten, hörte unter mir einen Kleinen Hahn bei seiner Sonnenbalz und sah einem Schneehuhnpaar zu, das fleißig die letzten Preiselbeeren des Vorjahres brockte.

Um 11 Uhr war ich beim Steinhüttel. Ich setzte mich nieder und genoß die herrliche Aussicht. Tief unter mir, ein Anblick wie aus der Vogelperspektive, lag unsere Jagdhütte, und Xandl war gerade beim Holzhacken. Links unter mir der tiefblaue See mit dem Übergang nach Italien. Aus der Wand der ›Hohen Warte‹ hörte ich die Rufe einer Seilschaft, und über mir kreisten im Aufwind einige Alpendohlen.

Nun war es nicht mehr weit bis zum Grat, wo auf der anderen Seite in steilen, latschenbewachsenen Felshängen die Sommergams ihre schattigen Einstände hatten. Nur an zwei Stellen konnte man den Abstieg wagen. An einer dieser Einstiegsmöglichkeiten hatte ein Artilleriebeobachter im Ersten Weltkrieg – die Wolaye war dazumal ein heißumkämpfter Frontabschnitt – ein paar Steinplatten zusammengetragen, um die italienische Seite beobachten zu können. Von dort aus hatten wir einen guten, gedeckten Einblick in das darunterliegende Kar. Hier hängte ich meinen Rucksack ab, entnahm ihm die Bierflaschen und versteckte sie in einer tiefen, kühlen Kluft unter den Steinplatten. Dort konnten sie bis zum August bleiben und die richtige ›Keller‹temperatur bekommen.

Die Zeit verging. Und dann war es ein besonders heißer 18. August. Der Himmel war tiefblau, und wenn man am Rauchkofel stand, meinte man, die Adria in der Ferne zu erkennen. Rudi, zur damaligen Zeit bereits weit über 60 Jahre, stieg tapfer hinter mir her. Bei einer Quelle am halben Hang rasteten wir, aber die paar Mundvoll Wasser waren beim weiteren Aufstieg schnell wieder im ewigen Wasserkreislauf eingebunden. Die Murmel pfiffen, und im warmen Aufwind konnte man den Speik riechen. So kamen wir gegen 10 Uhr zum Steinhüttel, blieben aber nicht in seinem Schatten sitzen, sondern stiegen weiter.

Rudi blickte sehnsüchtig auf unsere Jagdhütte hinunter und meinte, es wäre trotz allem klug gewesen, kein Bier mitzunehmen, denn er habe mit Gewehr und Rucksack, Glas und eigenem Bauch genug zu tragen. Aber, das Wort Bier, einmal ausgesprochen, wurde von Rudi beim Weitersteigen in verschiedenen Zusammenhängen immer öfter wiederholt. Endlich waren wir beim ›Artilleriestand‹. In Reichweite der Bierflaschen ließ ich mich nieder und sagte Rudi, daß wir hier etwas verschnaufen wollten, um eine ruhige Hand zu haben, wenn beim Überqueren des Grates ein schußbarer Gams in den Latschen darunter stehen sollte. Rudi setzte sich zu mir, unmittelbar neben das ›Bierdepot‹, wischte sich den Schweiß von der Stirn und sagte in Abwandlung einer historischen Theaterrolle: »Ein Bier, ein Bier – ein Königreich für ein Bier!«

»Es liegt neben dir«, sagte ich, »neben deiner Hand.« Rudi starrte mich ungläubig an, dann tastete er in die Spalte neben sich und förderte eine Flasche kellerkühlen Gösserbieres an die Oberfläche. Nie werde ich sein Gesicht vergessen, als er zuerst die Bierflasche lange ansah, als ob sich diese noch in Luft auflösen könnte. Dann drückte er mich mit seiner freien Hand an sich. Feierlich lüpfte er mit dem Jagdmesser den Kronenkorken und tat den ersten, nicht endenwollenden Schluck. Noch eine zweite Flasche mußte daran glauben, ehe wir vorsichtig den Grat überstiegen und uns ins Ochsenjudengras hinabließen.

Weit unten, am sogenannten Plotschboden, streckte Rudi um 14 Uhr einen vierjährigen enggestellten Abschußbock, der aufgebrochen 34 kg wog. Ja, die Wolayer Gams waren ein guter Schlag. Ich habe so starke Gams nur noch in Rumänien, im Fogaraschgebirge, gesehen. Der Rückwechsel war viel schwerer mit dem starken Gams am Rücken. Aber wir hatten ja über dem Grat noch sechs Flaschen Bier!

Die Wolaye

Schwarz und gezackt liegt der Grat vor einem zartgrünen Himmel. Rükken an Rücken dehnt sich das Massiv der ›Karnischen‹, bis es im Dunst verschwindet. Unmerklich erglühen die Kalkspitzen um mich her. Die Dunkelheit in den Tälern erscheint noch undurchdringlicher. Die Nacht duckt sich, als ob sie auf Schleichwegen das Gebirge verlassen wollte. Nur der Mond steht als silberne Sichel über dem Sasso Nero.

Ich sitze schon lange hier oben beim Steinhüttel am Maderkopf. Es ist die schönste Stunde! Sie ist im Karst Montenegros gleich wie im Fogaraschgebirge, in Lappland oder am Monte Vettre auf Korsika. Sie ist die Stunde des Jägers und Bergsteigers! Es wird um einige Grade kälter um diese Stunde, und ich habe meine Windjacke angezogen. Ganz zart singt plötzlich eine Ringamsel in den Lärchen unter mir. Sie grüßt als erste den jungen Tag. Dann schnarrt ein Schneehahn, und in der Geröllhalde zu meinen Füßen locken Steinhühner. Am Abhang des Maderkopfes kann ich vier Gams ausmachen. In der Farbe fast gleich mit dem fahlgelben Gras, sind sie dort gebettet. Gams sind Spätaufsteher! Wie hingezaubert steht plötzlich die Silhouette eines starken Bockes am Rauchkofel-Grat, er äugt in das noch nachtdunkle Kar.

An meinem Platz kräuselt der Wind. Irgendwo wirft es ihn in die tiefdunklen Schluchten. Erst wenn die Sonne die Hänge erwärmt, wenn sie ›anschlägt‹, wie die Einheimischen sagen, wird sich der Wind drehen und zum Bergwind.

Unterm Rauchkofel pfeifen Murmel. Noch deckt der Gamskofel im Osten die aufgehende Sonne, aber aus seinen Querrissen schießen Strahlenbündel hervor und umschließen sein Haupt mit einem Heiligenschein.

Im Ochsenjudengras schreckt ein Reh. Es wird wohl Wind von mir bekommen haben. Nun wird es Zeit, und ich steige langsam den Grat zum Rauchkofel hinauf. Den starken Gams möchte ich mir genauer ansehen.

Gamsbrunft

Schon zweimal hat ein früher Schnee
Das Scharwild in den Wald gedrückt.
Bei Nacht da friert's schon auf der Höh',
Und schwarz verfärbt hat Stück für Stück.

Heraufgewechselt aus dem Graben
Steht plötzlich schwarz und windzerzaust,
Mit off'nem Äser, um zu flehmen,
Am Grat ein Bock im Sturmgebraus.

Jetzt hat den Jungbock er eräugt,
Der, noch vertraut, beim Scharwild steht.
Als hätt' ein Teufel ihn gezeugt,
Hat er den Jüngling weggefegt!

Wand auf, Wand ab jagt ihn der Ält're,
Bis endlich ihn das Krummholz deckt
Und er, geschützt vor Wind und Kälte,
Sich seine wunden Flanken leckt.

Nun ist der Starke Herr im Haus
Und hält sein Rudel hart im Zaum.
Schwarz wie der Satan sieht er aus,
Hier herrscht er, bis zum Himmelssaum.

Bei jedem Windstoß weht sein Bart
Hoch überm andern Haar am Rücken.
Der Xaver hat ihn längst im Glas,
Betracht' den Starken mit Entzücken.

Schon hat den Stutzen er zur Hand,
Da nimmt ein Windstoß ihm die Sicht.
Er preßt sich an die Felsenwand –
Als über ihm das Schneebrett bricht!

Sechs Tage hat's gestürmt – geschneit,
Dann scheint die Sonne wieder trüb.
Ins Dorf kam auch des Xavers Weib,
Sie weiß nicht, wo der Jager blieb! –

Die große Lahn vom Höllenstein
Gibt im Jahr drauf, gen Ende Mai,
Nebst Wurzstock, Latschen und Gestein
den Xaver und den Gamsbock frei!

Das Lana-Kreuz

Wollte man früher von Birnbaum im Lesachtal auf die Wolayer Alm und weiter zum Wolayer See wandern und gar am selben Tag noch zurück oder über das Valentintörl zur Plöckenpaßstraße absteigen, so mußte man mit einer starken Tagestour rechnen und sehr gut zu Fuß sein! Der Weg führte zunächst zum Gailfluß hinunter, dann, auf einem Holzabfuhrweg, den reißenden Wolayer Bach entlang, bis er den Hauptweg in die Wolaye erreichte. Dieses Grenzgebiet zu Italien war im Ersten Weltkrieg 1914–1918, nach dem Kriegseintritt Italiens gegen Österreich, heiß umkämpft.

Auf dem Wege zur Wolayer Alm wird man des öfteren daran erinnert. So wurde z. B. die Hubertuskapelle, die man nach einem weiteren Kilometer erreicht, von der Bedienungsmannschaft einer schweren Mörserbatterie errichtet. Die Fundamente der Geschützstellungen sind auch heute noch deutlich zu sehen. Nachdem wir die Kapelle und die ehemalige Stellung passiert haben, queren wir den Wolayer Bach erneut und gelangen zum romantisch gelegenen Jagdhaus der Fürsten von Porcia, die einst Jagdherren in diesem Tal waren. Nun weitet sich das Tal, und wir betreten die untere Wolayer Alm. Am oberen Ende dieses Waldgebietes standen einst Stall und Almhütte, welch letztere auch Unterkunft für uns Jäger war. Eine riesige Staublawine hatte diese Hütte zwischen Weihnachten und Neujahr vollständig zerstört und unter meterhohem Schnee begraben.

Eigentlich verbrachten wir fast immer die letzten Tage des Jahres in dieser Hütte, sahen nach unseren Fuchs- und Mardereisen und holten uns ein Schmalreh oder Kitz für den Neujahrsbraten. In diesem Katastrophenjahr waren wir verhindert und blieben daher am Leben! Die Wodner Nachbarschaft errichtete eine neue Hütte, ungefähr einen Kilometer talauswärts, in der Nähe der Jagdgrenze, die am sogenannten Judenbach verlief. Folgte man diesem Wasserlauf bis zu den steilen Maderwänden, verschwand er in den meisten Jahren in einem mächtigen Schneekegel, den die vom Rauchkofel abgehenden Grundlawinen in jedem Frühjahr am Fuße der Wände aufgehäuft hatten. Im Laufe des Sommers formte der Bach eine Eishöhle, die uns dann oft als Kühlhaus für erlegtes Wild diente.

Überhaupt finden sich im Lesachtal eigenartige Ortsnamen und Geländebezeichnungen. Am Eingang zum Wolayer Tal liegen einander zwei Siedlungen gegenüber. Die eine heißt Nostra und scheint romanischen Ursprungs zu sein. Gegenüber liegt Wodmaye; ich habe noch keine glaubhafte Erklärung dieses Namens gelesen. Die Ortschaft vor Birnbaum heißt Podlanig und ist zweifellos slawischen Ursprungs. Auch sind die Namen Judenbach, Judengras und Ochsenjudengras nicht einer antisemitischen Einstellung der dortigen Bevölkerung zuzuschreiben.

Den Erklärungen der Sprachwissenschaftler stehe ich etwas skeptisch gegenüber. So glaube ich auch, daß bei der Namensgebung auf den ersten österreichischen Kartenwerken ein Umstand eine nicht unbedeutende Rolle gespielt haben mag, dem man bislang keine Bedeutung beigemessen hat. Diese ersten Karten der k.u.k. Monarchie waren Militärkarten, die hauptsächlich von Artillerie-Einheiten vermessen und hergestellt wurden. Diese hatten das dafür notwendige Instrumentarium, wie Meßtische etc. Die Artillerie aber setzte sich zur damaligen Zeit in der Hauptsache aus tschechischen Truppenteilen zusammen. Man kann sich leicht vorstellen, was die Befragung der damals zum Teil noch schreibunkundigen ländlichen Bevölkerung durch böhmische Subalternchargen zum Zwecke der Namensschreibung von Orts- und Geländenamen für eigenartige Ergebnisse gezeitigt haben mag!

Im Bereich der von der großen Lawine zerstörten Almhütte und bei den Resten der alten Buchen parken heute an schönen Sommertagen unzählige Autos. Ganze Menschenschlangen kriechen, mit dem unwahrscheinlichsten Schuhwerk bekleidet, die schotterigen Serpentinen zur oberen Wolayer Alm hinauf, jagdlich wahrlich kein guter Anblick.

Das österreichische Bundesheer hat diesen Grenzweg für geländegängige Fahrzeuge verbreitert. Dadurch geriet, Hubertus sei gedankt, ein alter Alpenvereinsweg in Vergessenheit, der früher vom Hauptweg abzweigte und direkt hinauf zum Giramondopaß und zur italienischen Grenze geführt hatte. Die Abzweigung dieses Weges wurde bei der Verbreiterung der Straße zugeschoben, der Übergang über den reißenden Wolayerbach nicht mehr erneuert. Die Markierung durch den Alpenverein unterblieb, und wir bekamen einen wunderbaren, unberührten Pürschsteig durch einen von Menschen kaum mehr begangenen Revierteil. Er führte steil bergan durch den Lana-Wald, einen hervorragenden Einstand von Rehwild, Winter- und Sommergams, ja, zuweilen auch für Hochwild.

Hatte man den Wolayer Bach gequert, kam man zunächst auf eine Wiese mit einzelnen Lärchen. Im zeitigen Sommer weidet dort das Vieh, bevor es Ende Juni auf die Hochalm getrieben wird. Das nachwachsende zarte Gras wird von Rehen gerne aufgenommen. Am oberen Rand der Wiese findet man, von Himbeersträuchern verwachsen, Steinfundamente ehemaliger Baracken, die im Ersten Weltkrieg gefangene Russen beherbergt hatten, die für Wegbauten und Schanzarbeiten eingesetzt worden waren. In der Nähe dieser Fundamente befindet sich ein kleiner Hügel, an den der aus Buchen und Tannen gebildete Lana-Wald anschließt. Dort muß man den kaum mehr sichtbaren Einstieg in den Lana-Weg suchen. Diese Wiese und der Hügel mit den Steinfundamenten heißt: Am Lana-Kreuz.

Als ich vor nun schon bald 35 Jahren die Jagd pachtete, erkundigte ich mich bei den Wodner Bauern, was dieser Name zu bedeuten hätte, denn von einem Kreuz war keine Spur mehr zu finden. Ich erfuhr verschiedene Versionen. Die einen behaupteten, russische Gefangene hätten das Kreuz im Ersten Weltkrieg errichtet und einen Christus geschnitzt, von dessen Verbleib aber niemand der heutigen Bauern mehr etwas wußte. Andere wieder erzählten, daß die Almhalter seit undenklichen Zeiten dieses Kreuz erhalten und jeweils einen neuen Christus geschnitzt hätten, wenn der alte verwittert war. Irgendwann, bald nach dem Ersten Weltkrieg, soll eine Lawine aus den Lana-Wänden das Kreuz, die alten Russenbaracken und den Grabenwald mitgenommen und zerstört haben. Seit dieser Zeit gibt es nur mehr den Namen.

Man hat auch nie Reste vom Kreuz oder irgendwelcher Devotionalien gefunden. Bald nach dem Zweiten Weltkrieg hat die Wodner Nachbarschaft dann ein neues Kreuz in der Nähe der unteren Almhütte errichtet, an dem ein Christus aus Blei befestigt wurde. Bei der Gelegenheit fällt mir ein Steirisch-Kärntnerischer Spottvers ein:

> Die Kärntner Lei, Lei
> Ham'lei an Hergott aus Blei!
> Oba die Steira war'n froh,
> Wenn's oan' seg'n hätten aus Stroh!

Ich ließ sehr bald am Gegenhang zu dieser Wiese einen Hochsitz errichten. Zweimal mußten wir seinen Standort verändern, da er jedesmal von der Lana-Lawine oder von der jährlich wiederkehrenden Lawine aus dem Biegengebirge weggefegt wurde. Durch Schaden wird man klug. So fanden wir eine Gruppe von drei Lärchen, die schon aufgrund ihres Alters allen diesen Belastungen getrotzt hatten. Von dort aus war der größte Teil der am anderen Bachufer gelegenen Wiese zu übersehen. Hier bauten wir dann unseren luftigen Sitz und mußten nur jedes Jahr die weggeblasenen Äste erneuern, die wir zum Verblenden des Sitzes benötigten. Eine stattliche Zahl von Rehböcken, vier Füchse und sogar ein Rottier wurden von diesem Hochsitz aus geschossen.

Etwas oberhalb, auf einem kleinen Rücken, nahe einer tiefbeasteten Fichte, hatten wir eine sehr erfolgreiche Prügelfalle errichtet, die wir erst Ende Dezember abspannten, wenn eine Nachkontrolle auf Grund der Schneelage und der gesteigerten Lawinengefahr nicht mehr möglich war.

Einmal erlegte mein Freund Xandl eine uralte, sehr gute Gamsgais von eben diesem Hochsitz, als sie, nach einem Wettersturz, von der unfreundlichen Schattseite hinüber in die sonnigen Lana-Wände wechseln wollte. Auf den Schuß hin wurden die ganzen Grünerlen hinter dem Hochsitz lebendig, und ein ganzes Rudel Scharwild flüchtete durcheinander. Xandl hatte die Leitgais eines Rudels erlegt, die er für ein nicht mehr gesundes Einzelstück gehalten hatte, zumal wir damals bereits schwer unter Gamsräude zu leiden hatten. Gerade in den Karnischen Alpen, die gegen die Adria zu das erste höhere Gebirgsmassiv darstellen und so zu hohen Niederschlägen sowohl im Sommer als auch im Winter beitragen, ist die Gamsräude besonders gefährlich.

Die Böcke, die sich bei dem in Österreich bei Gams meist sehr ungünstigen Geschlechtsverhältnis in der Brunft völlig verausgaben, sehen sich in unserem Gebiet einem jährlich wiederkehrenden, unglaublich schneereichen Winter gegenüber, den sie in vielen Fällen nicht mehr durchstehen. Bei dem steigenden Jagddruck auf Gamsböcke, einem ausgesprochenen Prestigewild, vor allem bei den zahlungskräftigen deutschen Jagdbrüdern, sinkt der Anteil der jagdbaren Böcke im Alter von zehn Jahren und mehr von Trophäenschau zu Trophäenschau. Immer jüngere Gamsböcke übernehmen die Rolle von Platzböcken bei den ständig wachsenden Scharwildrudeln, bis ein neuer Räudezug diesem Gamsbestand den Rest gibt.

Völlig unzureichend ist in den meisten Gamsrevieren der Abschuß schwacher Gamskitze. Die Ausnahmen, die meine Behauptungen als übertrieben erscheinen lassen, sind eben jene Ausnahmen, die die Regel bestätigen!

Beim Blatten von besagtem Hochsitz mußte man höllisch achtgeben, denn die Böcke konnten auf beiden Seiten des Wolayer-Baches springen. Unangenehm war es, wenn sie auf der Hochsitzseite heranschlichen. Da standen die Schlaumeier plötzlich lautlos an der Leiter, denn dichtes Grünerlengesträuch und aufschießende Junglärchen, die von rückwärts bis an den Hochsitz reichten, bildeten ihren Einstand. Schlimm, wenn vis-a-vis, beim Lana-Kreuz, ein jagdbarer Bock am Waldrand erschien, man gerade das Gewehr in Anschlag bringen wollte und plötzlich ein anhaltendes, tiefes Schrecken am Fuß der Hochsitzleiter erklang. Während man nach dem Störenfried blickte, verschwand drüben der lang Erwartete. Aber es kann auch anders kommen.

Es war Ende August 1968. Die Rehbrunft war auch im Hochgebirge dem Ende nahe. Dennoch nahm ich mein Weichselholzpfeiferl aus der Tasche, als die Sonne am Lana-Kreuz anschlug. Ich wußte hier einen scheinbar alten Bock, den ich aber nie zu Gesicht bekommen konnte. Weder vor noch in der Brunft war er mir vors Glas gekommen, obwohl er mir seine Anwesenheit jedesmal deutlich zu erkennen gab. Er mußte die Bedeutung des Hochsitzes kennen und überzeugte sich scheinbar jedesmal, bevor er den Bestandesrand am Lana-Kreuz verlassen wollte, ob der Hochsitz besetzt war oder nicht. Unser Sitz war aus vielerlei Ursache meist nicht ordentlich verblendet. Oft benutzten ihn Bergwanderer, um die herrliche Umgebung zu fotografieren, und entfernten die störenden Äste. Auch starke Stürme der großen Klimascheide zerfransten die Hochsitzblende. Wir zogen es vor, uns so ruhig wie möglich zu verhalten, anstatt den Sichtschutz ständig nachzubessern.

Oft vernahm ich des Bockes tiefes Schrecken vom Bestandesrand des Lana-Waldes, aber zu Gesicht bekam ich ihn nicht. Diesmal war ich noch bei Dunkelheit die Leiter hinaufgeklettert. Der kalte Bergwind hatte mich daran erinnert, daß ich schon einige Zeit heroben saß. Jetzt wollte ich es probieren und begann zärtlich zu musizieren. Beim zweiten Versuch antwortete der Bock von der Gegenseite programmgemäß mit einem mürrischen Schrecken. Es klang nach: »Jetzt probiert er's schon wieder!« Gerade wollte ich deprimiert nach einer Zigarette greifen, da kam, wie ein Blitz, ein semmelgelber Rehbock seitlich des Hochsitzes aus den Grünerlen gefegt, überquerte den Bach und verschwand bald darauf in den Randbuchen, von wo das Schrecken des mißtrauischen Unsichtbaren erklungen war. Nun fegte eine wilde Jagd durch die Buchen. Ich hatte gerade soviel Zeit, den ›Gelben‹ als älteren Bock mit hohen, enggestellten Stangen anzusprechen. Er schien mir durchaus schußbar. Eigentlich sollte er nach seiner Eskapade wieder zurückkehren, und da wollte ich mein Glück versuchen. Oder aber, und das wagte ich kaum zu hoffen, brachte er mir vielleicht den nie gesehenen ›Schrecker‹ vor das Gewehr.

Plötzlich erschien der ›Gelbe‹ auf der Lana-Wiese und verhoffte gegen den Wald. Jetzt hatte ich aber auch den anderen Bock erblickt. Er stand, vollkommen frei, am Lana-Hügel, also beim ›Kreuzlen‹, und äugte auf den Nebenbuhler herunter. Im Zielfernrohr erkannte ich ein gedrungenes, dunkles Gehörn zwischen den Lauschern und ein eisgraues Haupt. Dann war ich im Blatt und drückte ab. Der Bock lag im Schuß. Während ich repetierte, sah ich den ›Gelben‹, immer noch am selben Fleck, zu mir herüberäugen. Er konnte, scheint's, den Schuß nicht orten und zog nun langsam gegen den Bach. Ich ging mit und konnte ihn noch vor den Erlen abfangen. Nun hatte ich zwei Böcke liegen und wie es schien, keine schlechten. Ja, auch das konnte beim Lana-Kreuz geschehen, wenn Hubertus einem einen guten Tag bereitete.

Nun kam die Zigarette dran! Ich blickte abwechselnd von einem Bock zum anderen. Sie lagen keine 80 Schritt voneinander entfernt. Das schwierigste würde sein, sie über den Bach zum Weg zu bringen. Von dort konnte ich sie mit meinem Wagen holen. Ich baumte ab und kletterte über die schlüpfrigen Steine des Wolayer Baches. Zuerst ging ich zum ›Kreuz‹, um mir den ›Schrecker‹ genau zu besehen. Er war sehr alt. Das Gehörn hatte stark zurückgesetzt. Er hatte aber dafür Rosen wie ein schwacher Hirsch, ganz ineinandergeschoben. Der Hochblattschuß hatte ihn im Feuer zusammengeworfen. Ich machte mich ans Aufbrechen. Der Bock war stark im Wildbret und trotz der abgelaufenen Brunft nicht wesentlich abgekommen. Er wog nach einer Woche ohne Haupt noch 23 kg!

Als der Bock versorgt war, riß ich ein größeres Moospolster vom Boden, um den Knicker und meine Hände zu reinigen. Da sah ich an der freigewordenen Stelle die Kante eines Balkens. Ich entfernte mehr Moos und mit Laub vermischte Erde und legte ein weiteres Stück des Balkens frei. Das eine Ende war roh mit einer Axt bearbeitet worden. Nach ungefähr einem Meter war der Balken gebrochen. Das fehlende Stück war nicht mehr vorhanden. Vorsichtig drehte ich das teilweise vermorschte Holz um und blickte ... in ein Christusgesicht. Ich betrachtete aufgeregt die einfach geschnitzte Figur. Beide Arme fehlten, aber der wohl 35 cm lange Torso war erhalten und in besserem Zustand als der Kreuzbalken, der ihn lange Jahre getragen hatte.

Ich hatte also den Lana-Christus gefunden! Die Figur war eine rührende bäuerliche Schnitzarbeit, aber gerade deshalb besonders ergreifend. Andächtig saß ich bei meinem Bock und begann die Holzfigur vorsichtig zu reinigen. Dann zog ich den ›Schrecker‹ zu seinem Widersacher an das Bachufer. Der gelbe war ein mittelalter Bock, mit hohen, enggestellten Spießen. Striemen am Träger und haarfreie Stellen am Ziemer wiesen ihn als unerschrockenen Kämpfer aus. Im ›Schrecker‹ hatte er aber seinen Meister gefunden.

Fünf Jahre habe ich den Lana-Christus, auf einem luftigen Dachbalken im oberen Wolayer Jagdhaus versteckt, aufbewahrt. Dort, im geräumigen Dachboden trocknete der aus feinringigem Bergfichtenholz geschnitzte Bauernchristus langsam aus. Die hellgraue Färbung, die die vielen Jahre in das Holz hineingebleicht hatten, kehrte wieder. Die Haare waren seinerzeit schwarz gefärbt. Ein Hauch dieser Farbe blieb erhalten und unterstreicht die mit wenigen Schnitten von dem einstigen Schnitzer erzeugte tiefe Traurigkeit des Gesichtes.

In der Balta

Auf der Höhe von Silistra, der Grenzstadt zu Bulgarien, verläßt die Donau, Europas mächtigster Strom, die Südgrenze Rumäniens, um sich nach Norden zu wenden. Ihre Wassermassen, die bislang mehr oder weniger in einem geschlossenen Flußbett dahinströmten, teilen sich nun in einen westlichen und einen östlichen Arm. Beide umfließen ein mächtiges Augebiet, das durch unzählige Querarme, Inundationsseen, Weidenwälder und verschilfte Sumpfgebiete beherrscht wird. Bei der Mündung des Flusses Jalomita, auf der Höhe von Giurgeni, vereinigen sich beide Donauarme noch einmal und teilen so dieses größte Augebiet an der Donau in zwei Teile: Die Balta Jalomitei, die von der mächtigen Eisenbahnbrücke bei Cernavoda überspannt wird, und in die Balta Brailei, die nach der rumänischen Hafenstadt Braila benannt ist. Zwischen der größeren Hafenstadt Galatz und dem bereits russischen Donauhafen Reni wendet die Donau fast genau nach Osten, nachdem sie die aus Norden kommenden Wassermassen des Pruth (Prutul) aufgenommen hat. Bei Tulcea beginnt sodann die auch bei uns viel bekanntere Deltalandschaft, die von den drei Mündungsarmen der Donau durchflossen wird.

Erstmals lernte ich die Balta im Frühsommer 1944 kennen, als unsere Einheit im Raume Kischinew lag und ich Ersatzteile aus Galatz und Reni besorgen mußte. Auf der Bahnfahrt über Bolgarica (Bolgrad) nach Reni konnte man die damals noch zu Rumänien gehörenden mächtigen Inundationsseen Lacul Jalpug und Lacul Kahul sehen. Dann überbrückte die Bahn das mächtige Mündungsdelta des Pruth, führte am Südufer des flachen Lacul Brates vorbei, und bald darauf war man in Galatz. Damals konnte ich nicht wissen, daß mich das Schicksal mehr als zehn Jahre später wieder in dieses Gebiet verschlagen sollte.

Jahre nach dem Krieg sollte ich die Balta wiedersehen! Ich war zu jener Zeit für die Holzversorgung eines großen Industriebetriebes verantwortlich, der zur Herstellung seiner Produkte auch Weiden- und Pappelholz verwenden konnte. Die rumänische Regierung hatte beschlossen, große Teile der Balta trockenzulegen und durch einen gewaltigen Damm vor Hochwasser zu schützen. Auf diese Weise wollte die rumänische Regierung neue landwirtschaftliche Anbaugebiete für Mais und Sonnenblumen gewinnen. Voraussetzung zu diesem ehrgeizigen Projekt war, die Weiden- und Pappelbestände zu schlägern und das Holz möglichst günstig zu verwerten. Nur wenige Holzindustrien konnten das in großen Mengen anfallende Laubholz verarbeiten. Dazu gehörte jener Konzern, in dessen

Auftrag ich für die beiden holzverarbeitenden Betriebe diese Hölzer aus der Balta zu übernehmen hatte.

Die größte Menge des aus diesen Schlägerungen stammenden Nutzholzes wurde im Hafenbereich von Braila gestapelt, da von dort aus sowohl Schiffs- als auch Bahnabtransport möglich war. Neben dem Ankauf der jährlichen Holzmengen hatte ich die Aufgabe, die qualitative Übernahme der Hölzer zu überwachen. Vor allem jene Holzpartien, die auf dem Schiffswege an unser in Bayern gelegenes Unternehmen geliefert wurden, mußten gesondert gekennzeichnet werden. So war ich oft in Braila, lernte die zuständigen Forst- und Hafenbeamten kennen und erhielt bald Gelegenheit, in der Balta auf Wasserwild zu jagen. Eine solche Jagd in der urwüchsigen Stromlandschaft möchte ich im folgenden beschreiben.

Während der Frühjahrshochwässer war die Balta zum größten Teil überflutet. Nur die erhöhten Stellen, die man dort Grind nennt, erheben sich über die Wasserfläche. Dort befinden sich auch die wenigen Siedlungen der Fischer und Hirten. Die Wipfel der Pappeln und Weiden waren zu dieser Zeit belaubt und ragten, einer Buschlandschaft gleichend, aus den Fluten. Die hohen Schilfmassen konnten gerade noch ihre grünen Spitzen aus dem Wasser strecken, so daß der Eindruck entstand, als rudere man durch eine riesige Fläche eben aufgegangener Getreidesaat. Diese Hochwässer füllten die großen, flachen Inundationsseen und Wasserläufe und sorgten für den enormen Wasserbedarf der unendlichen Sumpf- und Schilfflächen.

Bis in den Sommer hinein verläuft sich das Wasser und hinterläßt kristallklare Seen, die man in vielen Fällen mit Fischerstiefeln durchwandern kann. Ein Eldorado für alle Arten von Wasser- und Watvögeln, Reihern, Kormoranen; ja, manchmal kamen sogar Pelikane aus dem Delta, wo sie als Brutvögel gar nicht selten waren. Anfang der sechziger Jahre befand ich mich mit einem Jagdfreund und Mitarbeiter nach mehrtägigem Aufenthalt in Bukarest auf dem Weg nach Braila. Es war Mitte August, und der Sommer hatte seinen Höhepunkt bereits überschritten. Wir folgten der Magistrale über Ploesti. Unendliche Ebenen, Felder der Kommunen, strohgedeckte Häuschen und in schlammigen Pfützen suhlende, lackschwarze Wasserbüffel zogen an uns vorbei.

Todmüde kamen wir abends in Braila an. Der Hafendirektor hatte uns die Nobelsuite im damals einzigen bewohnbaren Hotel reserviert. Das Personal hatte mit Hekatomben von DDT das Appartement wanzenfrei gemacht. Kaum benützte man aber die Toilette, als sich nach einigen Minuten die ausgehungerten Blutsauger auf einen herabfallen ließen. Eine Jagd in der Balta Brailei war damals nicht einmal für illustre Gäste leicht zu

Mit dem Monitor in der rumänischen Balta Brailea

und eine der dortigen Fischerhütten

Aufbruch zur Gamsjagd im Prenj

Mostar – von der Neretwa-Brücke aus

organisieren. Meine lange Bekanntschaft mit dem Hafendirektor und dem befreundeten Präsidenten der Jagdgesellschaft Braila, der den Namen Porumb (was soviel heißt wie: Kukuruz) führte, erleichterte unser Vorhaben. So wurden wir eines Morgens um 6 Uhr früh, ohne vorherige Verständigung, aus unseren Betten geworfen, mußten uns rasch anziehen und fuhren mit einem russischen (amerikanischen) Jeep zum Hafen. Dort stand ein Monitor der rumänischen Donaupolizei unter Dampf.

An Bord begrüßten uns der Kapitän des Schiffes, der Jagdleiter, der Hafendirektor. Fünf martialische Gestalten, Mitglieder der Jagdgesellschaft Braila, hatten uns hüfthohe Gummistiefel und für jeden eine fabrikneue Brünner Bockflinte sowie die dazugehörigen Patronengürtel mitgebracht. Kaum waren wir an Bord, legten die beiden Matrosen ab, und wir fuhren stromaufwärts. Dann bogen wir in einen breiten Seitenarm der Donau ein. Diesem folgte unser Boot eine Stunde, um dann wiederum in einen schmäleren, bereits an den Ufern stark verschilften Flußarm abzubiegen. Mit gedrosselter Maschine folgten wir den Windungen des Altwassers, bis wir an einem aus dem Schilf herausragenden Steg landeten.

Am hohen Ufer des Grinds lag, malerisch von uralten Weiden überschattet, eine schneeweiß getünchte, strohgedeckte saubere Fischerhütte. Im Vorgarten war eine längliche Tafel gedeckt, auf der uns ein frugales Frühstück, bestehend aus Weißbrot, Schinken, Speck und Tsuica, erwartete. Zwei bildschöne Rumäninnen in Landestracht erwarteten uns. Nach dem Frühstück teilte sich unsere Jagdgesellschaft. Der Hafendirektor, der Jagdleiter, der Kapitän des Monitors und die beiden Matrosen wollten in der Fischerhütte das Ende der Jagd abwarten. Man sah es ihren Gesichtern an, daß sie sich auf dieses gemütliche Trinkgelage schon länger gefreut hatten. Mein Freund und ich folgten den fünf Jägern, die einen schmalen Steig durch den Weidenurwald einschlugen. Sie marschierten in so flottem Tempo, daß wir Mühe hatten, ihnen zu folgen.

Bald erkannten wir den Grund zu dieser Eile. Kaum waren wir im Wald, als Myriaden von Gelsen sich auf uns stürzten. Nach einer halben Stunde Wegs glitzerte durch die Bäume eine große Wasserfläche. Als wir die letzten Weiden hinter uns gelassen hatten, lag vor uns der große Pitigaia-See. Ohne Aufenthalt stiegen unsere Jagdführer in das Schilf, durchquerten den Gürtel der Seerosen, von deren Blättern dicke Frösche ins Wasser platschten und scheue Teichhühner eilends im Schilf verschwanden. Wir teilten uns in zwei Gruppen und strebten auf zwei schwimmende, größere Schilfinseln zu, die in etwa 400 m Entfernung vor uns im See schwammen. Ohne Scheu stiefelten unsere Führer durch das Wasser, das uns nie höher als bis zum halben Oberschenkel reichte. Vor uns war das Wasser kristallklar, doch hinter jedem von uns bildete sich eine trübe Schlammspur, weil wir die wenige Zentimeter hohe Schlammschicht, die auf einem betonharten Untergrund lag, mit unseren Stiefeln aufrührten. Sobald wir die freie Wasserfläche erreicht hatten, waren die Gelsen verschwunden.

Hinter den beiden großen, schwimmenden Schilfinseln hörte man das Schnattern von unzähligen Enten. Die Jagdlust unserer Begleiter wurde größer und ließ sie unsere Anwesenheit völlig vergessen. Sie strebten mit unglaublicher Geschwindigkeit auf die deckenden Schilfinseln zu. Wir fürchteten aber immer noch, in ein unsichtbares Bodenloch zu treten, und setzten vorsichtig Fuß vor Fuß. Das brachte uns natürlich ins Hintertreffen. Wir hatten die beiden Schilfinseln noch nicht erreicht, da ertönte bereits ein Lagerfeuer der ortsansässigen Jäger, die die Inseln schon lange umrundet hatten. Wir blieben nach Luft ringend stehen. Da kamen schon die ersten, von unseren Jägern aufgescheuchten Enten pfeilschnell über die Schilfspitzen. Unser Treffergebnis war dementsprechend schlecht. Dennoch lagen vier eben ausgefederte Stockenten im Wasser.

Die nächsten Enten kamen so hoch, daß wir nicht noch mal versuchten zu schießen und unsere Beute zusammensammelten und eilig die Schilfinsel umrundeten, um den Anschluß an unsere Jäger zu suchen. Diese waren aber bereits in der Nähe der nächsten schwimmenden Schilfinsel und schienen zu beraten, in welche Richtung die Reise gehen sollte. Das gab uns die Möglichkeit, aufzuschließen. Auch hatten wir nun mehr Vertrauen gefaßt und gingen sicherer vorwärts. Da sah ich am Galgen des einen Rumänen einen etwa 2 kg schweren Hecht baumeln. Ein seltener Anblick, wie der braungrüne Esox zwischen den beiden Stockerpeln mit dem Schwanz gegen die Kniekehlen des Rumänen klatschte.

Noch zweimal sah ich, wie einer unserer Begleiter plötzlich seine Flinte gegen die Wasseroberfläche richtete und rasch beide Läufe abschoß. Das eine Mal kam auch tatsächlich der gelbliche Bauch des starken Räubers an die Wasseroberfläche und wurde seelenruhig durch Maul und Kiemen an den Galgen gehängt. Diese großen Flachseen sind der Laichplatz vieler Donaufische, deren Jugendstadien sich in diesen warmen und nährstoffreichen, mit ihren Wasserpflanzenwäldern Schutz bietenden Unterständen ungestört entwickeln können. Beim nächsten Hochwasser verlassen sie ihr Jugendparadies, um in den unendlichen Wassermassen der Donau ihr weiteres Leben zu verbringen.

Es wurde sehr heiß. Unsere Beine waren schweißgebadet und so naß, als wären die Stiefel nicht wasserdicht. Das Waten im Wasser und das mühsame Durchqueren ganzer Inseln von Wasserpflanzen war anstrengender, als wir erwartet hatten. Auch wurde das Vorkommen an Wasserwild geringer. Da wir kein Boot dabei hatten, konnten wir auch keinen größeren Ortswechsel vornehmen, und so entschlossen wir uns, den mühsamen Heimweg anzutreten. Da schaukelten sieben mächtige Vögel heran, die ich noch nie gesehen hatte. Sie erinnerten mich an die plumpen russischen Iljuschin, die uns manchmal im Tiefflug angegriffen hatten. Es waren Jungpelikane aus dem Delta. Neben dem Donaudelta ist die Balta ein Vogelparadies ohnegleichen. Natürlich ist die interessanteste Zeit für den Ornithologen der Vogelzug im Frühjahr und Herbst. Aber auch in den Sommermonaten ist der Artenreichtum enorm, nur ist die Möglichkeit der Beobachtung durch die unwahrscheinlich üppige Vegetation stark behindert.

Die Pelikane blieben unbeschossen, obwohl sie gar nicht sehr hoch und ziemlich nah an uns vorbeisegelten. Die Balta-Jäger sagten uns aber, daß der Gestank, den diese Fischräuber ausströmen, so ungeheuerlich sei, daß man besser die Finger von einer Erlegung ließe.

Gegen 15 Uhr waren wir wieder im Uferwald und strebten der gastlichen Fischerhütte zu. Unterwegs kam uns eine große Schweineherde in die Quere. Diese in den verschiedensten Farbtönen und Flecken gemusterten Tiere sind den ganzen Sommer über in der Balta und werden von wolfsgroßen Hirtenhunden bewacht. Neben der artenreichen Vogelwelt soll die Balta auch einen Restbestand von Wölfen beherbergen; diese ›Schilfwölfe‹ sind kleiner als ihre Karpaten-Vettern. Dann gibt es noch Schwarzwild, das sich manchmal mit den halbzahmen Verwandten ›verlustiert‹.

Müde, aber glücklich über das Erlebte erreichten wir die Hütte und den Landungssteg. Von weitem schon konnten wir den herrlichen Geruch eines Holzfeuers schnuppern. Der Tisch war gedeckt, die Stimmung der Zurückgebliebenen deutete auf reichlichen Genuß der guten Tsuika hin. Die beiden hübschen Mädchen hatten eine wunderbar schmeckende heiße Hühnersuppe, die ›ciorba de pui‹, zubereitet. Um das herrlich duftende Holzfeuer waren Stäbe, auf denen die sauber zerlegten Hälften junger Karpfen aufgezogen waren, schräg in den Boden gesteckt, und sie rösteten im eigenen Fett. Dazu wurde die unvermeidliche ›Mamaliga‹, ein im heißen Wasser angerührter Maissterz, serviert. Am Ufer des Donauarmes ging immer ein kühler Wind, und so wurde unser Essen von keinen Gelsen gestört.

Vor der Abfahrt des Monitors verteilten wir unsere Beute an die Veranstalter der Jagd, die rumänischen Mädchen bekamen Strumpfhosen von Palmers und die Jägerführer ein solides Trinkgeld. Im goldenen Licht der untergehenden Sonne erreichten wir den Hafen von Braila. Unsere Kräfte wurden an diesem Abend aber noch einer gewaltigen Zerreißprobe ausgesetzt. Während wir uns wuschen und umkleideten, hatten unsere Betreuer im recht ordentlichen Restaurant des Hotels eine gemütliche Ecke reserviert und eine Zigeunerkapelle bestellt. Es wurde eine lange Nacht bei herrlichen transsylvanischen Weinen, einem wunderbar zubereiteten Wallerschnitzel, zu welchem die Küche den unvergleichlichen ›Salata di vineti‹ servierte. Die Kapelle schluchzte dazu echte Zigeunerweisen. Es muß 3 Uhr morgens gewesen sein, als das letzte Mal das Bravourstück ›Die Lärche‹ erklang, das sich kein Zigeunerprimas entgehen läßt. Endlich sanken wir erschöpft in unsere Betten. Die dabei erzeugten DDT-Wolke senkte sich gnädig auf uns herab, aber das merkten wir nicht mehr.

Bären einmal anders

Wessen Jägerherz schlägt nicht höher, wenn er die Namen Karpaten, Fogaraschgebirge oder Siebenbürgen hört? Vielfach nur dem Namen nach bekannt ist das Donaudelta oder gar die Balta. Wenige kennen Bessarabien (heute: Moldauische SSFR) oder die Dobrutscha. Wer denkt da nicht an die packenden Jagdbücher eines Oberst v. Spieß, Dr. Philipowitsch, Forstrat Vladimir Böhm, Graf Palffý, Iklody, Szechenyi u. v. a. Wer im Zweiten Weltkrieg durch Siebenbürgen gekommen ist, wird sich an die sauberen, natürlichen, in ihren wunderschönen Trachten auf den Bahnhöfen Landesprodukte an die Soldaten verteilenden Siebenbürgerinnen erinnern.

Seit der ›Conducator‹ Ceausescu alles, was mehr als 100 Punkte auf dem Haupte trägt, selbst erlegt, ist die Jagdausübung für Nichtrumänen ganz gesperrt. Hat man bei der Weltjagdausstellung in Plovdiv (Bulgarien, 1981) den rumänischen Pavillon besucht, konnte man an Hand des Kataloges feststellen, daß die dort gezeigten Trophäen – und deren waren nicht wenige – zu einem Großteil vom ›Conducator‹ selber erbeutet wurden. Ich sprach den Betreuer des Pavillons auf diese Tatsache hin an und fragte ihn so nebenbei, wann Ceausescu eigentlich die Staatsgeschäfte erledige. Der so Befragte wurde blaß, verneigte sich mit gequältem Blick und wandte sich dem nächsten Besucher zu.

Viel zu wenig weiß der durchschnittlich gebildete Mitteleuropäer über die Geschichte dieses Raumes und über das seltsame Kernland dieser Pforte zu Mitteleuropa, dieses Siebenbürgen! Wer in Budapest am Milleniumsplatz vor dem Denkmal der ungarischen Fürsten steht und die mächtigen wilden Reiterfiguren auf ihren feurigen Pferden sieht, Pferden, die mit Abwurfstangen uriger Hirsche verziertem Zaumzeug aufgeputzt sind, wird den alten Berichten Glauben schenken, wonach die Wojewoden Siebenbürgens in Prunkwagen, die von Wisenten gezogen wurden, deren Hörner massiv vergoldet waren, zu ihren Landtagen fuhren.

Siebenbürgen und große Teile des heutigen Rumänien waren lange vor unserer Zeitrechnung von Dakern und Geten bewohnt. 107 Jahre nach Christi Geburt kam es unter römische Herrschaft (Dacien) und wurde rasch romanisiert. Nach dem Untergang Roms wurde es Zentrum des Gepidenreiches, das im Jahre 560 von den Langobarden zerstört wurde; später Teil des Awarenreiches, in dessen Folge dann seit dem Jahre 600 n. Chr. Slawen in das Land kamen. Nach der Vernichtung der Awaren durch Karl den Großen (800 n. Chr.) herrschten bis etwa 1400 ziemlich unklare Verhältnisse; teilweise bulgarische Herrschaft. Interessant ist der dominierende Einfluß des Romanischen in der Sprache, trotz der vielen verschiedenen Völkerschaften, die dieses Land später bewohnten. Um 1400 entstanden zwei Fürstentümer: Moldau und Walachei, zwar unter türkischer Oberhoheit, jedoch weitgehend selbständig, unter Festhalten an ihrem völkischen Eigenleben.

Siebenbürgen kam Ende des neunten Jahrhunderts zu Ungarn und wurde von Wojewoden des ungarischen Königs verwaltet. Seit 1690 herrschten die Habsburger als Könige von Ungarn. Im zehnten Jahrhundert holten die Wojewoden Madjaren (Szekler) für die Landesverteidigung nach Siebenbürgen. Im zwölften und dreizehnten Jahrhundert folgten Deutsche (die sogenannten Siebenbürger Sachsen). Die meisten deutschen Siedler kamen von Rhein, Maas, Mosel und aus Mitteldeutschland. Später kam es zu starken Madjarisierungsbemühungen durch Ungarn. Nach dem Ersten Weltkrieg kam Siebenbürgen zu Rumänien. 1940 (durch den zweiten Wiener Schiedsspruch) kam der nördliche Teil Siebenbürgens wieder zu Ungarn, 1947 fiel er zurück an Rumänien. Die Siebenbürger Deutschen waren die Hauptleidtragenden des Zweiten Weltkrieges. Im Jahre 1944 wurden die Nordsiebenbürger nach Deutschland und Österreich evakuiert, während die arbeitsfähigen Deutschen Südsiebenbürgens 1945 von den Russen nach Sibirien deportiert wurden. Die ursprüngliche Zahl der deutschsprachigen Siebenbürger betrug im Jahre 1939 noch 250000 und sank nach 1944 auf heute weit unter 150000.

Aber nicht von der Geschichte allein soll hier die Rede sein, sondern von meinem letzten Besuch in diesem so geschichtsträchtigen Teil an der Grenze Südosteuropas. Es war Ende Oktober–Anfang November 1973, als ich mit zwei Freunden im Fogaraschgebirge auf Gams jagen wollte. Unglücklicherweise mußte diese Jagdfahrt über ein Wiener Jagdreisebüro gebucht werden, das die Alleinvertretung für Jagdfahrten nach Rumänien besaß. Um es kurz zu machen: Das Vorhaben, im Fogaraschgebirge Gams zu jagen, wurde eine Riesenpleite. Das Wiener Büro hatte unsere Buchung überhaupt nicht weitergegeben, zumindest behauptete das die zentrale Fremdenverkehrsorganisation Karpati in Bukarest, die wir vereinbarungsgemäß aufgesucht hatten.

Man dirigierte uns nach Kronstadt (Brasov) und versprach uns, die dortige Jagdverwaltung anzuweisen, uns einen Gamsabschuß zu ermöglichen. Als wir dort ankamen, waren die Hotelzimmer zwar bestellt, aber der örtliche Jagdleiter, ein Herr K., teilte uns betrübt mit, daß ein Minister aus Bukarest im Revier sei und den letzten noch freien Gams erlegen wollte. Er erwarte jedoch für den nächsten Tag eine deutsche Jagdgesellschaft, die seit Jahren immer nach Kronstadt komme, um einige Treiben auf Sauen und Bären zu machen. Dabei könne er uns mitjagen lassen.

Da wir nun schon einmal diese lange Anfahrt hinter uns hatten, erklärten wir uns einverstanden, sahen uns am kommenden Tag die Stadt an und erwarteten unsere neuen Mitjäger. Schon am frühen Nachmittag waren einige hübsche, etwas anrüchig aussehende Mädchen in der großen Hotelhalle aufgetaucht, die, sichtlich aufgeräumt, jemanden erwarteten. Tatsächlich kam um etwa 16 Uhr ein VW-Bus, dem fünf Jäger, bestens ausgerüstet, entstiegen. Sie waren unverkennbar aus der Bundesrepublik und wurden von den wartenden Mädchen stürmisch begrüßt. Sie schienen sich schon einige Zeit zu kennen. Der Jagdleiter tauchte ebenfalls auf und stellte uns als die zeitweiligen Mitjäger vor. Wir schienen einen guten Eindruck auf die deutsche Jagdgruppe zu machen.

Abends trafen wir uns in der Bar und stellten fest, daß es sich bei unseren Kameraden um eine ›Happy-Go-Lucky‹-Gesellschaft handelte, wie die Amerikaner es nennen würden. Die Jäger kamen aus Niedersachsen. Zwei von ihnen waren Ärzte. Diese beiden hatten je einen Bären gebucht, wenn diese im Treiben vorkommen sollten. Bisher hatten sie aber noch kein Waidmannsheil auf dieses urige Wild. Ein Jagdfreund war ein Büchsenmacher und bei den siebenbürger Jagdbegleitern besonders beliebt. Er brachte Ersatzteile für deren Waffen, erledigte kleinere Reparaturen und schien auch an höheren Stellen bekannt zu sein. Die beiden letzten waren Kaufleute. Sie erklärten uns gerade heraus, die jährliche Jagd hier sei ihr ›Urlaub von der gewohnten Ordnung‹, und die Jagd sei nur das verbindende Erlebnis. Daher werde nur an jedem zweiten Tag gejagt.

Am nächsten Morgen fuhren wir bei herrlichem Spätherbstwetter dem Gebirge zu. Es mußte in den letzten Tagen massiv geschneit haben, denn das Fogaraschgebirge war schneebedeckt. Auch konnten wir an den schattseitigen Hängen der Vorberge noch einzelne Schneefelder erkennen. In der ersten Ortschaft, die wir erreichten, nahmen wir den Jagdleiter und einige Treiber auf. Wir bekamen einen Veterinär zugeteilt, der ein in der Nähe gelegenes Gestüt samt einer Hengststation leitete. Er war Mitte dreißig, ein ambitionierter Jäger, der einigermaßen gut Deutsch sprach. Der Jagdleiter verteilte an alle Jausenpakete. Dann bewegte sich der Konvoi in Richtung Vorberge einem Waldgebiet zu, das an den Wienerwald erinnert.

Wir hatten an diesem ersten Tag keinen Anblick! Es zeigte sich weder Sau noch Bär, weder Fuchs noch Wildkatze und was man uns sonst noch versprochen hatte. Im ganzen bejagten Gebiet war nicht ein Stück zu fährten. Nirgends hatten Sauen gebrochen. Wir bekamen auch die Treiber erst beim mittäglichen Feuer zu Gesicht. Abwechselnd wurden auf frisch geschnittene Haselnußruten Wurstscheiben und Speckwürfel gespießt und am würzig duftenden Holzfeuer gebraten. Auch der Nachmittag verging ohne den geringsten Anblick, so daß wir ziemlich enttäuscht nach Sonnenuntergang vor dem Hotel eintrafen. Ich hatte mich den ganzen Tag angeregt mit dem Veterinär unterhalten, und als er merkte, daß ich ein Pferdenarr war, lud er uns drei am kommenden Tag auf das von ihm geführte Gestüt ein. Es war der jagdfreie Tag, und so nahmen wir die Einladung gerne an.

Um 10 Uhr waren wir tags darauf im Gestüt. Wir hatten ungefähr eine Stunde zu fahren und fanden die großzügige Anlage dank der genauen Beschreibung unseres Freundes ohne Schwierigkeiten. Der Veterinär hatte eine Überraschung für uns bereits. In einigen der Stallungen waren an die 60 Mutterstuten und Hengste der leichten ungarischen Lipizzanerzucht von Babolna untergebracht. Ein richtiges Lipizzanergestüt! Die Ungarn züchten diesen leichten Lipizzanertyp, indem sie mehr Araberblut einkreuzen. Diese Pferde wirken nicht so behäbig wie die österreichischen Lipizzaner, die mich immer an Kaltblüter erinnern. Sie wirken nur dann elegant, wenn sie voll aufgezäumt sind. Die Lipizzaner aus Babolna entsprechen auch mehr dem Temperament der östlichen Völker.

In der Deckstation standen prachtvolle Hengste der landesüblichen Rassen: Gidran, Furioso und Nonius, im geräumigen Auslauf ausgesuchte Zuchtstuten der jeweiligen Rassen mit ihren Fohlen. Die Anlage machte einen gut geführten Eindruck, was wir auch dem Tierarzt sagten. Stolz leuchtete aus seinen Augen. Wir blieben zu Mittag und bekamen von der aparten Frau des Hausherrn eine gut gewürzte Hühnersuppe. Danach gab es die unvermeidliche Mamaliga, zartes Lammfleisch mit ›Salata di vineti‹, welch letzter uns an diesem warmen Tag besonders schmeckte.

Der zweite Jagdtag verlief ebenso erfolglos wie der erste. Mein Freund Walter erlegte einen starken Fuchs, was aber mehr einem Verzweiflungsakt gleichkam, nachdem wir den ganzen Tag keinen Anblick hatten. Unsere bundesdeutschen Freunde berührte das Jagdpech wenig. Sie hatten ja ihre ›Zusatzfreuden‹ und wollten noch zehn Tage bleiben. Wir aber hatten nurmehr zwei Tage vor uns, wovon der zweite unser letzter Jagdtag war. Die völlige Wildlosigkeit der bisherigen Treiben, das Ausbleiben der Sauen – an das Vorhandensein von Bären glaubten wir sowieso nicht – ja, daß nicht einmal Rehwild in Anblick kam, paßte so gar nicht zu diesem bekannten Jagdland.

Unser Jagdleiter wollte uns aufmuntern und versprach, am nächsten Jagdtag höher in die Berge zu fahren, wo wir sicher einen guten Anlauf haben würden. Als wir auch Zweifel wegen der Bären äußerten, wurde K. ernst und machte uns den Vorschlag, am morgigen Tag nach Rosenau zu fahren, wo ein junger Förster liege, den im Frühjahr ein von einem italienischen Gastjäger angeschweißter Bär zum Krüppel gemacht hatte. K. holte uns am Vormittag ab, und wir fuhren nach dem ehemals rein deutschen Bauerndorf. Der junge Förster lag immer noch im Bett und konnte kaum sprechen. Er hatte fürchterliche Wunden. Sein Unterkiefer war so zermalmt, daß er nur breiige Nahrung zu sich nehmen konnte. Der linke Oberschenkel war zerbissen, ebenso die linke Schulter. Der rückwärtige Teil seiner Kopfhaut war durch einen Prankenhieb aufgerissen worden, konnte aber wieder angenäht werden. Die Unterkieferverletzung hinderte ihn am Sprechen. Daher erzählte uns unser Jagdleiter den Hergang der Tragödie. Sie ist es wert, niedergeschrieben zu werden, denn die meisten Jäger werden heutzutage kaum mehr mit dem Opfer eines Bären konfrontiert werden.

Im vergangenen Winter meldete sich ein italienischer Großindustrieller beim Jagdvermittlungsbüro in Bukarest auf einen Frühjahrsbären. Er hinterlegte eine beträchtliche Anzahlung. Um diese Zeit sind die Bären hungrig und die Decken in bester Verfassung. Auch nehmen sie jedes Luder an. Sobald man die Anwesenheit eines starken Bären am Luder – meist von einem alten Gaul, von denen es hier noch genügend gibt – festgestellt hat, wird der Jagdgast verständigt, am Flugplatz in Bukarest abgeholt und zum Jagdort gebracht. So geschah es auch hier. Schon am selben Nachmittag bezogen Gast und Förster den Hochsitz. Es lag noch Schnee, und das ausgelegte Pferd, bzw. der Rest von diesem, war gut zu sehen. Zwei Kolkraben bemühten sich, Rasenstücke und Astwerk, mit denen der Bär den Kadaver zugedeckt hatte, wegzuzerren, um an das Fleisch zu kommen.

Langsam kam die Dämmerung. Da strichen die beiden Wotansvögel plötzlich ab, und am unteren Rand der Lichtung stand ein mächtiger, dunkelgefärbter Bär. Er war vertraut, schien also schon einige Male am Luder gewesen zu sein. Dennoch näherte er sich ungemein vorsichtig, verschwand wieder hinter den Randfichten, um dann, nach längerem Verweilen, rasch und entschlossen den Pferdekadaver anzunehmen. Der Italiener ging ruhig ins Ziel und setzte dem breit über dem Luder stehenden Bär die Kugel aufs Blatt. Mit einem Riesensatz quittierte der Bär aufbrüllend den Treffer und flüchtete zum anderen Rand der Blöße. Zweimal stürzte er und biß sich wütend in die rechte Schulter. Dann verschwand er hinter der mächtigen, tiefbeasteten Randfichte, bei welcher er beim Anwechseln das erste Mal aufgetaucht war.

Der vom guten Sitz seiner Kugel überzeugte Schütze wollte sofort folgen, was aber der junge Förster verhindern konnte. Inzwischen war es dunkel geworden. Beide Jäger verließen den Hochsitz und kehrten zu ihrem Wagen zurück. Man vereinbarte, die Nachsuche am kommenden Morgen gemeinsam vorzunehmen. Der junge Förster besaß keine Waffe und bat daher seinen Jagdgast, seinen Kugelstutzen mitzunehmen. Der Bärentöter von der Apenninhalbinsel war aber am nächsten Morgen unfähig aufzustehen. Er war völlig betrunken. Der Jagdführer suchte daher einen alten Holzmeister auf, um diesen zu bitten, ihn bei der Nachsuche zu unterstützen. Nach einigem Zögern und nach wiederholter Versicherung des Försters, daß der Bär längst verendet sein müsse, bewaffnete sich der alte Mann mit einer Axt und folgte dem Förster.

Es war schon heller Tag, als die beiden den Anschuß erreichten. Vom Luder weg führte eine starke Schweißfährte zu der rund 40 Schritt entfernten Randfichte. Vorsichtig näherten sich die beiden diesem Baum. Aber der Bär lag nicht, wie erwartet, verendet unter den Ästen der Fichte, sondern die Schweißfährte führte weiter in den immer dichter werdenden Bestand hinein. Der alte Holzknecht blieb nun hinter dem Förster zurück. Dieser Abstand vergrößerte sich, je schwächer die Schweißfährte wurde. Der Alte hatte eben seine Erfahrungen. Der Förster war überzeugt, den Bären hinter den nächsten Büschen verendet zu finden. Da hörte der Holzmeister plötzlich ein böses Brummen und sah, wie der Bär hinter einem Wacholdergestrüpp hervorbrach und den Förster von hinten mit einem Prankenhieb zu Boden streckte.

Das war das letzte, was der Holzarbeiter sah. Er dachte nur an Flucht, was ihm wahrscheinlich das Leben gerettet hat. Der Zufall wollte es, daß er auf seiner Flucht mit einer rumänischen Militäreinheit zusammentraf, die in diesem Waldteil eine Übung abhielt. Per Funk wurde ein Hubschrauber herangeholt, der auf der Waldwiese bei dem Bärenluder landen konnte. Gefolgt von den Soldaten fand er bald die Stelle, wo der Bär seinen Verfolger niedergestreckt hatte. Der Bär lag verendet neben seinem Opfer. Der Förster war arg zugerichtet, aber er lebte noch. Eine Stunde später lag er auf dem Operationstisch in Klausenburg. Nun wird seine junge Frau zur Arbeit gehen und ihren verkrüppelten Mann bis zu seinem Tod erhalten müssen. –

Es kam unser letzter Jagdtag. Wie versprochen, ging es diesmal höher in die Vorberge. Im Wald lag eine mehr oder weniger geschlossene Schneedecke. Wir sahen die ersten Schwarzwildfährten, auch Reh- und Hochwild hinterließ seine Tritte. Sofort war alles bester Laune. Auch die Tatsache, daß wir bis zum mittäglichen Spießessen am würzigen Holzfeuer überhaupt keinen Anblick hatten, schien uns nichts auszumachen. Das Wetter war herrlich. Es war wärmer geworden als an den Vortagen. Die schneebedeckten Gipfel des Fogaraschgebirges bildeten eine wunderbare Kulisse unter einem mediterran-blauen Himmel. Die Treiber berichteten von einer starken Bärenfährte, welche zwar einen Tag alt war, jedoch genau in Richtung auf den letzten Trieb zu führte, den wir am Nachmittag nehmen wollten.

Die Aufregung unter den beiden Ärzten war verständlich. Während der Mittagspause berieten sie mit unserem Jagdleiter, wo sie am besten anzustellen wären, sollte der Bär tatsächlich im Trieb sein. Dieses letzte Treiben galt einem großen Kessel, der ursprünglich mit reinen Buchen bestockt war. Vor einigen Jahren geschlägert und mit Fichten aufgeforstet, war nun eine undurchdringliche Dickung entstanden, die nach Sauen nur so roch.

Wir wurden auf einem Höhenweg, der rund um diesen Kessel führte, angestellt. In unserem Rücken stockten räumdige Altbuchen, in die wir ziemlich weit hineinsehen konnten. Ich bekam diesmal den ersten Stand, hatte also Zeit bis zum Hebschuß. Es war inzwischen 14 Uhr geworden, und die Sonne beleuchtete mit schrägem Licht die mächtigen Buchenstämme. Ich lehnte meinen Mannlicher an eine der Buchen, ging auf einen besonnten Baumstock zu und setzte mich in die warme Nachmittagssonne. Der Schnee in den Mulden des Altholzes in meinem Rücken war verharscht. Ich hatte ›Halben Wind‹, der stetig hangaufwärts strich. Gerade nahm ich ein Stück Schokolade aus der Tasche meiner Windjacke, als schräg unter mir ein starkes Stück durch den verharschten Schnee brach. Ich drehte mich etwas zur Seite und blickte in die Richtung, aus der die Geräusche kamen. Da sah ich, auf kaum 50 Meter, die mächtige Gestalt eines Hauptbären!

Vorsichtig, immer wieder innehaltend, wollte er knapp unterhalb der Stelle, an welcher ich mein Gewehr abgelegt hatte, die Dickung annehmen. Vor dem freien Wegstück verhoffte er, sog mit erhobenem Windfang und leicht wiegender Bewegung des klotzigen Hauptes die Luft ein. Es war dies der zweite Bär, den ich in freier Wildbahn so nah und lange beobachten konnte. Dem ersten begegnete ich im oberen Waagtal, als ich mit der Tochter des dortigen Sägeleiters Himbeerbrocken ging. Wir überraschten den Mittelbären bei derselben Tätigkeit, nur riffelte er mit seinen langen Krallen alles Erreichbare in seinen Fang, während wir unsere Beute in ein Eimerchen sammelten. Er war so beschäftigt, daß er unsere Gegenwart in seinem Rücken gar nicht wahrnahm. Erst als Dunja gegen ihr Blecheimerchen klopfte, purzelte er Hals über Kopf in den fast anderthalb Meter hohen Himbeeren davon. Das war vor 35 Jahren und rund 1000 km westlich, in den Weißen Karpaten.

Dieser hier hätte der Großvater des Mittelbären sein können. Er war schon gut im Pelz. Einen Augenblick dachte ich an die beiden Ärzte. Wie so oft an Schlagrändern, kippte der Wind. Ich spürte einen leichten Zug im Nacken. Die wiegende Bewegung des Bären hörte augenblicklich auf. Blitzschnell und vollkommen lautlos wendete das mächtige Wild und war nach wenigen Sekunden im Hochwald verschwunden. Da ertönte der Hebschuß. Die Sonne neigte sich langsam den Wipfeln der Bäume zu, als auch dieses Treiben erfolglos beendet wurde. Als die Schützen und Treiber bei mir, der ich jetzt der letzte in der Runde war, eintrafen, holte ich den Jagdleiter und die beiden Ärzte und führte sie wortlos zur nächsten Schneemulde, die der Hauptbär gequert hatte. Man konnte die Prankenabdrücke kaum mit dem Hut abdecken.

Es entstand ein unglaubliches Palaver. Ich mußte mein Erlebnis immer wieder zum Besten geben. Der Jagdleiter schimpfte mit mir, weil ich meine Waffe so leichtsinnig in unerreichbarer Weite abgestellt hatte. Der Bär hätte mich annehmen können. Ich antwortete ihm, daß mir kein Fall bekannt geworden sei, wo ein unbehelligter Bär einen Menschen angegriffen hätte. Der Jagdleiter antwortete, daß so ein alter Bär heutzutage schon einiges Blei im Leibe hätte und anders reagieren könnte, als dies früher einmal der Fall war. Ich blickte ihn verständnislos an. Er aber gab uns nur in seiner trockenen Art in leicht ungarisch gefärbtem Deutsch zur Antwort: »Bittä die Grofen und hohen Härren vor dem Krieg haben holt bässer geschossen, wie die heutigen Jagdgäste.« Wir erkundigten uns nach der Taxe, die ein so starker Bär gekostet hätte, wäre er zur Strecke gekommen. Der Preis, der uns genannt wurde, ließ meinen Freund Walter sagen: »Hans, da hättest du dich gleich neben den gestreckten Bären legen können!«

Wilderer

Es war ein kluger böhmischer Druckerei- und Verlagsbesitzer, der Anfang dieses Jahrhunderts die naiven Darstellungen von Wildererszenen in ungezählten Gasthäusern, vor allem aus dem süddeutschen Raum, gesammelt hat und als Kunstdrucke auf den Markt brachte. Heute besitzen sie Sammlerwert. Dieses, auch aus diversen Ganghoferromanen volkstümlich gewordene Wildererbild entspricht schon lange nicht mehr der Realität. Heute nützen die Nachkommen der einstigen rußgeschwärzten Raubschützen die moderne Technik. Mit schnellen Autos auf gut gepflegten Forststraßen, unter Einsatz schwenkbarer Scheinwerfer, Nachtgläser und Hochleistungswaffen starten sie ihre überfallartigen Aktionen. Eine wahrlich unromantische, verbrecherische Schlächterei, die ganz dem Menschentyp unserer Zeit entspricht. Daneben gibt es immer noch den Schlingensteller. Er rekrutiert sich heute hauptsächlich aus Gastarbeitern südöstlichen Gepräges. Dann gibt es den seltenen Fall des abnormalen Wilderers.

In den letzten Jahren hat ein solcher im Raum Deutsch Altenburg an der Donau sein Unwesen getrieben. Er benützte ausschließlich Schlingen aus bestem Draht. Er stellte diese fängisch und betrat den Ort der Tat nie wieder. Das gefangene Wild verluderte qualvoll. Innerhalb eines Jahres fanden die dortigen Jäger bei 60 Stück jammervoll umgebrachte Rehe. Als ich bei einem Besuch in dieser Gegend davon Kenntnis erhielt, war dieser Irre immer noch aktiv.

Anders verhält es sich an Staatsgrenzen. Die östlichen haben einen traurigen Selbstschutz in Form ihrer Minenfelder, elektrischer Zäune und Wachtürme. Leute, die sich über diese Grenzen wagen, haben anderes im Sinn als Wildern. Aber es gibt ja, gottlob, auch friedliche Grenzen. Wie ich bereits berichtet habe, war ich über 30 Jahre Pächter des südlichsten Revieres Österreichs. Die italienische Staatsgrenze ist gleichzeitig Jagdgrenze im Süden. An sich ist das Jagdgebiet durch die senkrechten, mehrere hundert Meter hohen Gebirgswände des sogenannten Biegenzirkus geschützt, auf dessen Schneid die Staatsgrenze verläuft. Es gab jedoch zwei Übergänge: Einmal den Sattel, unmittelbar am Wolayer See, der in der Fremdenverkehrszeit, also zwischen Ende Mai und Oktober, mehr oder weniger kontrolliert wurde. Der andere Übergang war der Giramondo-Paß. Ein steiler, mit Almgras bewachsener Sattel, der nur von italienischen Zöllnern fallweise begangen wurde.

Die italienisch-österreichische Grenze hat immer schon dem ›Paschen‹

gedient. Schwunghaft wurde der Schmuggel und die Wilddieberei aber immer nach Kriegen. So war auch die Jagd- und Staatsgrenze entlang der Wolaye nach 1945 ein Eldorado für Schmuggler und Wilderer. Von österreichischer Seite wurde gern Vieh nach Italien getrieben. Als Rückfracht wurden Kaffee, Tabakwaren, aber auch andere gefragte Artikel mitgenommen. Das Wildern besorgten in den ersten Nachkriegsjahren ganze Banden aus Collino und anderen grenznahen italienischen Orten. Das heimische Jagdpersonal war zahlenmäßig unterlegen. Viele Männer waren noch in Gefangenschaft oder gefallen und die alten Aushilfsjäger machtlos. Oft beteiligten sich sogar italienische Zöllner an solchen Aktionen und machten sie durch ihre Anwesenheit effektiver.

Wie schwer es unsere Jäger damals hatten, soll ein Erlebnis meines Mitpächters und Vorgängers in der Wolaye im Jahre 1948 beweisen: Xandl war Ende 1947 aus russischer Gefangenschaft in seine Heimat im Lesachtal heimgekehrt. Er war schon immer ein leidenschaftlicher Jäger und erfaßte die Gelegenheit beim Schopf, als ihm und dem seinerzeitigen Gendarmerieinspektor L. die Eigenjagd Wolaye und das sogenannte Judengras zur Pachtung angeboten wurde. Die Pachten waren billig, denn es war bekannt, daß vor allem italienische Wilderer dieses Gebiet unsicher machten. Auch blühte der Schmuggel, vor allem über den Giramondopaß. Der Gamsbestand war daher nicht sehr hoch. Auch hatte ein Räudezug in den letzten Kriegsjahren die Gamspopulation stark gelichtet.

Im November 1948 stiegen die beiden Pächter an einem Freitag, spät am Nachmittag, auf die obere Wolayer Alm. Es war die erste Gamsbrunft in ihrem neugepachteten Revier. Sie wollten am Samstag über das Steinhüttel zum Rauchkofel aufsteigen. Hier waren schon immer die besten Brunftplätze. Bis zu zwei oder drei Brunftrudel konnten immer angetroffen werden. An jenem Samstagmorgen war aber so dichter Nebel, daß die beiden Freunde beschlossen, auf der Hütte zuzuwarten, bis bessere Sichtverhältnisse eintreten würden. So saßen sie bei Jagertee und knisterndem Herdfeuer und spielten Karten. Der Nebel blieb, aber es wurde heller.

Gegen 9 Uhr erblickte Inspektor L. am Brunntrog vor der Hütte eine Gestalt mit geschwärztem Gesicht. Dieser Mann hatte sein Gewehr achtlos an den Trog gelehnt und labte sich am frischen Wasser. Der Wilderer hatte, scheint's, nicht den geringsten Respekt, denn er mußte am Rauch erkennen, daß die Hütte besetzt war. Rasch ergriff der Gendarmerieinspektor seine Waffe, sagte seinem Freund, er wolle ihm Feuerschutz geben und dieser solle den Wilderer entwaffnen. Dann sollte er ihn in die Hütte bringen. Xandl öffnete die Hüttentür, und sein Mitpächter rief den Wilderer auf italienisch zu: »Mani alto!« Dieser aber blickte freundlich lächelnd auf und zeigte mit dem Daumen hinter sich. Als Xandl in diese Richtung blickte, sah er, zu seinem nicht geringen Schreck, oberhalb der Hütte mehrere Männer hinter Steinen gedeckt, die ihre Waffen auf ihn und die Hüttentür gerichtet hatten.

Die Übermacht der Italiener ließ Xandl blitzartig in die Hütte zurückspringen; der ›Schwarze‹ lachte und begann seine Feldflasche mit Wasser zu füllen. Beide Jagdpächter berieten, was sie in dieser ungemütlichen Situation tun sollten. Sie beschlossen, den Mann am Brunntrog irgendwie in die Hütte zu locken. Inspektor L. konnte ganz gut Italienisch, öffnete die Tür, zeigte dem Wilderer eine Schnapsflasche und lud ihn zu einem freundschaftlichen Gespräch ein. Der schien gar nicht abgeneigt zu sein, rief seinen Kameraden einige Worte zu, ließ sein Gewehr am Brunntrog stehen und ging auf die Hütte zu. Seine hinter den Steinen liegenden Kameraden wollten ihm von seinem Vorhaben abhalten, aber er ließ sich nichts sagen. Anscheinend war er der Führer der Gruppe. Sein Gewehr war ja im Feuerbereich der Kumpane, und der Schnaps schien ihn gar zu sehr zu locken.

Er kam also in die Hütte, und es begann eine eigenartige Verbrüderung. Meine beiden Freunde versuchten mit Hilfe des Schnapses den ›Geschwärzten‹ zum Reden zu bringen. Er sagte ganz offen, daß er aus Collino käme und dort die Stelle eines Jagdleiters bekleide. Er würde daher auch hier darauf achten, daß nur Böcke geschossen werden. Er sagte zu meinen Freunden, wenn sie ohne Widerstand abziehen würden, könnten sie sogar ihre Waffen mitnehmen. Die Runde wurde fröhlicher, und bald hatte der Collinese den ganzen Schnaps ausgetrunken. Nun schien es den beiden Jagdpächtern doch an der Zeit, den Rückzug vor der Übermacht anzutreten.

Inzwischen unterhielt sich der Capo mit seinen verärgerten Kameraden, die über seinen Leichtsinn erbost waren und nun ihrerseits Schnaps haben wollten. Es schien höchste Zeit, das Feld zu räumen, bevor sich die Bande eines anderen besann. Unter Hinterlassung der zweiten Flasche Schnaps zogen sie ab. Xandl war es gelungen, den Ausweis des Wildererchefs, den dieser in der Hütte verloren hatte, mitgehen zu lassen, was die späteren zwischenstaatlichen Untersuchungen erleichtern sollte. Inzwischen war, sehr zum Verdruß meiner Freunde, der Nebel von der Sonne aufgelöst worden. Als sie den sicheren Lärchenwald erreicht hatten, suchten sie eine günstige Deckung, um zu sehen, was sich da oben weiter ereignen würde.

Nach etwa einer Stunde hörte man es am Fuße des Rauchkofels lustig knallen. Ein richtiger Gamsriegler war im Gange. Es bleibt noch zu erwähnen, daß die österreichischen Behörden nicht das Geringste unternahmen, um über die Vorgänge in der Wolaye irgend etwas herauszubekommen. Man wollte das zwischenstaatliche Klima nicht durch so eine Bagatelle belasten. Übrigens ist das heute noch genauso, wie ein späteres Beispiel zeigen wird.

Der Viehschmuggel hat lange schon aufgehört. Auch Kaffee ist nicht mehr interessant, und Rauschgift geht andere Wege. Das Wildern aber hat an der österreichisch-italienischen Grenze immer noch nicht an Attraktivität verloren, wenn es auch nicht mehr der Fleischhunger allein ist, der die ›Walischen‹ über die Grenze treibt. Hier einmal ein Aufbruch, schlecht verräumt; dort eine Schleppspur eines erlegten Gams, daneben im Schnee ungewöhnliche Schuhprofile. Wieder ein anderes Mal werden Bracken am Wolayer See geschnallt und treiben die unter den Biegen auf österreichischer Seite stehenden Gams gegen den Giramondopaß, wo gut gedeckt auf italienischem Territorium die Schützen hinter Felsen auf ihre Stunde warten.

Einmal gelang es mir und meinem Begleiter, so einer Brackade ein jähes Ende zu setzen. Wir waren gerade aus dem Lana-Wald in den dichten Lärchenaufwuchs gekommen und nahmen schwitzend die letzte Steigung zum Lana-Steig, der den Wolayer See mit dem Giramondo-Paß verbindet. Da hörten wir heftiges Geläute brackierender Hunde! Es mußten mehrere Bracken sein, die soeben über die Grüne Nase in die großen Schotterfelder unter dem Biegengebirge hetzten. Von unserem Stand aus sahen wir mit dem Glas zwei Bracken unbestimmter Farbe und eine außerordentlich starke Istrianer Bracke an der Spitze der Gruppe. Weit vor ihnen, bereits halbwegs auf uns zu, flüchtete ein Rudel Scharwild von rund 12 Stück. Es waren Gaisen mit ihren Kitzen.

Wir selbst befanden uns auf einem sehr günstigen Platz. Die Wände des Biegengebirges verengen den Kessel an dieser Stelle, so daß eine Art Zwangswechsel entsteht. Hier pflegten die Gams durch einen Kamin in den fast senkrechten Wänden die Höhe zu erklimmen und so auf die südseitigen Hänge der italienischen Seite hinüberzuwechseln. Rasch nahmen wir beide die günstigsten Plätze ein. Wir wollten der Leitgais sozusagen einen Schuß vor den Bug geben, damit sie die Richtung ändern und bergabwärts in den Wald flüchten sollte. Dann wollten wir den nachkommenden Hunden einen gebührenden Empfang bereiten.

Es gelang besser, als wir es erhofft hatten. Das Gamsrudel verhoffte auf unsere Schüsse hin und drehte tatsächlich in Richtung Lana-Wald ab. Bevor die Hunde auf der Bildfläche erschienen, war auch der letzte Gams im Walde verschwunden. Die weiß-schwarze Istrianer Bracke begann, 70 Schritt vor uns im Geröll, zu faseln. Sie hatte die Gamsfährten überlaufen. Dasselbe taten die beiden braun-schwarzen Genossen. So hatten wir Zeit und konnten zwei von ihnen, darunter die Istrianerin, abschießen. Sie lagen im Feuer. Der dritte im Bunde drehte ab und erhielt einen Weich-schuß. Wir fanden ihn zwei Tage später, als drei Kolkraben auf einer Lärche am Rande des Gerölls aufgeblockt waren.

Danach war lange Zeit Ruhe im Revier. Zumindest hatten weder die Zöllner noch der Halter oder wir Jäger eine derartige Brackade mehr be-obachtet. Unserer Jagd vorgelagert befanden sich zwei Eigenjagdgebiete, die von einer größeren Forstverwaltung angepachtet waren. Der mit der dortigen Jagdaufsicht betraute Förster E. sollte einmal einen Jagdgast auf einen Rehbock führen. Beide fuhren mit dem Wagen in das Wolayer Tal hinein und pürschten zu einem Hochsitz, der in eine größere Schlagfläche guten Einblick gewährte. Förster E. ließ seinen Jagdgast den Hochsitz be-steigen und ging für ein paar Minuten ›in die Büsche‹. Als er dann zum Jagdgast hinaufgestiegen war, fand er diesen ziemlich verärgert vor. Der Jagdgast hatte beim Absuchen des Schlages auf der gegenüberliegenden Seite einen Mann entdeckt, der, in einen abgetragenen Lodenmantel ge-hüllt, mit dem Gewehr über den Knien auf einem Buchenstock saß und seinerseits mit dem Glas den illustren Gast beobachtete. Dann erhob er sich, warf das Gewehr auf die Schulter, zog seinen Hut, rief laut ›Waid-mannsheil‹ und war in der dichten Fichtenkultur verschwunden. Man sieht also, die Einheimischen können es auch nicht immer lassen!

Wieder ein paar Jahre später. Es war November, und die Gamsbrunft in der Wolaye hatte ihren Höhepunkt erreicht. Mein finnischer Freund Götz, Fritz aus Wien und Xandl waren gemeinsam mit mir zum Wochen-ende auf die obere Wolayer Hütte gestiegen. Unsere beiden Gäste waren müde und legten sich zu einem Nachmittagsschlaf nieder. Xandl und ich aber stiegen weiter zum Steinhüttel hinauf. Wir wollten nach den Gemsen sehen und die morgige Pirsch danach festlegen. Die Alm war weitgehend schneefrei. Die Höhen und Grate waren aber schneebedeckt, die Mulden und Rinnen zugeweht. Im Lawinengang trug der Schnee, und wir nützten dies, um ungesehen die Höhe zu erreichen. Da fanden wir plötzlich frische Spuren von zwei Paar Bergschuhen. Zunächst dachten wir, es wäre unser Wodner Freund, der Gober mit seinem Sohn, die dieser Tage ihre Schafe im Gebirge suchen und heimtreiben wollten. Dann aber fanden wir eine schweißige Schleifspur und bald darauf den frischen Aufbruch von einem Gams.

Da wußten wir, wer die Trittsiegel verursacht hatte. Als wir die gefro-rene Fläche des Wolayer Sees aus der Vogelperspektive mit unseren Jagd-gläsern absuchten, sahen wir in der sonst unberührten Schneedecke die geradewegs zur italienischen Grenze führende Doppelspur, an deren Aus-gangspunkt wir standen. Verbittert stiegen wir zur Hütte ab und bespra-chen mit unseren Freunden das weitere Vorgehen. Götz, mein Freund aus

Der Doppelkeiler

»Nie wird so viel gelogen
wie vor einer Wahl,
während eines Krieges und
nach der Jagd« (Bismarck)

Der Autor in der Wolaye

Finnland, hatte wie des öfteren Schwierigkeiten mit der ungewohnten Höhe und wollte den nächsten Tag auf der Hütte bleiben. Wir anderen aber beschlossen, ganz zeitig am Morgen zum Steinhüttel aufzusteigen und alles genau abzusuchen. Vielleicht konnten wir die Wilderer bei einem neuerlichen Versuch überraschen und entwaffnen.

Wir schlossen an diesem Abend die Läden der Hütte, um kein unnötiges Licht nach außen dringen zu lassen. Um 4 Uhr früh waren wir bereits am Anstieg zum Steinhüttel. Wir gingen langsam, um nicht zu schwitzen, und hatten genügend warmes Zeug dabei, um längere Zeit in der Kälte auszuharren. Gegen 6 Uhr erreichten wir das ehemalige Sommerquartier der Ochsenhalter. Es war noch dunkel, und wir drückten uns in den Windschatten des Blechdaches. Es kam die berühmte kalte Stunde vor Sonnenaufgang. Dann schossen die ersten goldgelben Sonnenstrahlen hinter dem Gamskofel hervor und beleuchteten die Hohe Warte, den Seekopf und die Biegenköpfe mit einem tiefrosa Schein. Wir begannen mit unseren Gläsern die ganze Umgebung abzuleuchten. Kein einziger Gams war zu sehen. Bis weit auf den Rauchkofel hinauf und tief hinunter bis zur Pichelhütte und zum Wolayer See waren die Hänge und Almmatten wildleer. Das hatten wir zu dieser Zeit noch nie erlebt! Diese unheimliche Stille konnte nur mit dem gewilderten Gams, dessen Aufbruch wir am Vortag gefunden hatten, im Zusammenhang stehen.

Wir beschlossen, noch eine halbe Stunde zu warten. Dann wollten wir weiter auf den Rauchkofel zu pürschen. Nichts rührte sich. Ein eiskalter Wind wehte uns aus den Schroffen des mächtigen Bergmassivs entgegen. Wir erhoben uns und waren gerade dabei, das schützende Dach des Steinhüttels zu verlassen, als Xandl plötzlich in sich zusammenklappte und rief: »Da vorn sans – zwoa Lotter! I moan, sogar in Uniform!« Ich sah gerade noch den Kopf des einen hinter einem Felsvorsprung verschwinden.

Xandl stürmte den Steig entlang nach vorne, um Einblick in eine Rinne zu bekommen, die geradewegs zum See hinunterführte und durch welche die Wilderer aufgestiegen sein mußten. Fritz und ich folgten, so rasch wir konnten. Xandl lag schon an der Wegkante und legte sich seinen Wetterfleck als Gewehrunterlage zurecht. Fritz zückte seine Kamera und bastelte am Zoom herum. Ich legte mich neben Xandl und blickte zum Graben hinüber. Aber der ungünstige Winkel gestattete keinen Einblick. Erst als die beiden Wilderer am Seeufer unter uns auftauchten, konnten wir feststellen, daß es sich tatsächlich um uniformierte Männer handelte, die ihre Gewehre fest an sich preßten, um sie unseren Blicken zu entziehen.

Es handelte sich also um Zöllner oder um Alpini aus der Collineser Garnison. Wir riefen sie an und forderten sie auf, stehenzubleiben. Aber sie verdoppelten nur ihre Geschwindigkeit, um das gegenüberliegende

Seeufer zu erreichen. Sie waren fast am Ufer, als Xandl zwei Schüsse in die Luft feuerte. Sofort gingen die beiden Helden hinter den ersten Felsen in volle Deckung. Von Fels zu Fels huschend, passierten sie endlich die italienische Grenze. Dann wurden sie mutig und fluchten ganze Serenaden zu uns hinauf.

Unsere schriftliche Meldung an den Zoll, die Gendarmerie und an die Kärtner Jägerschaft verhallte ungehört. Man hielt es nicht einmal für nötig, uns zu antworten! Wenn man daran denkt, was oft der kleinste Fehltritt mit dem Auto für eine protokollarische Seeschlange nach sich zieht, wird man irre an der Zweckmäßigkeit der Arbeit unserer Exekutivorgane. Zugegebenermaßen hatten wir es schwer bei der Jagdaufsicht. Die Italiener waren bereits oben, mitten im Gamsgebiet, wenn sie die Grenze passierten, und lange, bevor wir noch in greifbare Nähe kommen konnten, waren wir eingesehen und unsere Antagonisten in Sicherheit. Andererseits war es immer ein prickelndes Gefühl, in einer Jagd zu jagen, wo fallweise noch ›Ganghofersche‹ Verhältnisse herrschten!

Der ›tollwütige‹ Fuchs

Es war 1976, als mich mein finnischer Freund Götz gegen Ende Oktober besuchte. Wir beschlossen, in die Wolaye zu gehen, um einen der bereits suchenden Gamsböcke zu erlegen. Xandl, mein treuer Jagdgefährte, sollte mit von der Partie sein. Gegen 18 Uhr erreichten wir die Hütte. Es dunkelte bereits und war bitterkalt. Zu unserer Beruhigung sahen wir, daß die Alm, aber auch die sonnseitigen Hänge schneefrei waren und uns daher der morgige Anstieg zum Steinhüttel leichterfallen würde. Der Bach, der, von den Maderköpfen kommend, an unserer Hütte vorbeifließt, gurgelte unter einer dünnen Eisdecke. Unsere Jagdhütte war ein zu ebener Erde massiver Steinbau, den italienische Almpächter aus Collino nach dem Ersten Weltkrieg errichtet hatten, ebenso das davorstehende mächtige Stallgebäude. Die Grenzalmen mußten damals als Wiedergutmachung von Kriegsschäden auf einige Jahre den italienischen Grenzgemeinden zur Benützung überlassen werden. Unter dem massiven, hohen Dachstuhl hatten wir uns ein geräumiges Jagdzimmer eingerichtet.

Die schweren Rucksäcke kamen von den Schultern, dann wurde rasch eingeheizt, und bald darauf war die Hütte warm. Xandl holte Wasser, die Verpflegung wurde ausgepackt, die Betten gelüftet, und um uns auch innerlich ein wenig anzuwärmen, ließen wir einen guten ›Zwetschgernen‹ kreisen. Die Petroleumlampe verbreitete ein gemütliches Licht, der Teekessel summte, und bald waren wir am Erzählen. Bei einem Doppler niederösterreichischen Weines gedachten wir der vielen gemeinsamen Jagdfahrten und besprachen die morgige Pürsch. Die Mitternacht rückte näher, und so suchten wir unser Lager auf, denn morgens sollte noch bei Dunkelheit zum Steinhüttel aufgestiegen werden.

Gegen 4 Uhr wachte ich auf, nahm meine Taschenlampe und stieg die Treppen hinunter, um ›nach dem Wetter zu sehen‹. Es war noch kälter geworden als am Abend, aber sternklar und vollkommen windstill, eine wunderbare Nacht. Sternschnuppen tauchten auf, zogen ihre Bahn und verschwanden hinter dem Biegengebirge. Da hörte ich plötzlich hinter meinem Rücken die trockenen, steifgefrorenen Almampferblätter – hier Plotschen genannt – rascheln. Das Geräusch kam auf mich zu, und als ich mit meiner Taschenlampe in die Richtung des Raschelns leuchtete, sah ich keine zwei Meter hinter mir einen kapitalen Almfuchs sitzen und mit hochgezogenen Lefzen in das Licht der Lampe blinzeln. Er saß da, völlig vertraut, wie ein gut abgeführter Jagdhund, der eben eine Schnepfe apportiert. Er veränderte seine Haltung auch dann nicht, als ich mit dem Leuchtstab seine nähere Umgebung ableuchtete.

Zur damaligen Zeit waren bereits die ersten Tollwutfälle in Kärnten gemeldet worden; so war es naheliegend, das außergewöhnliche Verhalten des sonst so scheuen Rotrockes dieser Seuche zuzuschreiben. Keine gemütliche Situation, nur mit einer Taschenlampe bewaffnet. Es fröstelte mich. Aus dem Jagdzimmer drang das regelmäßige Schnarchen meiner Jagdkumpane an mein Ohr, sonst war es totenstill. Ich leuchtete weiter den Fuchs an und begann nach meinem Jagdfreund Xandl zu rufen. Der Fuchs blieb sitzen und ›lächelte‹ weiter in den Lichtkegel. Das Rufen störte ihn keineswegs, und ich war endgültig davon überzeugt, einen tollwütigen Fuchs neben mir zu haben.

Endlich wachte Xandl auf und fragte verschlafen, was denn los wäre. Ich rief ihm zu, er solle meine Bockbüchsflinte nehmen, den Schrotlauf laden und zu mir herunterkommen, um einen tollwütigen Fuchs, der hinter mir sitze, zu erlegen. Nach längerem Murmeln und Herumtappen im Zimmer hörte ich, wie Xandl die Treppe herunterrumpelte. All das ließ meinen Fuchs völlig kalt.

Als aber die Hüttentür in den Angeln quietschte, verschwand der Fuchs mit einem mächtigen Satz in der Dunkelheit. Neben mir stand Xandl und sah auf einen leeren Fleck, den meine Taschenlampe noch immer beleuchtete. Der Blick, mit dem er mich dann ansah, ließ keinen Zweifel aufkommen, daß er diese Halluzination dem abendlichen Alko-

147

holgenuß zuschrieb. Er murmelte etwas von ›verdammter Sauferei‹, dann entschwand er in höhere Regionen, und bald darauf war wieder sein gleichmäßiges Schnarchen zu hören.

Wütend über die schiefe Situation, in die ich durch das plötzliche Verschwinden des Fuchses gekommen war, erklomm ich die Treppe, konnte aber nicht mehr schlafen. Zu sehr hatte mich diese nächtliche ›Erscheinung‹ aufgeregt. Ich machte Feuer im Herd, denn in der Nacht hatte es mächtig abgekühlt, stellte Teewasser auf und ging später leise, um die beiden Schläfer nicht zu stören, wieder die Treppe hinunter zur Hüttentür, um Brennholz zu holen, das außen an der Hüttenwand gelagert war.

Ich öffnete die Hüttentür und erblickte im Scheine der Taschenlampe meinen Bekannten von vorhin, den Fuchs! Wieder saß er in Apportierstellung und grinste, mit eigenartig hochgezogenen Lefzen in das Licht. Nun war es klar, der Fuchs hatte die Tollwut! Rasch rief ich nach meinem Freund Xandl, der diesmal schnell reagierte und mit meiner Bockbüchsflinte neben mir auftauchte. Ein Schuß aus der Hüfte, wie Old Shatterhand, beendete das Leben dieses eigenartigen Fuchses. Wir betrachteten ihn eingehend und sahen, daß es sich tatsächlich um einen außergewöhnlich starken Rüden handelte, der, im vollen Winterbalg, gar keinen kranken Eindruck machte. Trotzdem beschlossen wir, ihn dem Tierarzt bei der Rückfahrt vorzulegen. Wir zogen jeder einen Plastiksack über die rechte Hand und legten den Fuchs in einen leeren Kunstdüngersack, den wir im Halterzimmer fanden. Den ganzen Morgen kreiste unser Gespräch um diesen eigenartigen Vorfall, bis es Zeit wurde, zu den Gams aufzusteigen.

Drei Wochen später erreichte mich die Nachricht des Hermagorer Tierarztes, daß das Untersuchungsergebnis negativ sei und der Fuchs vollkommen gesund war. Das war eine Überraschung, denn das Verhalten dieses ausgewachsenen, starken Almfuchses, der weit von jeder menschlichen Siedlung in den unberührten Weiten des Wolayergebietes seinen Lebensraum hatte, war mehr als ungewöhnlich! Der Winter kam ins Land, und der tägliche Trott ließ mich bald dieses Erlebnis verdrängen. Dann kam das Frühjahr und mit ihm die Hahnbalz. Es war dies die erste Möglichkeit, in die Wolaye aufzusteigen, denn Mitte Mai waren die meisten Grundlawinen abgegangen, und man konnte auf dem festgepreßten Lawinenschnee bequem, sozusagen auf der ›Direttissima‹, zur Hütte gelangen.

So stiegen Xandl und ich eines Morgens, lange vor Büchsenlicht, im Scheine unserer Lampe in den Maderkopf-Lahngang ein. Da sahen wir beim Steigen ein zweites Licht vor uns. Es war der Hüttenwirt, der die Alpenvereinshütte am Wolayer See gepachtet hatte, die eine gute Wegstunde oberhalb unserer Jagdhütte, nahe der italienischen Grenze, gelegen war.

Diese Schutzhütte war ein beliebtes Ziel unzähliger Bergwanderer aus beiden Ländern, und M. konnte mit dem Geschäft, das er im Sommer machte, sehr zufrieden sein. Er war am Weg zu dieser Hütte, um zu sehen, ob der lange Winter Schaden angerichtet hatte, und wollte einige Tage oben verbringen.

Beim gemeinsamen Weitersteigen kam das Gespräch auch auf die Jagdereignisse des vergangenen Jahres, und wir erzählten ihm die Geschichte von unserem Fuchs. Der Hüttenwirt blieb stehen und sah uns mit großen Augen an. Als wir mit unserem Bericht zu Ende waren, sagte er wehmütig: »Jetzan hobs ma den liabn Hüttenfuchs derschossen, der ollweil von meine Gäst mit Knackwürst gfüttert wor'n is! Wia ma im September die Hütten g'schlossen ham, wird er holt zu euch oba betteln kemmen sein!«

Der Prenj

Nun war es beschlossen. Wir werden im Oktober im Prenj Gams jagen. Wir – das sind Reino, Fritz, Kosta und ich. Der Plan wurde bereits im Frühjahr, beim Hahnjagern in der Wolaye, ausgeheckt, als Kosta das erste Mal Gast auf meiner Hütte war. In langen Abendgesprächen gewann unser Vorhaben Gestalt. Der Rest war Routine, Vorbereitung und Terminfestlegung.

An einem herrlichen Oktobertag ging es von Villach aus über den Wurzenpaß hinunter nach Unterwurzen und über Laibach, Otočec und Mokric nach Agram. Hier, im gemütlichen Heim der Igalffys, von Renata und Kosta betreut, verbrachten wir einige schöne Stunden bei einer herrlich zubereiteten Sarma und trockenem Weißwein. An den Wänden konnten wir die starken Gamskruken aus dem Prenj bestaunen. Kein Wunder, daß unsere Spannung stieg und wir den lebendigen Schilderungen unseres Gastgebers begeistert zuhörten. Müde und doch erregt über das, was uns die nächsten Wochen bringen würden, gingen wir im nahen Hotel zu Bett.

Am nächsten Morgen waren wir früh aus den Federn, denn eine weite Fahrt ins Unbekannte lag vor uns.

Bei Dubrovac verließen wir die Autobahn nach Belgrad, überquerten die Save und näherten uns Banja Luka. Hoch über der Stadt sahen wir das Partisanendenkmal. Eine Erinnerung an die erste große Feldschlacht mit den deutschen Truppen, unter Verwendung von Artillerie und schweren

Waffen. Bald hinter Banja Luka nahm uns das herrliche Vrbas-Tal auf.

Eine enge, aber gut ausgebaute Straße aus der Zeit der Besetzung Bosnien-Herzegovinas durch Österreich-Ungarn vermittelte immer wieder neue Einblicke in die cañonartige Schlucht, die von den grünen Wassern des Vrbas geformt wurde. Auf kleinen bosnischen Pferden kommen uns verwegene Gestalten entgegen. Die ersten verschleierten Frauen weisen auf lange Herrschaft der Türken in diesem Gebiet hin. Auf hohem Steilufer liegt die alte Königsstadt Jajce. Uneinnehmbar über den Pliva-Fällen grüßen Moscheen und Minarette, aber auch die unverkennbar türkischen Häuser mit ihrem streng quadratischen Grundriß zu uns herunter.

Wir aber eilten weiter gegen Donja Vakuf, wo wir nicht der Magistrale Banja – Luka – Sarajevo folgen, sondern auf einer unbeschreiblich schlechten Staubstraße den 1123 m hohen Makljem-Sattel erklommen. Hier oben öffnet sich ein wunderbarer Fernblick über das Neretwatal in die unendliche Weite des Karstes. Dort drüben also lag unser Jagdgebiet: der Prenj! Zunächst aber ging es in zahllosen Schleifen hinab in das Neretwatal und nach Jablanica. Hier erwartete uns unser Jagdherr, der Verwalter der örtlichen Jagdgenossenschaft Prenj, Manigodič, Herr über rund 50 000 ha beiderseits der tief eingeschnittenen Neretwa. Wir erhielten zwei saubere, sparsam eingerichtete Zimmer zugewiesen und besprachen dann die weiteren Pläne.

Kosta, der schon viele Jahre im Prenj gejagt hatte, führte die Verhandlung, und bald erfuhren wir, daß für uns ein Revier im Herzen des Prenj vorgesehen war. Auch Kosta, der eher zum Pessimismus neigt, konnte nicht leugnen, daß es ein gutes Gamsrevier sei. Leider waren wir zwei bis drei Wochen zu früh, um die Gamsbrunft zu erleben, so daß wir auf den Hochflächen des Karstes überwiegend Scharwild antreffen würden. Die Böcke stehen um diese Zeit noch in den tiefeingeschnittenen, schattigen Schluchten. Dann erfuhren wir, daß der Sommer ausnehmend trocken gewesen war und daher damit zu rechnen sei, daß die Zisternen der Jagdhütten nur über wenig Wasser verfügen würden. Davon aber wäre unser Verbleib im vorgesehenen Jagdgebiet abhängig.

Der Aufbruch wurde für den nächsten Morgen 7 Uhr festgelegt. Bis zu dem Ort, an dem uns der Pferdeführer und unser Jäger erwarten sollte, wäre es mit dem Wagen etwa eine Stunde. Obwohl wir von der langen Fahrt recht müde waren, gingen wir mit Manigodič am Abend in das in der Nähe gelegene Hotel. Auch dieses wurde seinerzeit von der Militärverwaltung der k. u. k. Armee während der Besetzung Bosniens errichtet und erfüllt heute noch voll seinen Zweck. Nach einem opulenten Mahl hörten wir einer sehr fülligen einheimischen Sängerin zu, die mit ihren

breiten Hüften die vielen Muselmanen im Saale zu wahren Begeisterungs-
ausbrüchen hinreißen konnte.

Am nächsten Morgen waren wir früh aus den Federn. Nach einem
kurzen Frühstück ging es auch schon in Richtung Konjic, den Neretwa-
Fluß aufwärts. Dann kam die Abzweigung in Sicht. Ein paar Häuser am
Straßenrand, einige herumlungernde Kinder und der obligate Polizist,
den Kosta über unser Vorhaben informierte. Er riet uns, die Reifen unseres Wagens mit Papier gegen die Sonneneinstrahlung zu schützen, was
rasch geschehen war. Dann harrten wir der kommenden Dinge.

Nach etwa zwei Stunden, also gegen 10 Uhr, erschien aus der finsteren
Schlucht zu unserer Rechten ein kleines Bosniakenpferd, auf dem unser
Jäger thronte. Sein wohlklingender Name war Mullah Osmanowitsch
Ramis, in der Folge kurz Ramis genannt. Er sah gut aus, war jung und
kräftig. Alsbald begann der Palaver um den Pferdepreis. Mit einigen dür-
ren Sträuchern vom Wegrand wurde ein Feuer entfacht, die obligate Kaf-
feekanne aufgesetzt und ein langer Plausch vom Stapel gelassen. Nach einer weiteren Stunde waren wir handelseinig. Das Gepäck wurde in verschiedene Säcke verladen und alles dem armen ponyartigen Pferdchen auf
den Tragsattel gebunden. Dann setzte sich Ramis auf den Berg von Gepäck obendrauf, so daß eigentlich nurmehr die unteren vier Beinteile des
Pferdes sowie der Schweif und der trockene Kopf desselben sichtbar waren. Wir bezweifelten sehr, mehr als einige Kilometer auf diese Weise vorwärts zu kommen.

Aber man lernt nie aus, und so befanden wir uns nach gar nicht be-
schwerlichem Marsch, immer am Grunde der kühlen Schlucht, gegen 14
Uhr in einem breiten Talkessel, der von Mais- und Tabakfeldern bedeckt
war. Wir erblickten inmitten dieser fruchtbaren Gegend einen sauberen
Ort mit einem schneeweißen Minarett. Das war Idbar, die letzte Siedlung
am Fuße des unendlichen Prenj.

Im Hof des Hauses von Ramis wurde ein Teil unseres Gepäcks auf ein
zweites Pferd geladen, und ein offensichtlich uralter Muselmane in Pluderhosen und Opanken gesellte sich zu unserer Gesellschaft, um beide
Pferde den steilen Weg in unser Jagdgebiet zu treiben und uns auf der
Hütte behilflich zu sein.

Nach kurzem Aufenthalt verließen wir Idbar, labten uns an der letzten
Quelle, die unmittelbar und kräftig am Fuß einer mächtigen Kalkwand
hervortrat, um für drei Wochen auf den Genuß von frischem Trinkwasser
zu verzichten.

Der Weg windet sich, im Schatten mächtiger Buchen, in langen Schleifen in einer immer enger werdenden Schlucht bergauf. Die bereits schräg
stehende Sonne malt farbige Muster der herbstlichen Blätter auf den Bo-

den. An der Spitze Ramis mit dem schweigsamen Alten und seinen Packpferden und dann wir vier Jäger folgten dem schmäler werdenden Pfad, der kein Ende nehmen will.

Inzwischen haben mächtige Panzerkiefern die uralten Buchen abgelöst. Mit dem schwindenden Tag wird auch die Schlucht immer dunkler und unheimlicher. Der Saumpfad schmiegt sich eng an die lotrechte Wand zu unserer Linken, und manchmal hängt die halbe Last der Pferde über dem finsteren Schluchtrand. Aber die Bosniakenpferde sind unfehlbar trittsicher! Die Nacht ist längst angebrochen, und ein herrlicher Vollmond steht am Sternenhimmel, der als ein schmales Band über unseren Köpfen den Schluchtrand überspannt.

Und dann, plötzlich, hinter einer Wegbiegung, stehen wir oben am Karstplateau. Eine unwirkliche Landschaft, gebadet in silbernes Mondlicht, starr und vegetationslos, breitet sich vor unseren Augen aus. Von unzähligen Rissen und Runsen unterbrochen, übersät mit bleichen Felsblöcken, liegt der Prenj vor unseren staunenden Augen. Wie schweigende Burgen erheben sich einzelne Felsmassive steil aus der steinernen Hochebene.

Am Rande eines riesigen Amphitheaters führt unser Weg, und wir erreichen gegen 23 Uhr eine Gruppe mächtiger Panzerkiefern, in deren Schutz die Jagdhütte liegt. Todmüde werfen wir uns auf die Pritschen und schlafen sofort ein.

Der nächste Tag wird zum Ruhe- und Inspektionstag erklärt. Die erste Sorge gilt dem Inhalt der tiefen Zisterne. Ramis wirft einen Stein hinein und lauscht dem Klang, den sein Aufschlag am Wasser erzeugt. Da sein Gesicht einen besorgten Eindruck macht, beschließen wir, der Sache wissenschaftlich auf den Grund zu gehen. Mit einer Schnur, an deren Ende ein Stein befestigt ist, loten wir die Wassertiefe aus. Nachdem wir unser Gymnasialwissen über den Inhalt eines Zylinders ausgegraben haben, stellen wir fest, daß wir mit rund 800 Liter Wasser rechnen können. Das Wasser allerdings ist eine braune Brühe, die ungekocht nicht genossen werden kann. Wir danken Kosta, der uns geraten hat, auf dem Agramer Markt einen Rucksack voll grüner, aber saftiger Äpfel einzukaufen. Diese sollten uns als Pürschverpflegung noch gute Dienste leisten.

Am Nachmittag unternehmen wir eine Orientierungspürsch in die Mondlandschaft des uns am nächsten gelegenen Amphitheaters. Dabei merken wir, daß in den Rissen der Felsspalten kleine, herrlich duftende Kräuter und Sträucher gedeihen, welche die Äsungsgrundlage der sehr starken Gams darstellen. Wir bekommen gegen Abend ein Rudel von 15 Stück in Anblick, können aber wegen der großen Entfernung die einzelnen Stücke nicht ansprechen.

Wir beschließen, am nächsten Tag in diese Gegend zu pürschen. Am Abend sitzen wir gemütlich in der nun wohnlicher gewordenen Hütte um das offene Feuer, trinken Kaffee und hören das Prusten und Mahlen der Pferde im anschließenden Verschlag. Dieser muß nachts geschlossen werden, auch der Pferdewärter schläft bei seinen Tieren, denn hier gibt es noch Bären, die ein Pferd als Beute nicht verschmähen würden.

Als Futter werden den Bosniakenpferden belaubte Buchenäste vorgelegt, die sie im wahrsten Sinne des Wortes mit ›Putz und Stingel‹ verzehren.

Es folgten herrliche Tage. In der Nacht sank das Thermometer oft auf − 7 °C, so daß es in der Früh empfindlich kalt war. Tagsüber aber erwärmte es sich, und wir konnten um die Mittagszeit auf den kleinen Rasenflecken in geschützten Mulden in der Sonne herrlich schlafen. Die trokkene Luft und die klare Fernsicht verleiten zu Weitschüssen. So fehlte ich, mir zunächst unverständlich, eine kapitale Gamsgais, die auf einem Felsband auf der gegenüberliegenden Schluchtseite vertraut äste. Bei der Nachsuche stellte ich die enorme Entfernung fest, die diesen Fehlschuß zur Folge hatte.

Kosta brachte den ersten Gams, einen enggestellten, etwa dreijährigen Bock, der am rechten Hinterlauf eine offene, nicht verheilte Verletzung hatte. Es mußte ein Steinschlag gewesen sein. Der Bock war stark abgekommen und stand allein, als Kosta ihn erblickte. Nach dem Schuß flüchtete ein etwa dreijähriger Bär aus einer kleinen Latscheninsel und verschwand in einem nahegelegenen Riß. Kosta nimmt an, daß dieser Bär den alleinstehenden, schwerkranken Bock verfolgt hätte.

Wir beneiden Kosta um den unverhofften Anblick und freuen uns über sein Waidmannsheil. Die starken Kruken hätten trotz der engen Stellung in einigen Jahren eine kapitale Trophäe ergeben.

Gleich hinter der Hütte zog sich der Panzerkieferbestand in eine steile Schlucht hinunter, die das Ende des Saumpfades darstellte. Hier versuchte ich nach einigen Tagen, einen der starken Gamsböcke zu erlegen. Alleine konnte man nicht weit von der Hütte weg, da die gefürchteten Prenj-Nebel jede Orientierung im unbekannten Karst unmöglich machten. Ramis war mit Kosta und Reino im ›Amphitheater‹. Fritz ging mit mir. Die Schlucht gabelte sich, und wir folgten dem Ast, der sich in Richtung Amphitheater hinzog. Unter einer steilen Wand, im Schatten einiger Kiefern, rasteten wir. Die Sonne stand hoch, und es war sommerlich warm. Da steindelte es über uns, und ich bemerkte drei Gams, die die Wand queren wollten: Eine Gais mit einem Kitz und eine besonders starke, ältere, einzelne Gais. Ich richtete mich hinter einem gestürzten Kiefernriesen zurecht, und als die Gais verhoffte, schoß ich und sah das Stück fast senk-

recht auf uns herabstürzen. Am Fuß der Wand blieb die Gais im Schotter-
feld liegen. Gott sei Dank waren die hohen Krucken heil geblieben! Es war
eine etwa 15jährige Altgais mit einem starken, knochigen Wildkörper.
Als ich beim Aufbrechen war, kam Ramis, der den Schuß gehört hatte,
und trug den Gams zur Hütte. Am Nachmittag haben sie beide bisher erlegte Stücke mit den Pferden nach Idbar gebracht und von dort neuen Proviant geholt.

Tags darauf machte ich einen Ruhetag und saß mit unserem Pferdetrei-
ber unter den prachtvollen alten Kiefern. Wir konnten uns ganz gut verständigen, denn mein Russisch und Tschechisch waren mir eine große
Hilfe. Plötzlich fragte mich der Alte, ob ich Franjo Jossip kenne. Zunächst
wußte ich nichts mit dieser Frage anzufangen, aber dann schoß es mir
durch den Kopf, daß er den alten Kaiser meinte! Ich nickte mit dem Kopf.
Der Alte drehte sich eine Zigarette, dann blickte er mich an und sagte:
»Damals war Geld noch Gold.« Er zündete die Zigarette an, blies eine
Rauchwolke in den Himmel und nannte dann die Namen der seinerzeitigen jugoslawischen Könige. Eine verächtliche Handbewegung begleitete
den geringschätzigen Ton, mit dem er seine ehemaligen Landesherren er-
wähnte. Und wieder, nach langer Pause, sagte er nur: »TITO« – und
blickte lange ins Leere. Plötzlich und scheinbar nicht mehr im Zusammenhang mit dem Gesagten, spuckte er mit unnachahmlicher Treffsicher-
heit in ein Astloch der nächsten Panzerkiefer.

Nach dieser tiefgründigen, in ihrer Prägnanz und Kürze kaum zu über-
bietenden historischen Betrachtung vertieften wir uns wieder in den Genuß einer guten bosnischen Zigarette und ließen die warme Nachmittagssonne auf unsere Körper scheinen. Gegen Abend brachte auch Reino
glückstrahlend seinen Gams zur Hütte. Es war ein dreijähriger, enggestellter Bock mit einem enormen Kruckenumfang. Wie alles Wild im
Karst war auch dieser Bock unglaublich stark im Wildbret.

Die Zeit verging im Flug. Das Wasser in der Zisterne schwand beäng-
stigend, und wir rüsteten zum Abstieg. An einem der letzten Pürschtage
befand ich mich schon zeitig in der Früh auf der gegenüberliegenden Seite
des ›Amphitheaters‹, als ich am Gegenhang ein eigenartiges Glitzern und
Flimmern bemerkte. Es war an einem steinigen, mit Felsblöcken übersä-
ten Hang, an den gerade die Morgensonne anschlug. Im Fernglas konnte
ich auch nichts Genaues feststellen, da die Entfernung zu groß war. Ich änderte daher die Richtung meiner Pürsch, um diesem Rätsel auf den Grund
zu gehen. Nach etwa einer halben Stunde hörte ich von allen Seiten Steinhühner locken. Ich verließ die Rinne, die mich gedeckt meinem Ziel nä-
herbrachte, als mich ein furchtbarer Donnerschlag an die Stelle bannte.
Etwa auf gleicher Höhe mit mir, aber von mir abgewandt, saß ein Ein-

geborener hinter einem Gestell von rechteckiger Form, das, gleich einem Saiteninstrument, mit lauter dünnen Schnüren bespannt war. Nun erhob er sich rasch, lief einige Schritte bergab und kam bald darauf mit drei Steinhühnern zurück. Als er meiner ansichtig wurde, winkte er mich herbei, und so konnte ich eine Jagdmethode auf Steinhühner kennenlernen, die bei uns vollkommen unbekannt ist. Es waren die Saiten, mit denen der Holzrahmen bespannt war, die in der Morgensonne glitzerten! Sie waren mit lamettaartigem Flitter bezogen, und ihre Bewegung im Morgenwind erzeugte jenes Blinken, das auf die Steinhühner einen so enormen Reiz auszuüben schien, daß sie von allen Seiten neugierig angelaufen kamen.

Kosta sagte mir später, daß dieses Lockinstrument ›Igram‹ genannt wird. Der gut getarnte Bosniake kann mit seinen meist über die Grenzen des Erlaubten geladenen Schrotpatronen auf diese Weise oft mehrere Hühner mit einem Schuß erlegen. Es stellte sich heraus, daß der hakennasige Steinhuhnjäger der Bruder unseres Pferdetreibers war, und bald befanden wir uns an einem schnell in Gang gebrachten Feuerchen bei duftendem Kaffee mitten im Palaver. Er erzählte mir voll Stolz, daß sein Vater im Ersten Weltkrieg, auf österreichischer Seite, als Unteroffizier gekämpft hatte und hochdekoriert nach Hause zurückgekehrt sei. Dann zeigte er mir eine Schlucht, unweit unserer Hütte, wo um diese Zeit meist ein oder zwei starke Gamsböcke ihren Einstand haben sollten. Ich beschloß daher, den Rückmarsch nach Idbar so einzurichten, daß Ramis mit mir durch diese Schlucht absteigen würde. Diesen Entschluß sollte ich aber noch bitter bereuen.

Nun hieß es Abschied nehmen vom Prenj! Er hat uns mit seinen gefürchteten Nebeln verschont und uns die ganze Zeit über sein bestes Gesicht gezeigt. Ein unvergeßliches Erlebnis ging zu Ende.

Der Steinhuhnjäger begleitete uns beim Abstieg, denn er half seinem Bruder beim Packen und Säumen der Pferde. Ich besprach mit Ramis jene Abstiegsvariante, die mir der Bruder des Pferdehalters geraten hatte. Ramis war sofort einverstanden, und so zweigten wir nach der ersten Serpentine in eine Seitenschlucht ab, um vorsichtig längs einer immer steiler werdenden Wand parallel zum Hauptal zu pürschen.

Nichts deutete darauf, daß sich hier Gamswild eingestellt hatte. Mit einem Mal hörte der Kiefernbestand auf, und die begleitende Felswand ging in ein steiles Kirchendach über, dessen Rand uns den Blick in die tiefe Hauptschlucht gnädig verbarg. Ich nahm einen Stein und warf ihn auf das Kirchendach. Er kollerte rasch bis zur Kante und verschwand lautlos. Nach endlos scheinenden Sekunden hörte ich tief unten einen dumpfen Aufprall. Ich betrachtete die Strecke, die wir auf dem Kirchendach zurückgelegt mußten. Es waren rund 200 m, und mir wurde mulmig. Ramis befand sich bereits auf den ersten Metern der glatten, risselosen Fläche und schien mit seinen Opanken wie ein Schneeleopard am Felsen zu kleben.

Als er sah, daß ich nicht gleich folgte, fragte er mich, ob ich krank sei. Ich verneinte, wies aber darauf hin, daß ich Frau und Kinder hätte. Die hätte er auch, tröstete er mich, kam zurück, nahm mein Gewehr und den Rucksack, band mir die Schnur seines primitiven Gamsträgers um den Leib und begann, unter Hinweis auf die unermeßliche Güte Allahs, erneut das Kirchendach zu erklettern.

Der gegenüberliegende Waldrand schien eher zurückzuweichen, anstatt näherzukommen. Endlich erschienen die ersten Kiefern unter uns und gaben mir das Gefühl, daß wenigsten etwas Greifbares zwischen mir und der ekelhaften Tiefe war. Das Gefühl der Dankbarkeit, das unangenehme Wegstück ohne Zwischenfall passiert zu haben, wog den Umstand bei weitem auf, daß wir nicht ein Haar eines Gamsbockes zu Gesicht bekommen hatten.

An einer Stelle sahen wir plötzlich in die Schlucht unter uns. Da war ja die Kolonne der Freunde bereits in Talnähe. Alle winkten zu uns herauf, und nach weiteren zwei Stunden befanden wir uns vereint im Anmarsch auf Idbar, wo wir uns von unseren treuen Pferdewärtern verabschiedeten.

Wir aßen bei Ramis einen wunderbaren Hammelbraten mit Zwiebeln und frischen Gurken und tranken das erste, herrlich schmeckende Wasser aus der Quelle beim Haus. Dann wurde das Gepäck auf eines der Bosniakenpferde geladen, und im flotten Marsch verschwanden wir in der düsteren Schlucht, die zum Standplatz unseres Wagens führte.

In den letzten Tagen im Prenj hatte sich unser Gespräch immer mehr um das Bier gedreht. Die Vorstellung, ein frisches Bier zu bekommen, stieg in der Wertskala unserer Wünsche immer höher bis an die oberste Stelle. So glaubten wir zunächst an eine Fata Morgana, als wir, die Schlucht verlassend, neben unserem Wagen ein Lastauto voller Bierkisten, gefüllt mit frischen Bierflaschen, stehen sahen! Noch nie hat uns diese Gabe Gottes, mit der die Germanen in die Geschichte eingetreten sind, so geschmeckt wie an diesem heißen Tag.

Die Verabschiedung von Ramis wie auch vom örtlichen Muktar (Bürgermeister) fiel auf Grund des plötzlichen und langentbehrten Biergenusses überaus herzlich und wortreich aus und muß beide von der tiefen Weisheit Mohammeds, der jeglichen Alkoholgenuß streng verboten hat, aufs neue überzeugt haben. Nun ging es zurück nach Jablanica, wo wir im Jagdbüro, bei einem Glas Slivowitz, den finanziellen Teil der Expedition regelten.

Wir beschlossen, einen Tag zuzulegen und Mostar zu besuchen. Am selben Abend fuhren wir mit Manigodič die Neretwa abwärts, zu einem idyllisch gelegenen türkischen Han (Gasthaus). An einem steilen Felssturz gelegen, muß dieses alte Einkehrrasthaus einst stark frequentiert gewesen sein. Von einem kleinen Wasserfall angetrieben, drehten sich langsam über einem mächtigen Holzfeuer mehrere Spieße, die mit Junglämmern bestückt waren. Ein herber Weißwein und würziges Weißbrot ließen uns bald die Strapazen der vergangenen Wochen vergessen.

Der Doppelkeiler

Im Laufe eines Lebens treten Jagdfreunde aus der großen Zahl von Begegnungen hervor, die einem näherstehen als die vielen vorübergehenden Bekanntschaften. Starke Gemeinsamkeiten lassen sie zu Weggenossen werden. Diesen Freunden vor allem und den glücklichen Erlebnissen, die ich ihnen zu verdanken habe, gilt unter anderem dieses Büchlein.

Da sind, nun bereits in weite Ferne gerückt, mein Onkel in Brünn, der Heger Ryschanek und mein alter, gütiger Volksschullehrer, deutlich und oft präsent Götz, der Finne. Meinem Herzen nah, leider schon in anderen Jagdgründen, Rudi, der Schlesier. Als treuester Weggenosse und immer in meiner Nähe Xandl aus Kärnten. Geachtet und verehrt Werner und Hubert. Lehrer und Freund, Kenner des starken Rotwildes der March- und Donauauen Förster Bräuer aus Niederösterreich. Ambitioniert und hilfsbereit Hans W. aus Wien, Führer vieler Pirschen im herrlichen Wienerwald. Nicht zuletzt, weil besonders nahestehend, ›Reino von der Donau‹, mein Lehrmeister sowohl als Angler als auch als Jäger und Kenner des Auwaldes.

Wie ein Relikt aus den Zeiten der Vielvölkermonarchie ist da Kosta aus Agram. Ein begnadeter Präparator und ehemaliger Direktor des Naturhistorischen Museums seiner Heimatstadt, wurde er ein treuer Freund und ein geduldiger Organisator vieler unvergeßlicher Jagden in den Eichenwäldern Slavoniens, auf den Feldern im Flußdreieck der Drau und Donau, aber auch in den wilden Bergen des bosnischen Karstes. Wie durch ein Wunder behielt seine Familie Herrschaftshaus und Park ihres einst schönen Land- und Forstwirtschaftsbetriebes in Ternovec bei Krapina. Inmitten dieses Parkes, der ein Arboretum seltener Baumarten beherbergt hatte, mit Blick auf ein Wiesental und einen bisamreichen Bachlauf sowie abendlich wie morgens austretende Rehböcke der Sonderklasse, liegt das einst gemütliche, behäbige Gutshaus des Zagoriergebietes, nordwestlich von Agram. Eine Unzahl von Vogelarten bewohnt die nun verwilderten Anlagen. In den lauen Mainächten lassen einen die Nachtigallen kaum schlafen, und morgens steht man erwartungsvoll am ehemaligen Parktor und wartet auf das Büchslicht und das Sichtigwerden des dünnen Nebelschleiers, der, vom Bachlauf stammend, die Wiesenschlänken bedeckt und vielleicht den langersehnten Kapitalen ein wenig länger im Luzernenstreifen verweilen läßt!

Kosta, der die Jagdleidenschaft sicherlich von seinem ungarischen Vater, Baron Igalffy, geerbt hat, lebt nun bescheiden in seinem Agramer Heim, das aber eine Fundgrube kapitaler Keilerwaffen, Rehkronen und Gamskrucken ist, und man kann sich als Besucher kaum von diesen aus dem gesamten jugoslawischen Staatsgebiet stammenden Trophäen losreißen. Er war es also, der unserer Freundesgruppe von 12 bis 15 Jagdkameraden die unvergeßlichen sogenannten Pauschaltreibjagden auf Sauen im Wäldermeer von Pleterac und der Moslavačka Gora ermöglicht und organisiert hat.

Seit nunmehr zwölf Jahren jagen wir dort im November auf das schlaue Schwarzwild, genießen die herrlichen Spätherbsttage, die Spannung der im Fallaub herankommenden Rotten oder Einzelstücke, den schnellen Schuß auf schmaler Schneise, die Mittagspause im Walde am offenen Feuer und dort zubereitete Fleischspieße, die uns genauso munden wie die manchmal auf glimmender Holzkohle braungebratenen halben Karpfenseiten. Unvergessen die kroatischen Treiber mit ihren undefinierbaren Mischlingshunden, die aber vorzügliche Sauhunde sind und denen wir so manche starke Sau verdanken. Umsichtig und stets hilfsbereit der Förster Mile, der die Triebe organisiert, die Treiber beaufsichtigt und die erbeuteten Waffen pünktlich vor der Abfahrt dem glücklichen Schützen, sauber ausgekocht, überreicht.

Unvergessen auch die Abende im Quartier am Waldsee in Pleterac, einem zu Ehren eines Jagdbesuches von Marschall Tito errichteten Jägerheims. Manchmal erschienen im Trieb hochkapitale Hirsche, die uns Jägern das Herz höher schlagen ließen. Eindrucksvoll die letzten in unserem Jahrzehnt dort noch betriebenen Holzkohlenmeiler inmitten der großen Laubwälder und die großen, schweigsamen, in Pluderhosen gekleideten bosnischen Holzarbeiter, die mit ihren Maultieren und Traggestellen das Kohlholz aus den Wäldern schaffen. Sie sind die Gastarbeiter des Vielvölkerstaates. Wenn der strenge Winter die Berge ihrer bosnischen Heimat im Schnee versinken läßt, sieht man sie mit unzähligen Schafen und den scharfen Hütehunden die Weiten der Donauebene Jugoslawiens bis hin zu den Grenzen Sloweniens abweiden. Keine Polizei war bisher in der Lage, diese ungeregelte Weidetätigkeit der Bosniaken zu unterbinden.

Es war November geworden. Der Termin für die diesjährige Saujagd in Pleterac war seit dem Sommer fixiert, ebenso die Teilnehmer. So trafen wir uns gegen Ende des Monats an einem Freitag früh bei mir in Villach. Hier wurde traditionsgemäß die Verteilung der Schützen auf die Autos vorgenommen. Ich instruierte meine Freunde über den geplanten Ablauf des Unternehmens, gab die Telefonnummer von Kosta in Agram bekannt. Sollte jemandem auf der doch langen Strecke etwas zustoßen, konnte er über diese Schaltstelle die übrigen Freunde verständigen. Im schönen Wasserschloß von Otoćec trafen wir uns zum Mittagessen. In Agram zweigte ich ab, holte unseren Freund und Jagdleiter Kosta ab, und um 17 Uhr trafen wir wieder in Čazma zusammen. Von da ging es im Konvoi die letzten Kilometer durch den Wald zum Jagdhaus in Pleterac.

Rasch richteten wir uns in unseren Zimmern ein, prüften die Heizung und die gewissen Örtlichkeiten und saßen dann bei einem frugalen Nachtmahl und reschem Wein noch ein paar Stunden gemütlich beisammen. Um 6 Uhr morgens hörte man die ersten Freunde herumrumoren, dann das Wecksignal des Jagdleiters, und nach einem schnell eingenommenen, kräftigen Frühstück bewegte sich der Autokonvoi in östlicher Richtung zum Forsthaus von Mile. Unterwegs kamen wir an den rauchenden Meilern einer Köhlerfamilie vorbei. Die schrägen Sonnenstrahlen gaben dem Rauch einen bläulichen Schimmer. Die alten Bekannten unter den Treibern begrüßten uns freundlich. Mile, der umsichtige Organisator, besprach sich mit Kosta, und bald darauf waren wir unterwegs zum ersten Treiben.

Das von steilen Hügeln, tiefeingeschnittenen Gräben und langen Bergrücken durchzogene Jagdgebiet gehört zu einem großen, geschlossenen Laubwaldkomplex, zwischen der Autobahn Agram–Belgrad und der Stadt Bejelovar gelegen. Die meisten Altholzpartien herrlicher Buchen- und Eichenbestände wurden in den Nachkriegswirren und Notzeiten geschlägert, so daß nun riesige Dickungen sowie Stangenhölzer mit neueren Schlagflächen abwechseln, die dem Schwarzwild, aber auch einem guten Rotwildbestand herrliche Einstände und Äsungsverhältnisse bieten.

Große landwirtschaftlich genutzte Flächen umgeben dieses wildreiche Gebiet. Die vielen bäuerlichen Maisfelder sind bis in den Herbst hinein bevorzugtes ›Mastgebiet‹ des Schwarzwildes. Der Wildschaden ist dementsprechend hoch. Der Wildstand ist infolge Personalmangels und wegen der günstigen Einstandsverhältnisse schwer zu beherrschen. All diese Umstände haben dazu geführt, daß die Forst- und Jagdverwaltung ab Oktober sogenannte Pauschaljagden auf Schwarzwild veranstaltet und fallweise Rotwild auch in die Bedingungen dieser Jagd mit einschließt. Die Kosten einer solchen Pauschaljagd sind günstiger als bei der Vergabe von Einzelabschüssen. Das betrifft insbesondere starke Trophäenträger, die im Pauschalpreis inbegriffen sind. Die finanzielle Belastung ist gleichmäßig auf alle Teilnehmer verteilt. Allerdings auch das Risiko, zu fehlen oder keinen Anlauf zu haben.

Das Anstellen der Schützen erfolgt fast immer auf den langgezogenen Höhenrücken, auf denen sich relativ breite Fahrwege hinziehen. Einige Jäger stellen die Rückwechsel ab. Die Richtung, aus der das Wild zu erwarten ist, wird den einzelnen Schützen bekanntgegeben und auch die Wechsel angezeigt, die das Wild anzunehmen gewohnt ist. Vieljährige Erfahrung hat zum Festlegen der einzelnen Stände geführt, und der gute Anlauf bestätigte uns die oft nicht erkennbaren Vorteile der zugewiesenen Plätze.

In der zweiten Novemberhälfte ist das meiste Laub am Boden, und die Maisäcker sind zum großen Teil abgeerntet. Die Sauen haben sich in die Waldeinstände zurückgezogen und halten sich in der Nähe von Eichen- und Buchenmastbäumen auf. Überall sieht man, daß die Sauen nächtens im Gebräch gestanden haben. Das hebt natürlich die Stimmung bei den Schützen und erhöht die Spannung. Die Unterhaltung beim Aufstieg zu den Ständen erfolgt im Flüsterton. Die jüngeren Semester stellen die entfernteren Stände ab. Bald ist man allein, richtet sich ein, untersucht das Schußfeld, fixiert das Dreibein zum Sitzen, zieht rasch einen warmen Pullover über, lädt und sichert.

Es ist windstill, und man hört jedes leise Rascheln im Laub. Oft kann eine Wühlmaus in der Nähe einen erheblichen Lärm verursachen. Bald aber hat man die einzelnen Geräusche um sich herum den möglichen Verursachern zugeordnet und wartet gespannt auf den Hebschuß. Der Himmel ist klar und hat einen seidigen Glanz. Ab und zu rätscht ein Eichelhäher, hört man fernes Gimpellocken, und dann gibt plötzlich die Meute Laut. Ein Fuchs kommt in langen Fluchten über den Rücken. Er ist das einzige Wild, das auch im Laub kaum zu hören ist. Er bleibt unbeschossen. Jetzt hört man das Peitschen eines Schusses vom anderen Ende des abgestellten Kessels. Die Spannung wächst ins Unerträgliche.

Da höre ich schon vom Graben her, noch verdeckt, aber eindeutig, das immer wieder unterbrochene Geraschel heranwechselnder Sauen. Das Rascheln im Laub muß den ziehenden Sauen unangenehm sein und sie zu öfterem Verhoffen veranlassen. Dieses immer wieder unterbrochene, raschelnde Getrappel ist ein unverwechselbares Zeichen, daß Sauen anwechseln. Nun hat sich der Nachbar gelöst. Ich stehe bereits mit der Waffe im Halbanschlag, als eine Bache genau dort erscheint, wo vordem der Fuchs vorbeigeschnürt war. Knapp dahinter starke Frischlinge. Sie sind schnell auf der Reise. Ich fahre mit dem zweiten Kujel mit, ziehe kurz zum Stich vor und berühre den Abzug. Der Überläufer rutscht ein paar Meter im Laub schräg hangabwärts, die nachfolgenden beiden haben ihr Tempo verschärft. Ich habe sofort repetiert und sehe im Augenwinkel ein viertes Stück über den Rücken kommen. Ein weiterer Überläufer verhofft, als er seinen noch schlegelnden Kumpan eräugt, hinter einer stärkeren Buche. Ich bin aber mit dem Absehen schon auf seiner Höhe, und als sein Wurf im Glas erscheint, berühre ich ein zweites Mal das Züngel vom Abzug. Auch dieser Überläufer bleibt in meinem Blickfeld liegen.

Nun knallt es auch zu meiner rechten Seite, dann wieder am gegenüberliegenden Hang. Ich sitze am Dreibein und blicke befriedigt auf die zwei Sauen, die auf 70 Schritt unter mir im Laub liegen. Da kommt aber mein Fuchs wieder zurück. Diesmal vorsichtig und ab und zu verhoffend. Als er oberhalb der beiden Überläufer ist, bekommt er von diesen Wind. Genau am Sauwechsel sinkt er in meinem Schuß zusammen.

Es ist ein Morgen, wie man ihn selten erlebt. Ich kann es kaum glauben. Zwei Sauen und ein Fuchs, und das im ersten Trieb. Nun wird es ruhiger in der Runde. Die Rufe der Treiber werden lauter, man hört das Klopfen an den Stämmen. Noch einmal reißt es mich vom Sitz, aber es war nur der ›Professor‹, ein Mischlingshund, bei dem ein Dobermann stark durchgeschlagen hatte. Er war unzweifelhaft der Führer der Meute. Ruhig und bedächtig, aber mit einer unvergleichlichen Zähigkeit verfolgte er die Sauen. Er hatte den Rest eines Stummelschwanzes. Eine Bache, der er als Junghund zu nahe kam, soll ihm den Schwanz abgebissen haben. Nun schien er sich bis zum Ende seiner Tage am Schwarzwild für diese Freveltat zu rächen. Er kam ruhig am Wechsel daher, bog zu beiden Überläufern ab, beleckte knurrend den Einschuß, dann blickte er zu mir, nickte mit dem Kopf und verschwand, dem Wechsel folgend, ohne dem Fuchs auch nur Beachtung zu schenken. Dann kamen die Treiber. Jeder von ihnen ließ mich vom Slivowitz kosten.

Wir gingen zum Sammelplatz, der erste Trieb war gelaufen. Wie immer war er der erfolgreichste. Ein mittlerer Keiler und zwei zweijährige Bachen waren die Strecke, drei Sauen wurden gefehlt. Der Trieb hatte lange gedauert, und so fuhren wir zum vorgesehenen Rastplatz, wo unser Koch bereits ein Feuer entfacht hatte. Es gab Fischgulasch mit Weißbrot und anschließend Karpfen am Spieß. Das Wetter hielt, und wir ließen es uns schmecken, fotografierten die Strecke und legten uns für einige Minuten in die Sonne. Aber Mile, für den Ablauf des Tages verantwortlich, drängte bald zum Aufbruch.

Kosta überraschte uns mit der Mitteilung, daß wir an diesem Nachmittag einen entfernten Revierteil aufsuchen würden, in dem wir bisher noch nicht gejagt hatten. Es handle sich um einen großen Waldkessel, der an drei Seiten von Feldern umgeben sei. Sichtlich war dort der Wildschaden groß und ein starker Abschuß am dringlichsten. Nur drei Schützen wurden am Rückwechsel angestellt. Ich bekam dabei den letzten Stand. Ein breiter, lehmiger Weg trennte ein Buchenaltholz vom Rand des Kessels. Dieser war mit Dickungen und Schlägen durchsetzt. Mir gegenüber befand sich ein Eichenjungholz, alles Stockausschläge von Nachkriegsnutzungen. Dieses Stangenholz gestattete nur einen begrenzten Einblick auf einen gut begangenen Wechsel, den mir Franjo, der Gehilfe des Försters, zeigte. Vorsorglich scharrte er das Laub mit seinen Stiefeln von meinem Stand und erklärte mir mit einer erstaunlichen Bestimmtheit: »Trieb Schluß, kommen hier riesige Keiler!« Ich sah in sein verschmitzt lächelndes Gesicht und glaubte kein Wort.

Franjo war mir zugetan, seit ich ihn bei einer der vorhergehenden Jagden mit einigen Tabletten von schlimmem Zahnweh befreit hatte. Als er um die Wegbiegung verschwand, richtete ich mein Dreibein, machte einige Zielübungen nach allen Seiten, zog eine warme Weste an und blickte nach meinen Nachbarn. Sie waren aber durch eine Wegbiegung gedeckt, und ich hatte freies Schußfeld nach dieser Seite. Es war kalt, aber vollkommen windstill. Ein Trupp Schwanzmeisen fiel vor mir in die Jungeichen ein. Ihre Stimmchen klangen wie das Klirren von dünnem Glas. Tief im Kessel ratschten ein paar Häher, sonst war es still um meinen Stand. Dann hörte ich rechts von mir den Hebschuß von Mile.

Nicht lange danach gab die Meute Laut, und bald darauf fielen auf der entgegengesetzten Seite des Kessels mehrere Schüsse. Es mußte eine stärkere Rotte unterwegs sein, denn die Hunde wurden immer hitziger. Die Reise ging den Kesselrand entlang. Wieder knallte es, mehr auf der linken Seite. Die Bail drehte und ging erneut nach der rechten Flanke. Wiederum hörte ich, mir gegenüber, Schüsse fallen. Laute Rufe der Treiber und das Abfeuern mehrerer Schrotschüsse deuteten darauf, daß die Rotte immer noch zusammenhielt. Die in unseren Breiten ungewohnte Art, die Sauen mit Schrotschüssen auf den Schwung zu bringen, akzeptiert man, wenn man einmal die unglaublich dichten und großen Einstände kennengelernt hat. Auf unserer Seite, also am Rückwechsel, war es vollkommen still geworden. Die Federbällchen der Schwanzmeisen waren verschwunden, die Häher im Kesselgrund verstummt. Es war mehr als eine Stunde vergangen. Auch in der ›Hauptkampflinie‹ war Ruhe eingetreten.

Es war gegen 15 Uhr, als man von drüben die Rufe der Treiber hörte. Auch die Jagdfreunde meldeten sich und versuchten, die Treiber zu den erlegten Stücken zu dirigieren. Alles deutete darauf hin, daß dieses Treiben dem Ende zuging. Da hörte ich plötzlich aus der Tiefe des Kessels die unverkennbare Stimme des ›Professors‹. Wir hatten diesen Leithund der Meute so getauft, da sein ganzes Benehmen, seine Überlegenheit, die Anerkennung der übrigen Hunde sowie der Respekt, den ihm die Treiber entgegenbrachten, diesen etwas ungewöhnlichen Vergleich zuließen. Die Bail kam auf meinen Stand zu. Ich erhob mich augenblicklich und hob meinen Mannlicher. Da hörte ich auch schon starkes Brechen in den Eichenstangen und sah einen mächtigen Wildkörper schräg von der rechten Seite auf mich zukommen. Zuerst dachte ich an einen stärkeren Hirsch. Dann aber erkannte ich die massige Erscheinung eines Hauptschweines, das, gar nicht besonders schnell dem Wechsel folgend, auf den Waldweg zutrollte.

Deutlich sah ich die stark behaarte Pürzelquaste nervös Kreise drehen und die großen Teller das mächtige Haupt einrahmen. Ich entschied mich zu warten, bis der Keiler am gegenüberliegenden, steilen Grabenrand verhoffen würde, bevor er den Weg queren wollte. Ich schwang mit dem Wildkörper mit. Jetzt war das Haupt frei über der Grabenkante, und ich zog ab. In diesem Augenblick hatte ich das Gefühl, daß etwas schiefgegangen war. Als der Schuß brach, war keine Sau mehr im Absehen. Der Basse hatte nicht einen Moment verhofft, sondern war, sozusagen aus dem Troll, auf den Waldweg hinuntergesprungen. Er war also im wahrsten Sinne des Wortes unter meiner Kugel weggetaucht! Ich repetierte sofort, aber der Keiler war auf den Schuß hin wie eine Rakete auf meiner Seite den Grabenrand hinaufgeflüchtet und im nächsten Augenblick hinter einer mächtigen Randbuche verschwunden.

Ich sprang auf die Seite, konnte aber auf den spitz von mir fortflüchtenden Bassen, der geschickt immer neue Bäume zwischen sich und meine verzweifelten Bemühungen brachte, keinen Schuß mehr abgeben. Ziemlich aus der Fassung, sicherte ich mein Gewehr. Da spürte ich eine Hand auf meiner Schulter. Als ich mich umblickte, stand Franjo hinter mir. Er war leise an meinen Stand gelangt und hatte das Ende des Dramas mitbekommen, was ich seinem bedauernden Gesichtsausdruck entnehmen konnte. Er war gekommen, um uns abzuholen. Wir gingen zunächst zum Anschuß. Nach einigem Suchen fand ich einen glatt durchschossenen Eichenloden. Der Keiler war also ›gesund entlassen‹, wie es so schön im Soldatenjargon heißt. So nahe liegen Freude und Trauer beim Jagen beisammen!

Ziemlich schweigsam trat ich den Weg zum Sammelplatz an. Die Strecke war gut. Zwei Überläufer, ein mittlerer Keiler und eine Dublette auf zwei Frischlinge von unserem ältesten Freund Fritz D. waren die Erfolgsmeldungen des Nachmittags.

Die folgende Nacht träumte ich, wohl auch unter dem Einfluß einiger

Gläser Dingac, von einem Riesenkeiler, der, ein mächtiges Hirschgeweih auf dem Haupt, mich sofort nach dem Fehlschuß annahm! Ich konnte nicht mehr repetieren und wachte schweißgebadet auf.

Am Morgen des darauffolgenden Sonntags war es bewölkt und etwas wärmer geworden. Ein Wetterumschwung schien sich anzumelden. Geplant war für den Vormittag ein großer Trieb entlang eines dichtbestockten Berghanges. Der Großteil der Schützen war, wie immer, am Bergrücken angestellt. Zwei Schützen wurden auf Hochsitzen postiert, die auf kleinen Rücken in der Mitte der langgezogenen Bergflanke errichtet waren. Im Tal deckte Kosta die offene Flanke ab. Es kam die große Stunde unseres lieben Freundes Heinz aus Bonn. Ich hatte meinen Hochsitz längst erklommen und sah die Korona in langer Kette den Kammweg des Bergrückens erklimmen. Als einzigen konnte ich später Heinz erkennen, als er sich, fast genau oberhalb meines Sitzes, bei einem Trigonometer häuslich einrichtete.

Dann hörte ich in weiter Ferne den dumpfen Hebschuß von Mile. Die vielen kleinen Rücken, die den langgestreckten Haupthang wellenförmig untergliederten, ließen die Rufe der Treiber und das Hundegeläute einmal leiser und dann wieder lauter vernehmen. Ich suchte gerade mit meinem Glas die Treiber, als ich einen starken Keiler erfaßte, der über die einzige freie Blöße am Gegenhang hangaufwärts strebte. Als ich seiner gewahr wurde, war er bereits im Begriff, eine neuerliche Buchendickung anzunehmen. Die Richtung, die der Keiler einschlug, führte stichgerade zu Heinz und seinem Trigonometer. Ich blickte mit dem Glas zu Heinz. Er schien ahnungslos. Auf einmal stand er neben seinem Jagdstuhl und zirkelte, mit dem Gewehr an der Backe, in der Gegend herum. Dann setzte er ab, und im selben Augenblick hörte ich seinen Schuß. Es ist fast ebenso spannend, jemandem bei seiner Aktion zuzusehen, wie selbst Akteur zu sein! Ich sah ihn nun mit dem Hut winken und wußte, daß der Keiler lag. Es wurde der einzige Kugelschuß im vorletzten Trieb der diesjährigen Jagd, und der Keiler sollte auch das letzte erlegte Stück dieser so ereignisreichen beiden Jagdtage bleiben.

Am Nachmittag war es kälter geworden. Hunde und Treiber waren nicht mehr recht bei der Sache. Auch wir waren müde von der kalten Herbstluft, schließlich waren wir seit 8 Uhr morgens auf den Läufen. Wir fuhren zurück und parkten nicht sehr weit von unserem Jagdhaus entfernt. Dann erklommen wir einen steilen Hügel und gingen, am Rücken angekommen, auf einem breiten Gratweg nach Westen. Einige Zeit später begann Mile die Schützen anzustellen. Dabei hatten er und sein Gehilfe Franjo uns eingeschärft, unbedingt zu warten, bis wir am Ende des Treibens von ihnen ›eingesammelt‹ würden. Ich hatte keinen Hebschuß vernommen. Auch sonst hörte man weder die Hunde noch die Treiber. Der Wald war still, und ich begann zu frieren.

Wie erregend kann bei einem solchen Treiben jeder Laut, jeder Schuß, jedes Rascheln und jeder Treiberruf sein, und wie tödlich langweilig wird einem das Warten, wenn sich gar nichts rührt. Wir hatten den Eindruck, daß uns unsere sonst unermüdlichen Waldläufer mit ihren Hunden stillschweigend verlassen hatten. Langsam kam die Dämmerung. Wir nahmen an, daß irgend etwas schiefgegangen sei, und so hatten wir auch nichts einzuwenden, als unser Freund P. und Kosta von sich aus und ohne Mile oder Franjo abzuwarten, die Schützenfront aufzurollen begannen.

Ein verfallenes, ehemals weiß getünchtes Häuschen hatte ich in Erinnerung, bei dem wir den Bergrücken erreicht hatten. Dort begannen wir talwärts abzusteigen und waren überzeugt, in kürzester Zeit bei unseren abgestellten Autos zu sein. Allerdings kam es mir einen Augenblick so vor, als wäre der Weg, den wir eingeschlagen hatten, weniger steil und breiter als beim Aufstieg. Da aber kein anderer Weg abwärts führte, verwarf ich diesen Gedanken. Die Dämmerung verdichtete sich, und es wurde merklich dunkler. Wir kamen in einen Altbestand mit hohen Buchen. Ein Blick auf die Uhr sagte mir, daß wir eigentlich längst bei den Wagen sein müßten. Wir beruhigten uns mit der Überzeugung, auf der richtigen Seite in das richtige Tal abgestiegen zu sein und schlimmstenfalls vor oder hinter dem Parkplatz der Autos die uns allen bekannte Zufahrtsstraße zum Jagdhaus zu erreichen.

Der Weg, den wir gingen, führte aber ständig weiter bergab, und nun wurde es ganz dunkel. Endlich gelangten wir in ein Tal, auf das wir im rechten Winkel gestoßen waren. Auf einer morschen Brücke querten wir einen kleinen Bach und standen auf einem Holzabfuhrweg, der nach ungefähr 60 Metern bei einer steil ansteigenden Kultur endete. Nach der anderen Seite aber führte er, unserem Gefühl nach, in die falsche Richtung. Es stand fest: Wir hatten uns verirrt!

Inzwischen war es stockdunkel geworden. Die logische Entscheidung wäre gewesen, den Weg, den wir gekommen waren, zurück bis auf den Bergrücken zu gehen und dort die uns sicher suchenden Treiber durch Schüsse auf uns aufmerksam zu machen. Aber ein Unglück kommt selten allein. Eine Rundfrage ergab, daß niemand eine Taschenlampe mit hatte. Ohne eine solche war in dieser bewölkten Neumondnacht nichts zu machen. Es war empfindlich kalt geworden, und es blieb nichts anderes übrig, als so rasch wie möglich ein Feuer zu entfachen. Das war aber leichter gesagt als getan! Es war so finster, daß wir kaum Aussicht hatten, genügend trockenes Holz zu finden. Wir sammelten daher alle vorhandenen Streichhölzer und alles Papier, das wir bei uns hatten. Ein Teil des Papiers wurde zu Fackeln gedreht, der andere für das Unterzünden aufgehoben. Dann schwärmten einige Freunde, soweit es ging, in den umliegenden Wald und entzündeten dort die Papierfackeln, in der Hoffnung, so viel Holz zu sammeln, wie es die Zeit, die das Papier zum Abbrennen benötigte, zuließ.

Wir konnten von Glück sprechen, daß Peter drei Fichtendürrlinge fand und diese mit Hilfe von Freunden zum vorgesehenen Feuerplatz bringen konnte. So entstand ein wärmendes Feuer, aber für eine lange Nacht – und auf eine solche mußten wir uns einrichten – benötigen wir viel mehr Holz. Wir begannen die Holzbrücke, über die wir gekommen waren, abzutragen. So entstand ein brauchbares ›Trapperfeuer‹, das die Umgebung so weit ausleuchtete, daß wir weiteres Brennholz sammeln konnten.

Die Reaktion der einzelnen Waidgenossen in dieser ungewöhnlichen Situation war verschieden, je nach Temperament und Nervenzustand. Kosta, der sich teilschuldig fühlte, da er uns nicht zurückgehalten hatte, war den Gegenhang ein Stück hinaufgeklettert und schrie mit heiserer Raucherstimme nach Mile und Franjo. Das Tal, in dem wir uns befanden, war aber tief eingeschnitten und von Hochwald umgeben. Kostas Stimme konnte daher kaum einige hundert Meter weit gehört werden, und man würde den Laut wahrscheinlich eher für den eines einsamen Nachtvogels halten. Wir anderen begannen die Munition zu zählen und stellten Gruppen zusammen, die in Abständen Notsignale abfeuerten. Auf unsere Schüsse erfolgte keine Antwort. Es rührte sich absolut nichts.

Inzwischen war es 19 Uhr geworden, und ein eisiger Nieselregen hatte eingesetzt. Wir mußten feststellen, daß wir für dieses Abenteuer ganz und gar nicht ausgerüstet waren. Alle begannen wir nun mit Feuereifer weiteres Holz zu sammeln, obwohl wir im stillen hofften, daß uns unsere Treiberführer doch noch finden würden. Plötzlich erklärte unser Münchner Freund, er habe das Warten satt und werde sich, den Holzweg entlang, in Bewegung setzen. Nur mit Mühe konnten wir ihn von diesem Vorhaben abbringen. Wie uns Mile später erklärte, wäre unser Freund bei guter Kondition in zwei Tagen an der Autoput Agram–Belgrad herausgekommen, ohne unterwegs auf eine menschliche Siedlung zu stoßen!

Wieder einmal feuerten wir eine Salve ab und lauschten bange in die Finsternis, denn auch die Munition begann knapp zu werden. Da hörte mein Schwiegersohn E. einen Hauch eines Schusses, wie er sich ausdrückte. Da die Treiberführer nur über Schrotflinten verfügten, konnten sie nicht übermäßig weit sein! Wir antworteten mit zwei Gewehren. Nach langen, bangen Minuten erklang nun deutlicher ein Schrotschuß, hoch oben am Bergrücken, den wir vor langer Zeit verlassen hatten. Sofort antworteten wir mit einigen Schüssen. Wir bekamen aber keine Antwort mehr, denn die Treiber, und das wußten wir wohl, mußten mit ihrer kostbaren Munition sparen. Kosta, dessen Stimme sich etwas erholt hatte, begann wieder nach Mile zu rufen.

Da trat, wie einst im ›Lederstrumpf‹ Unkas, der letzte Mohikaner, Franjo grinsend in den Schein unseres Feuers. Der Jubel unserer Crew war unbeschreiblich. Nur Kosta bemerkte trocken: »Die hätten die ganze Nacht gesucht, denn ihr habt ja noch nichts bezahlt.« Ende gut, alles gut. Das Trinkgeld an unsere treuen Jagdführer fiel entsprechend spendabel aus. Als wir umgezogen und warm im Speisesaal unseres Jagdhauses beisammensaßen, mußten wir zugeben, daß wir diese Nacht nur mit großen Schwierigkeiten im Freien verbracht hätten. Wir schworen uns, niemals mehr ohne Taschenlampe, Schnaps und Verpflegung sowie genügend Streichhölzer und eventuell einer Leuchtpistole nach Pleterac zu kommen. Streng blickte uns von der Wand herunter Marschall Tito an, als ob er sagen wollte: »Seht, ihr Burschen!«

Ein Jahr später saßen wir wieder bei einem guten Glas Wein in Otočec und harrten neuer Abenteuer. Ich hatte mein Pech mit dem Keiler im Vorjahr verschmerzt, auch erschien er mir nicht mehr als geweihtragendes Monster im Traum. Ich hatte in meiner Jagd in diesem Jahr den Rehbock meines Lebens erlegt, im Frühherbst in Finnland erfolgreich auf Elche gejagt und auf der Rückfahrt vom Norden bei meinen Freunden in Schleswig-Holstein einen guten Damschaufler erlegt. Was wollte ich mehr, als zum Abschluß mit meinen Waidgesellen in Kroatiens Eichenwäldern auf Schwarzwild zu jagen!

Das Wetter war schön, besser als im Jahr zuvor. Wie immer holte ich Kosta in Agram ab und besah mir seine neuesten Präparate, darunter einen 680-g-Bock, leider ein Opfer des Autoverkehrs. Am Abend saßen wir dann fröhlich im Jagdhaus Pleterac bei Wein und Bier und wägten die Möglichkeit des nächsten Tages ab.

Wir hatten keine Ahnung, wo es am nächsten Morgen hingehen würde, denn Kosta konnte nur in Erfahrung bringen, daß wir uns in der Früh bei Mile einfinden sollten. Wir waren daher erstaunt, als uns Mile an diesem Tag zu dem weit entfernten Waldkessel führte, den wir im Vorjahr erstmals bejagten. Ich dachte sofort an meinen gefehlten Keiler und war neugierig, wo man mich an diesem Tag anstellen würde. Aber wie selbstverständlich nahm mich Franjo, der wieder den Rückwechsel mit drei Schützen abstellen sollte, mit sich und stellte mich an dieselbe Stelle, an der sich im Vorjahr die Keilerepisode abgespielt hatte.

Er klopfte mir auf die Schulter und sagte: »Du Chef, heute du schießen selbe Schwein!« Ich lächelte ihm höflich zu und richtete meinen Stand, entfernte die Blätter, stellte mein Dreibein auf, zog Weste und Handschuhe an, sah das ganze Szenario des Vorjahres im Geiste vorüberziehen und wartete der Dinge, die da kommen sollten. Die Umgebung hatte sich nicht verändert. Wieder waren die Rutschfährten am steilen Gegenhang zu sehen, wo mir der Keiler unter die Kugel gerutscht war. Ich glaubte sogar, den durchlöcherten Eichenloden zu sehen, der mir das fehlgegangene Geschoß verwiesen hatte. Kurz, ich war wieder voll in das vorjährige Geschehen eingebunden, obwohl ich den Gedanken an eine Wiederholung weit von mir wies!

Der Himmel bekam jenen markanten seidigen Glanz des östlichen Firmaments. Kein Wind raschelte im Laub, und auf einmal schwirrte eine Wolke Schwanzmeisen daher, wie Blätter im Wind wirbelten sie durcheinander. Dann hörte ich Miles Hebschuß, tief unten im Kessel die rauhe Stimme des ›Professors‹, die Rufe der Treiber und ihr Klopfen an die Stämme, einzelne Schrotschüsse, um die Rotten zu sprengen, und dann wurde es in der Front des Triebes lebendig. Es knallte mehrere Male an verschiedenen Stellen, und die Bail ging an der Schützenlinie hin und her. Eine Schar Junghäher kam, aufgeregt rätschend, herangeschaukelt. Dann war es wieder still. Die sporadischen Rufe der Treiber aus dem Kessel ließen keinen Schluß auf das weitere Geschehen zu. Plötzlich hörte ich die Hunde böse Laut geben. Es folgten laute Rufe der Treiber auf der rechten Seite des Kessels.

Schließlich vernahm ich die Stimme des ›Hundeprofessors‹, die sich, ähnlich wie im Vorjahr, langsam auf mich zubewegte. Ich begann an Geister zu glauben, war aber sofort von meinem Dreibein aufgestanden und brachte meinen Mannlicher in Halbanschlag. Dann hörte ich lautes und ungestümes Brechen rasch auf mich zukommen. Und wieder war auf einmal ein massiger, schwarzer Wildkörper auf dem Wechsel aufgetaucht. Ich hegte keinen Augenblick Zweifel daran, daß es sich um ein Hauptschwein handelte, das auf meinen Stand zustrebte. Die ganze lange Wartezeit über hatte ich mir diese Situation ins Gedächtnis gerufen und beschlossen, diesmal das Stück, sollte es mich wirklich anlaufen, erst auf dem breiten Weg abzufangen. Ich folgte dem starken Keiler mit dem Fadenkreuz durch die Eichenstangen. Doch nun verhoffte der Basse am Rand der Böschung und gab mir Gelegenheit zu einem ruhigen Schuß. Die Flucht auf die Straße war diesmal ein Sturz, und das mächtige Wild blieb, mit den Hämmern schlegelnd, mitten auf dem Weg liegen. Ich hatte sofort repetiert, konnte aber nicht schießen, denn der ›Professor‹ war erschienen und umsprang, böse bellend, den schwerkranken Recken. Mühsam erhob sich der Keiler und zog, leider immer vom ›Professor‹ gedeckt, schwerfällig zurück in die Stangen. Schweißiger Schaum stand zu beiden Seiten des Gebrechs, und ich war sicher, daß er nicht weit kommen werde.

Bald darauf hörte ich den alten Dober-Mischling Standlaut geben. Ich nahm das Zielfernrohr ab und folgte dem Standlaut in die immer dichter werdende Eichendickung. Nach wenigen Schritten war ich den Kampfgeräuschen so nahe, daß ich das Blasen der Sau förmlich spüren konnte und wenigstens den jetzt sehr bösen ›Professor‹ hätte sehen müssen. Ich ging noch zwei Schritte vor. Da sah ich den schwerkranken Bassen auf den Hinterhämmern, den Rücken mit gesträubten Federn gegen einen alten Stubben gestützt. Als er mich sah, wurde er hoch und nahm mich torkelnd an. Ich setzte ihm die Kugel zwischen seine Lichter. Es gab keine andere Chance, so nah war mir der Recke gekommen. Blitzartig stürzte er vor meine Füße. Im selben Augenblick verschwieg der ›Professor‹, kam heran und beleckte den ersten Einschuß. Dann blickte er zu mir, nickte einmal mit seinem grauen Haupt und war bald darauf im Kessel verschwunden. Ich weiß heute nicht mehr, ob ich all das in dieser, hier aufgezeichneten Reihenfolge registriert hatte. Ich stand, ich gebe es zu, etwas wackelig auf den Beinen und betrachtete ehrfürchtig den unglaublich starken Keiler. Da spürte ich eine leise Berührung meiner Schulter und blickte Franjo in die lustigen Augen:»No Chef, was Franjo sagen?!« war seine erste Äußerung, als er mir kräftig beide Hände schüttelte. Als wir den Bassen umgedreht hatten, entdeckte ich in der Spitze des rechten Tellers ein Loch. Es war scharfrandig, wie mit einem Locher ausgestanzt. Franjo bat mich um eine Patrone und steckte das Kegelspitzgeschoß in das Loch. Es paßte wie angegossen! Damit war auch der Raketenstart vom Vorjahr geklärt!

Der Fürst

Der Zusammenbruch des Zarenreiches und die Revolution zwangen ihn, seine Heimat für immer zu verlassen. Er war nach abenteuerlicher Flucht im letzten Augenblick gemeinsam mit seiner Frau nach Wien gekommen, wo beide bei Schwester und Schwager erste Zuflucht fanden. Das wechselvolle Schicksal eines Flüchtlings führte ihn zu guter Letzt nach Kärnten, das ihm zur zweiten Heimat wurde.

Ich lernte ihn 1952 kennen, als ich meine neue Stelle in jenem Unternehmen antrat, in dem auch er beschäftigt war. Nach einigen Tagen wußte ich über die wichtigsten Mitarbeiter der Firma Bescheid. So erfuhr ich, daß unser Generaldirektor einen Sekretär hatte, der allgemein nur ›der Fürst‹ genannt wurde. Da er Russe war, wollte ich seine Bekanntschaft machen, um meine Russischkenntnisse aufzufrischen. Während eines Mittagessens in der Werkskantine sprach ich diesen Herrn an und wünschte ihm auf Russisch einen gesegneten Appetit. Er blickte überrascht auf und antwortete ebenso auf Russisch: »Wo haben Sie diesen ordinären Moskauer Dialekt gelernt?« Er sprach das viel schönere Petersburger Russisch.

Von diesem Tag an wuchs eine innige Freundschaft zu diesem ungewöhnlichen Mann, die bis zu seinem Tod anhielt. Herr v. N. war ambitionierter Reiter, Pferdeliebhaber und Jäger. Auch diese Gemeinsamkeiten vertieften unsere Kameradschaft. Er begleitete mich des öfteren in die Wolaye, die er besonders liebte.

1889 in Rjasan an der Oka geboren, entstammte er dem Militäradel. Da sein Vater General war, schien der Lebensweg des jungen Mannes vorgezeichnet. Er trat in das Pagenkorps des Zaren in Petersburg ein, absolvierte die Kadettenschule und diente in der Leibgarde des Zaren in Petersburg als Offizier bei der bespannten Artillerie. Er sprach neben seiner Muttersprache fließend Englisch und Französisch sowie Deutsch, war unglaublich belesen und sehr unterhaltsam. Die leicht gebeugte Reitergestalt, das schneeweiße, volle Haar und seine natürliche Würde hatten ihm den Namen ›der Fürst‹ eingetragen.

Aus seinem ereignisreichen Leben konnte er in unnachahmlicher Weise die reizvollsten Episoden zum Besten geben. Wie oft habe ich ihn gebeten, doch diese Erlebnisse aufzuschreiben. Leider tat er es nicht. Mit seinem Tod ist so ein Schatz nicht alltäglicher Begebenheiten aus einer Zeit, die immer rascher der Vergessenheit anheimfällt, für immer verlorengegangen.

Es war im August 1970. Der Fürst war damals über 80 Jahre alt. Er war jedoch erstaunlich gut zu Fuß. Er sah vorzüglich und benützte meines Wissens keine Brillen. Wir hatten Glück auf dem Wege zu unserer Hütte in der Wolaye, denn der geländegängige Traktor des Alpenvereins-Hüttenwirtes kam vorbei und nahm unsere Rucksäcke mit. Unbeschwert traten wir den Aufstieg über die Serpentinen zum Hildenfall an und erreichten gegen 11 Uhr unsere Jagdhütte auf der oberen Wolayer Alm. Sooft ich auch während des Aufstieges die bekannten Stellen mit meinem Jagdglas absuchte, ich konnte kein Wild ausmachen. Die Rehbrunft war flau und zog sich weit in den August hinein. Kaltes Wetter am Anfang des Monats hatte die Brunft unterbrochen. Nun aber waren die Tage hochsommerlich warm, das Wetter schien zu halten, und ich hatte Hoffnung, dem alten Herrn einen besseren Bock heranzublatten.

Auf der Hütte angekommen, verstauten wir unsere Sachen, dann holte ich aus der kühlen Milchkammer des Viehhalters eine Flasche Bier und begann, im Herd Feuer zu machen. Mein Freund saß derweil im Schatten vor der Hütte und betrachtete den Biegenzirkus, ein im Halbrund angeordnetes, aus weißen Kalkmauern bestehendes Grenzgebirge, das einen unerhörten Kontrast zu dem beinahe mediterran-blauen Himmel abgab. Die klare Fernsicht ließ aber bereits den kommenden Herbst erahnen.

Inzwischen stellte ich die ›Kascha‹ zusammen, die aus gedünstetem, geschrotetem Buchweizen besteht und, an Stelle der Suppe mit frischer Butter genossen, zu den Lieblingsspeisen des Fürsten zählte. Herbert, unser Jagdaufseher, den ich vorsorglich einige Tage vor unserer Ankunft verständigt hatte, fing an diesem Morgen vier prachtvolle Bachforellen in der Gail, die ich anschließend, leicht in Mehl eingestaubt und gebraten, mit einem Hauch Knoblauchbutter servierte. Rund um die Hütte begannen die Murmel zu pfeifen und zeigten an, daß der Halter von seinem vormittäglichen Rundgang zurückkehrte. Er bekam seinen obligaten Zwetschgernen zur Begrüßung, während wir zu den Forellen einen herben, kühlen Weißwein tranken.

Mein Gast zog sich nach dem Essen in den Schatten des Hüttendaches zurück, um seinen Mittagsschlaf zu halten. Ich setzte mich auf den ›Feldherrenhügel‹ und leuchtete mit dem Fernglas die ganze Hochalm bis zum Fuß des Biegengebirges ab. Doch um die Mittagszeit war kein Stück auf den Läufen. Sogar den Murmeln war es zu heiß. Nur ein Schwarm Alpendohlen segelte im Aufwind die steilen Grasleiten des Rauchkofels entlang. Ein sicheres Zeichen, daß die Blaubeeren reif waren.

Der Halter, der den eigenartigen Namen Klefas trug, hatte sich zu mir gesetzt. Er berichtete, daß im Großen Luttanach, einem mehrere Hektar großen Grünerlenkomplex am Südhang der Alm, ein alter, grauhäuptiger Bock mit kurzen, dicken Stangen an diesem Morgen eine Gais getrieben habe. Ich wußte um den Einstand des Alten, hatte ihn aber in letzter Zeit nicht zu Gesicht bekommen. Der Bock war reif, dessen war ich sicher, und auch die Trophäe war massig. Wenn es klappen würde, wäre das der richtige Bock für meinen väterlichen Freund. Ich war ebenfalls müde geworden, nahm meine Windjacke, rutschte in den Schatten des Felsens und war bald darauf eingeschlafen. Das Plätschern des Brunnens vor der Hütte war das letzte Geräusch, das ich wahrgenommen hatte.

Träume sind zeitlos. Ich saß auf einmal am unteren Mühlentumpf des alten Hegerhauses in Mähren und wunderte mich, daß das Mühlrad lief. Neben mir lag die Otterin mit dem Barsch im Fang. Das Mühlrad drehte sich vollkommen lautlos, aber aus der Mühle drang unverkennbar gleichmäßiges Mahlgeräusch an mein Ohr. Das Wasser schoß in genauen Abständen in rauschenden Kaskaden über das Mühlrad. Ich blickte wieder zur Otterin, aber diese war verschwunden. Ich erschrak – und erwachte! Kaum einen Meter von mir entfernt graste die alte Milli, eine riesenhafte Milchkuh, die den Halter (und uns Jäger) mit Milch versorgte. Die Assoziation mit meinem Traumbild war verblüffend. Das Mahlen der Zähne täuschte die Arbeitsgeräusche der Mühle und das prustende Schnauben das Trugbild des Wassers, welches schubweise über das Mühlenrad schoß, vor.

Ich blickte zu meinem Freund. Er saß unweit auf einem der Felsblöcke und beobachtete aufmerksam das große Erlenfeld. Es war Zeit aufzubrechen. Die Sonne neigte sich langsam den westlichen Lana-Wänden zu. Der Fürst hatte seine Jagdutensilien bereits hergerichtet und war marschbereit. Ich nahm meinen Rucksack, eine Decke als Sitzunterlage, meinen bewährten Weichselholzblatter, Glas und Bergstock. Bald waren wir zwischen Lärchen und Felsblöcken verschwunden. Der eingeschlagene Pürschsteig war nur für Eingeweihte sichtbar. Durch ein Gewirr zimmerhoher, mit Almrausch und Latschen bewachsener Felstrümmer schlängelte sich, stets die Deckung des Lärchenbestandes nützend, das Steiglein zum unteren Rand des großen Grünerlenfeldes.

Diese Wildnis aus Felsen, Latschen, Lärchen und Erlen umgab auf zwei Seiten den geschlossenen Grünerlenkomplex und glich einem botanischen Wundergarten. Neben den ›Stars‹ wie Türkenbund, Frauenschuh, Akelei, gelbem und tiefblauem Eisenhut fanden sich alle kalkliebenden Pflanzen der karnischen Alpenregion. In den Geröllhalden unter den Biegenwänden fanden sich der Gletscherhahnenfuß, die Großblütige Gamswurz, die Bergnelkenwurz, der Petergstamm, die Zwergprimel und verschiedene Kriechweiden. Auf den steilen Almrasenflächen blühten, mit ihrem unverwechselbaren Duft, der an ein schweres französisches Parfum erinnerte, rot wie geronnene Blutstropfen die Kohlröschen. Ein weiterer Duftspender war der Zwergseidelbast. Aber auch reichlich vorkommender Seidelbast schmiegte sich allerorts in die Felsklüfte.

In dieser Wildnis konnte man unversehens in einer Spalte verschwinden oder sich derart versteigen, daß man erst nach mühsamen Kletterpartien zerkratzt und geschunden die freie Almfläche erreichte. In der Wolaye waren Kreuzottern recht häufig. Weibliche Exemplare bis zu einer Länge von einem dreiviertel Meter konnten einem das Fürchten beibringen. Hier, inmitten dieser Trümmerlandschaft, beobachtete ich durch einige Jahre einen geradezu riesigen Feldhasen. Sonst kam ja hier oben nur der Schneehase vor. Wie sich dieser ›Feldhasen-Methusalem‹ in diese Gegend verirrt hatte, war mir ein Rätsel. Sein Wohnareal war eng begrenzt. Wenn man vorsichtig die große Wiesenmulde an einer ganz bestimmten Stelle anpürschte, konnte man ihn regelmäßig in den saftigen Kräutern ausmachen. Immer wenn ich in der Nähe seines Wohnbezirkes vorbei-kam, versuchte ich ihn zu sehen. Eines Sommers war er für immer ver-schwunden.

Dort lag im Frühjahr der Schnee am längsten, und in den Lawinen-streifen zwischen den großen Latschenfeldern balzten die Kleinen Hah-nen. Eine Etage höher, schon in den Geröllhalden am Fuße der Biegen-wände, hörte man um diese Zeit das Ratschen der verliebten Schneehah-nen. Wie es zur Bildung des etwa 10 Hektar großen reinen Grünerlenkom-plexes gekommen ist, wußte niemand zu sagen. Eine überaus steile Hang-lage und der gewaltige Schneedruck im Winter haben die oft mehr als arm-dicken Erlenstauden meterweit an den Boden gedrückt, bevor sich die be-laubten Wipfel in die Höhe reckten. Auf diese Weise entstand ein nahezu unpassierbares Dickicht.

Eine Nachsuche hier konnte zum Alptraum des unglücklichen Schüt-zen werden. Aus diesen und ähnlichen Gründen empfehle ich für das Hochgebirge immer den Totverbeller bei einer Nachsuche. Diese große Einstandsfläche, umgeben von den besten Äsungsmöglichkeiten, war ein Eldorado für das Rehwild. Stets nahm einer der starken Böcke hier seinen Sommereinstand. Von der Hütte aus konnte man beobachten, wie er in re-gelmäßigen Abständen sein Herrschaftsgebiet abpatrouillierte. Auch war der Zusammenhang mit den anschließenden Latschenfeldern gegeben, die wiederum in den darunterliegenden Schutzwald einmündeten. Hier herrschte in der Rehbrunft reger Verkehr, und die Nähe der Alm- und Jagdhütte ermöglichte ein leichtes Jagen.

Jedes Hochgebirgsrevier hat bestimmte ›strategische Punkte‹, von de-nen man große Teile des Jagdgebietes einsehen kann. Darüber hinaus gibt es ganz bestimmte Stellen, die das Bergwild bevorzugt. Daher kennt der revierkundige Hochgebirgsjäger sein Wild besser als sein Waidgenosse in den Donauauen. Andererseits ist die Erlegung und Bringung nicht an al-len Stellen möglich. So manchen Gams oder Hirsch mußte ich ziehen las-sen und lernte so eine wichtige Eigenschaft des Gebirgsjägers: die Selbst-beherrschung. Ich hatte diese herrliche Jagd 30 Jahre in Pacht und kannte natürlich jeden Winkel und Wechsel. Ich wußte, wo die Böcke zu den ver-schiedenen Jahreszeiten ›wohnten‹ und wo man bei dem oder jenem Wet-ter mit Aussicht auf Erfolg pürschen mußte.

Inzwischen waren wir, vorsichtig von Moospolster zu Moospolster steigend, ein gutes Stück vorangekommen. Mit dem Bergstock entfernte ich im Vorbeigehen abgefallene Dürrästchen vom Steig. Auf diese Weise erreichten wir lautlos und unbemerkt eine längliche Wiesenmulde, die dem unteren Rand der Grünerlen vorgelagert war. Diese Mulde bot freies Schußfeld und Einblick in die anschließenden Erlenbüsche. Man hatte also die Möglichkeit, heranwechselndes Wild anzusprechen. Hier befand sich ein Bodensitz hinter einer Felsgruppe, er bot eine günstige Auflage und Ausschuß nach den entscheidenden Richtungen. Ich zeigte dem Freund jene Wechsel, die das Wild benützte, wenn es zur Äsung in die Mulde zog. Dazu gehörte auch ein Viehtrieb, der genau im östlichen oberen Eck in die Wiese mündete.

Wir richteten uns bestmöglich ein, und Herr v. N. probierte gewissenhaft die günstigsten Auflagemöglichkeiten aus, die dieser Platz hergab. Die Sonne beleuchtete am Ende ihrer Bahn von Westen noch einmal den Grünerlenhang. Der Bergwind schickte sich an, zum Talwind zu werden. Eigentlich paßte alles. Es fehlte nur der Hauptakteur, der ›Alte‹ mit dem knuffigen Gehörn. Ich wollte mit dem Blatten erst beginnen, wenn er zu seinem abendlichen Reviergang aufgebrochen war. Sollte er wirklich alt sein, dann konnte es noch einige Zeit dauern, bis sich sein semmelgelber Körper für einen Augenblick zwischen den Erlen zeigen würde.

Doch meistens kommt es anders als man denkt! Plötzlich begannen die Murmel unter dem Sasso Nero aufgeregt zu pfeifen. Wahrscheinlich war der ›Valentin-Adler‹, vom Rauchkofel kommend, über der Grünen Nase erschienen. Ich blickte in diese Richtung. Da sah ich den gelben Strich. Zügig, immer die gleiche Richtung einhaltend, zog das starke Reh hangabwärts. Immer wieder tauchte es für einen Augenblick zwischen den Erlen auf. Da verhoffte es, und ich erkannte die knuffigen Stangen. Jetzt mußte ich rasch handeln! Ich zeigte dem Fürsten das ziehende Stück und bat ihn, die obere Ecke der Wiesenmulde im Auge zu behalten. Der Bock schien in diese Richtung zu ziehen. Das Weichselhölzel hatte ich bereits zwischen den Lippen. Ich wollte es mit dem Angstgeschrei versuchen. Damit hatte ich gegen Ende der Brunft eigentlich immer Erfolg.

Zweimal markierte ich die getriebene Gais. Der Bock verhoffte kurz, dann schlängelte er sich, einem Tiger gleich, mit erhöhtem Tempo dem oberen Teil der Wiesenmulde zu. Rasch blickte ich zu meinem Freund. Er war im Anschlag, und an der ruhigen Bewegung der Gewehrmündung konnte ich erkennen, daß er den Bock bereits im Glas hatte. »Wenn der Bock am Rand der Wiese erscheint, werde ich fiepen«, flüsterte ich, »der Bock wird dann verhoffen.« Der Fürst nickte.

Der Bock erreichte den Viehsteig, der zu unserer Wiese führte, und folgte diesem in erhöhtem Tempo. Ich hatte ihn im Glas und hielt das Weichselpfeiferl zwischen den Lippen. Ja, es war der ›Alte‹. Grau im Gesicht, ein Kasten von einem Bock, wahrscheinlich der Herr am Platz. Nun mußte ich ihn stoppen. Ein sehnsüchtiger Fiepton ließ ihn verhoffen. Er zeigte uns halbschräg die rechte Blattseite. Im Ohr den Knall, sah ich den Bock im Feuer zusammensinken.

Unglaublich, wie gut der alte Herr schoß. Hochblatt, auf 140 Gänge, wie wir bald darauf feststellen konnten. Lange saßen wir am Bock und sahen, wie sich die Lichter langsam ins Grünliche verfärbten. Der Fürst hatte sich seine kurze Pfeife angezündet und griff immer wieder in die gut geperlten Stangen. In einer Mulde sah ich einen verspätet blühenden Almrausch. Ich brach eine Blütendolde, netzte sie im Schweiß und überreichte ihm diesen Bruch. Auch der Bock bekam einen solchen Blütenzweig als letzte Äsung. Mein Freund umarmte mich und küßte mich nach alter russischer Sitte auf beide Wangen. Da spürte ich, wie ihm die Tränen über die Wangen liefen.

Als ich den schweren Bock schulterte, ertönte vom oberen Rand des Erlenwaldes ein tiefes, rauhes Schrecken. Es klang wie:»Der König ist tot – es lebe der König.« Es begann zu dunkeln, als wir die Hütte erreichten. Klefas, der Halter, war eben von Tonio, dem italienischen Hüttenwirt, gekommen und hatte uns die Doppelliterflasche Valpolicella mitgebracht. Er machte uns einen ausgezeichneten Maissterz, zu dem wir kleine, scharf überbratene Speckscheibchen aßen. Eine wunderbare Sommernacht brach an. Eine jener seltenen Augustnächte im Gebirge, die nicht so stark abkühlen. Es blieb windstill, und wir konnten vor der Hütte sitzen.

Auf tiefdunklem Himmel zeichneten sich die Sternbilder mit einer Klarheit ab, wie dies nur in der reinen Luft des Hochgebirges möglich ist. Einzelne Sternschnuppen zogen lautlos ihre Bahn, und nur das Plätschern des Brunnens vor der Hütte war zu hören. Wir konnten heute länger aufbleiben und auf die Frühpürsch verzichten, denn der Bock hing bereits in der kühlen Milchkammer. Morgen wollte ihn Klefas zu Tonio ins Italienische hinübertragen, wo wir beinahe den doppelten Wildbretpreis erlösen konnten wie im fernen Birnbaum. Nachdem wir noch einmal die Ereignisse des Nachmittags Revue passieren ließen und genußvoll dem temperierten Rotwein zusprachen, entstand eine jener Pausen in der Unterhaltung, die nur mit der Wirkung dieser wundervollen Nacht in dieser grandiosen Umgebung zu erklären war. Wir überließen uns unseren Gedanken und versanken in Schweigen.

Es war ganz dunkel geworden, und ich sah nur das zeitweise Aufglühen der Pfeife, wenn der Fürst daran zog.»Hast du je etwas von den weißen Nächten in Petersburg gehört?« fragte mich der alte Herr unvermittelt in russischer Sprache. Ich bejahte, und mein Freund wechselte, wie aus einem Traum erwachend, wieder ins Deutsche. Er drehte sein Weinglas gedankenverloren in den Händen.

»Es war eine solche wundervolle Nacht, damals im Juni 1909. Wir feierten den Abschluß unserer Offiziersausbildung. Als zukünftige Gardeoffiziere hatten wir in Petersburg so etwas wie Narrenfreiheit. Wir zogen durch einige Nobellokale der Stadt und waren zum Schluß in unserem Stammrestaurant gelandet. Dort bedienten Kosaken, und Zigeuner machten Musik. Unser beliebter Lehrgangsleiter, Oberst von R., war mit von der Partie. Einer meiner besten Freunde im Jahrgang war ein Sohn des damals wohl bekanntesten Großgrundbesitzers und reichsten Mannes, Herrn Falz-Fein, der in seinem unermeßlich großen Gut Askania Nova am Tatarengraben, in der Nähe der Krim, residierte. Auch besaß er im Baltikum ein großes Waldgut – Nalimboki –, das einen der besten Elchbestände im europäischen Rußland beherbergte.

Der junge Falz-Fein mußte Petersburg mit dem Zug nach Mitternacht verlassen, um nach Askania Nova zu fahren. An diesen Zug wurde sein Sonderwaggon angekoppelt. Oberst v. R. hatte sich erbötig gemacht, den sympathischen Jüngling mit seiner Troika zur Bahn zu fahren, wohl auch in der Absicht, anschließend in sein Quartier zu kommen. Da auch ich am kommenden Tag gegen Mittag nach Rjasan abreisen wollte, schloß ich mich den beiden an.«

Mein Freund machte eine Pause, trank einen Schluck Valpolicella. Dann setzte er mit einem Lächeln auf den Lippen fort:»Wir hatten den jungen Falz-Fein mit seinen beiden Dienern in seinem Sonderwagen verstaut und befanden uns am Heimweg. Wie schon gesagt, es war eine jener Petersburger Nächte, die man nur einmal im Leben erlebt. Der Oberst und ich waren schwer vom genossenen Alkohol, aber nicht betrunken. Du kennst jene Schwere, die einen fast willenlos macht. Aber es ist eine angenehme Willenlosigkeit. Ich sehe noch den Kutscher, der in seiner militärisch-steifen Haltung darauf achtete, daß die Pferde der Troika in der richtigen Gangart blieben. Niemand sprach. Ich hatte das Gefühl, in Watte gepackt zu sein.

Soeben bogen wir in den Newski-Prospekt ein, der damals auf weite Strecken mit Holzstöckelpflaster ausgelegt war. Augenblicklich verstummte das Geräusch der Pferdehufe und das des Wagens. Wir waren in einem Zustand völliger Entrücktheit, als unvermittelt auf der Gegenfahrbahn ein riesiger weißer Elefant auftauchte. Auf dem ungesattelten Tier saß, knapp hinter den großen, rosa schimmernden Ohren, der weißbekleidete und beturbante Mahut. Vollkommen lautlos schritt diese unwirkliche Erscheinung an uns vorbei. Ich hatte noch gar nicht erfaßt, was da geschehen war, als ein zweiter mächtiger Elefant mit seinem Treiber, würdig sein gewaltiges Haupt wiegend, an uns vorbeizog. Er war ebenso weiß wie sein Vorgänger. Die Mahuts würdigten uns keines Blickes. Und wieder erschien, fast im gleichen Abstand, ein dritter Elefant. Ich wagte einen Seitenblick auf meinen Oberst. Dieser saß unbeweglich und steif, vielleicht etwas bleicher im Gesicht, seinen Paradesäbel fest zwischen die

Beine geklemmt, und sah geradeaus. Wieder sah ich zurück und konnte gerade noch den vierten und fünften weißen Elefanten vorbeiziehen sehen. Darauf erschien ein fast rosafarbener Riese mit lautlosen, weichen Schritten, den Rüssel leicht eingerollt, mit seinem Mahut. Eigenartigerweise blieben die Orlow-Traber ruhig, und auch der Galoppierer in der Troika änderte nicht seine Gangart. Es dauerte eine Zeit, dann hatten uns insgesamt 14 weiße Elefanten passiert. Wasja, unser ›ewigdienender‹ Kutscher, lenkte schweigend seine Pferde, und auch der Oberst veränderte seine Haltung nicht. Beide schwiegen, und es schien, als ob sie überhaupt nichts wahrgenommen hätten. Hatte ich Halluzinationen? War der Alkohol schuld an diesem außergewöhnlichen Trugbild? Aber die Newa zu unserer Linken, der Mond am Himmel, Wasja und die Pferde und last not least mein Oberst waren ja die ganze Zeit über da?! Ich war vollkommen verunsichert, und es blieb mir nichts anderes übrig, als so zu tun, als ob auch ich nichts wahrgenommen hätte.

Wir bogen in die Kaserne. Der Torposten, ein riesiger Terek-Kosake, salutierte verschlafen. Wasja wendete elegant die Troika, dann hielten wir vor dem Quartier des Oberst. Wir blickten uns fest in die Augen, ich versuchte eine vorschriftsmäßige Kehrtwendung, und bald darauf war ich auf meinem Zimmer.«

Der Fürst leerte sein Glas, und ich schenkte nach. Er blickte lange nach den Sternschnuppen, zündete dann die erkaltete Pfeife erneut an und schien zu vergessen, daß das doch nicht schon das Ende seiner Geschichte sein konnte. Klefas, der zuerst interessiert zugehört hatte, war eingeschlafen. Ich blickte längere Zeit den in sich versunken dasitzenden Freund an. Plötzlich erwachte er aus seinen Gedanken, trank einen Schluck, wendete sich mir zu und lächelte. »Verzeih mir«, sagte er, »ich war plötzlich nicht mehr hier. Der Valpolicella ist übrigens ausgezeichnet.« Als ich ihn auffordernd ansah, fuhr er in seiner Erzählung fort: »Am nächsten Morgen waren Oberst v. R. und ich die einzigen beim Frühstück im Kasino. Mein Chef hatte sich in die Morgenzeitung vertieft. Als ich ihn begrüßte, blickte er auf und reichte mir schmunzelnd die Zeitung. Ich las die Überschrift: Der berühmte amerikanische Zirkus ›The Ringling Brothers‹ ist auf seiner Europa-Tournee gestern abend im Hafen von Petersburg vor Anker gegangen. Und weiter las ich: Um keinen Auflauf im Stadtgebiet hervorzurufen, wurden die berühmten weißen Elefanten kurz nach Mitternacht von ihren Mahuts vom Hafen durch die noch schlafende Stadt zum Zeltplatz des Zirkus geführt ... Der Oberst zwinkerte mir verständnisvoll zu, während ich in strammer Haltung die Zeitung retournierte.«

Klefas war aufgewacht. Er verschwand brummend in der Hütte. Ich glaube vernommen zu haben: »Weiße Elefonten, dös gibt's jo gor net – a so

177

a Blödsinn.« Es ging auf Mitternacht. Der Fürst stopfte seine Pfeife noch ein letztes Mal. Ich liebte den Geruch des von ihm bevorzugten ›Prince Albert-Tobacco‹. Schweigend leerten wir den Wein, dann war es auch für uns Zeit zu schlafen. Wir wollten am späten Vormittag den Murmeln einen Besuch abstatten.

Bockzeit

Das Korn steht schwer in sattem Gelb,
Der Buchen Laub hängt tief im Sonnenglast.
Im kühlen Grund, am Bachrand hält
Der starke Bock die Mittagsrast.

Da zittert leis ein Fiepen durch den Wald,
Beim zweiten Locken wird er hoch.
Ihn zieht's mit übermächtiger Gewalt
Dorthin, wo Liebesgunst ihn lockt.

Doch prüft er Wind und setzt bedacht
Lauf vor den Lauf, nützt jede Deckung.
Grau ist sein Haupt, und er gibt acht
Auf jeden Laut, jede Bewegung!

Noch einmal tönt es zärtlich – nah,
Da hält ihn nichts, und wie ein Blitz
Nach mächt'ger Flucht, steht breit er da.
Er hat den Jäger nicht erblickt,
Der, eng am Buchenstamm gelehnt,
Ihm schon das Abseh'n in das Blatt gesetzt! –
Das Herz pocht stark dem Jäger beim Hinübergeh'n
Und später, als er kniend einen Bruch mit Schweiß benetzt.

Im ›Stillen Winkel‹

Oberhalb des Hildenfalles in der Wolaye kommt eine starke Quelle des späteren Wolayer Baches an das Tageslicht. Etwa auf gleicher Höhe, aber 200 m südlich, entspringt die zweite mächtige Karstquelle. Beide gehören zu einem unterirdischen Abflußsystem, das sowohl den 400 Meter höher gelegenen Wolayer See als auch das tiefer gelegene, rund 500 ha große Hochalmtal der Oberen Wolaye entwässert. Auch der See selbst wird durch unterirdische Zuflüsse gespeist. In der unteren Wolaye vereinigen sich die beiden Quellbäche, nehmen dann den vom Giramondopaß kommenden und wenig später noch den Judenbach auf, um plötzlich wieder unter der Erde zu verschwinden. Nur bei Schneeschmelze oder nach lang andauernden Regenfällen kann der unterirdische Lauf das Wasserangebot nicht fassen. Im Sommer aber ist das Bachbett die meiste Zeit über auf einer Länge von mehr als einem Kilometer vollkommen trocken! Dann erscheint der Wolayer Bach wieder an der Oberfläche, um bis zu seiner Vereinigung mit dem Gailfluß nicht mehr zu verschwinden.

Knapp unter dem Hildenfall zwingen die steilen Wände des Maderkopfes den zum Wolayer See führenden Weg nach Südwesten abzubiegen. Die steilen Serpentinen weichen so einem mit Lärchen und Fichten bestockten Bergwald aus. Dieser rund zehn Hektar große, mit Latschen, Grünerlen und Rhododendren verfilzte Wald überwuchert die verstreuten Felsblöcke eines uralten Bergsturzes. Kleine Blößen mit saftigen Kräutern und eine steile, den Wald gegen die Maderwände hin abschließende, mit Himbeersträuchern durchsetzte Wiese waren unwiderstehliche Anziehungspunkte für das Rehwild, aber auch für so manchen älteren Sommergamsbock.

Der Einstieg in diesen Märchenwald war nur Eingeweihten bekannt. Einmal jedoch wollte ein reichlich angeheiterter Besucher des Wolayer Sees während des Abstieges seine vor ihm gehenden Kameraden überholen. Mit der den meisten Angeheiterten eigenen Sturheit taumelte er in der Fallinie durch das verfilzte Felsgewirr. Plötzlich verlor er den Boden unter den Beinen, als er sich durch einen großen Latschenbusch zwängen wollte. Tatsächlich hatte er seine Freunde überholt. Sie fanden ihn tot, mit zerschmettertem Schädel mitten am Weg liegen. Als sie die Wand hinaufsahen, wippten die überhängenden Latschenzweige noch ein wenig. Den Schrei des Stürzenden mußte das Rauschen des Hildenfalles verschluckt haben. Die Familie des Toten ließ eine Tafel in Form eines Marterls an der Wand neben dem Weg anbringen, die das Geschehen schildert. Seit dieser

Zeit sorgt die Tafel dafür, daß die ungezählten Wanderer den Weg nicht mehr verlassen. Selbst notorische Pilzsucher vermieden von da ab den unheimlichen Ort. Der Bergwald wurde zum ›Stillen Winkel‹.

Schon im ersten Pachtjahr hatte ich am Fuß der fast senkrecht aufragenden Maderwand, hoch über dem ›Stillen Winkel‹, den Stumpf einer uralten Wetterlärche entdeckt. Mit ihren gewaltigen Wurzeln hatte sie sich im Laufe von mehr als 200 Jahren in Rissen und Spalten der Felsen verkrallt. Im Ersten Weltkrieg war das Gebiet der Wolaye hart umkämpft. Damals muß der mächtige Baum einem Artillerietreffer zum Opfer gefallen sein. In eineinhalb Meter Höhe war er, obwohl scheinbar gesund, in eigenartiger Weise zerrissen. Der abgerissene Baum lag, zum Großteil überwachsen, tief unten in der steilen Wiese. Das engringige, harzreiche Holz machte es aber den Holzschädlingen schwer, das Zerstörungswerk zu vollenden.

Dieser mächtige Baumstumpf mit seinen vielfältig geformten Wurzeln bot eine bequeme Deckung und Ansitzmöglichkeit. Aus der Vogelperspektive hatte man einen ausgezeichneten Einblick in den ›Stillen Winkel‹. Überwältigend aber war der Rundblick über den Biegenzirkus. Von der Frauenhöhe im Südosten bis zum Giramondopaß im Westen lag mehr als ein Drittel des Hochgebirgsrevieres zu meinen Füßen. Von unserer Jagdunterkunft war dieser Ansitz in einer halben Stunde zu erreichen. Es war also kein Wunder, daß der Lärchenstumpf zum Feldherrnhügel avancierte!

Sonnenseitig gelegen, war die Maderkopfwand bereits gegen Ende April aper. In den Felsritzen blühte überall der duftende Petergstamm und an schattigen Stellen der tiefblaue Großblütige Enzian. Bald hatten wir die Hauptbalzplätze der Kleinen Hahnen in den gegenüberliegenden Lawinenstreifen ausgemacht. Mitte Juni kannten wir die meisten Sommereinstände der besseren Reh- und Gamsböcke in diesem Teil der Jagd. Mitten im Geröllfeld, das sich entlang der senkrechten Wände des Biegengebirges hinzog, lag die Grüne Nase. Überragt vom Sasso Nero, umgeben von einigen Murmelkolonien, deren Bewohner jede Annäherung schon von weitem durch ihre Pfiffe meldeten, stellte dieses Grünerlendickicht mit seinen kleinen Grasflächen eine schattige, uneinnehmbare Festung dar und war daher ein beliebter Einstand für alte, ruhebedürftige Gamsböcke.

Es war für Xandl und mich immer eine freudige Überraschung, wenn der starke, fast silbergraue, alte Gamsbock urplötzlich wieder auf der Grünen Nase auftauchte, um sich nach kurzem Äsen in einen Almrauschbuschen zu betten und gelangweilt die tief unter ihm vorbeiziehenden Wanderergruppen zu beäugen. Er überwinterte stets auf der wärmeren italienischen Seite. Das hatten wir von Tonio erfahren, als wir ihm wieder einmal einen Rehbock über die Grenze brachten.

Ein Winterurlaub in Italien war für die meisten Hornträger gleichbedeutend mit ihrem frühen Ende. Der ›Graue‹ mußte daher über eine große Portion Lebenserfahrung verfügen, denn wir konnten ihn volle acht Jahre in seinem Sommerquartier begrüßen. Es ist uns nie gelungen, diesen Schlaumeier zu überlisten. Er gehörte zur Spitzenklasse der karnischen Gamsböcke. Die Höhe und Stärke seiner Krucken verschlug uns jedesmal den Atem, wenn wir ihn im Spektiv hatten. Vor Beginn der Gamsbrunft war er dann plötzlich verschwunden. Wir konnten nie herausfinden, wo er diese hohe Zeit im Leben eines Gamsbockes verbrachte.

Es kam, wie es kommen mußte. Ein Jahr lang war die Grüne Nase verwaist, bis wieder ein starker, aber kaum vierjähriger Bock den Platz unseres ›Zlatorogs‹ einnahm. Vielleicht ziert die enorme Trophäe des ›Grauen‹ die rauchige Stube eines Collineser Wilderers. Auch ihm schicke ich ein Waidmannsheil über die gebirgige Grenze. Schließlich haben diese urwüchsigen dinarischen Gesellen hier schon gejagt, als es noch keine Jagdgesetze gab.

Anfang Juli wußte ich, ob im Lana-Wald wieder ein Feisthirschrudel seinen Einstand genommen hatte. Wie aus dem Boden gezaubert, standen eines Abends drei oder vier Basthirsche in den mit Lärchenanflug locker bewachsenen Kohlröserl-Wiesen unter den Lana-Wänden. In den ersten Jahren entdeckten wir aus der Vogelperspektive unseres Lärchensitzes manchen von Latschen überwachsenen Nachschubweg aus dem Ersten Weltkrieg und richteten einige davon zu brauchbaren Pürschsteigen her. Im ›Stillen Winkel‹ erlegten wir unsere ›Überraschungsböcke‹. Meist waren es überalterte Stücke, aber auch jene ewig gehetzten, schwachen Jünglinge, die hier für einige Tage Ruhe zu finden hofften. Stets waren zwei bis drei starke Rehgaisen mit ihrem Nachwuchs in dieser idealen Kinderstube. Sie lehrten mich, wie schwer es ist, sogar aus der Nähe, die einzelnen Familien voneinander zu unterscheiden, wenn diese nicht zufällig zur gleichen Zeit und von einem Platz aus zu beobachten sind.

In ihren besten Lebensjahren, also zwischen dem dritten und maximal ihrem achten Jahr, hatten diese Gebirgsrehe fast immer zwei, aber sehr oft auch drei Kitze gesetzt. Meiner Meinung nach wird aber der Kitzabschuß zu spät, also zu einem Zeitpunkt durchgeführt, zu dem die höchste Anforderung an die Milchleistung der Gais bereits vorüber ist, diese vollkommen erschöpft, sich kaum noch für die strenge Winterzeit erholen kann. Nur der strengen Auslese der furchtbaren Winter in den Karnischen Alpen ist es zu verdanken, daß hier trotzdem nicht ein so mickriges Rehwild seine Fährte zieht wie in den meisten mitteleuropäischen Revieren.

Ich erinnere mich an eine Rehgais, die, in der Forstverwaltung im Bistritztal (Karpaten) aufgezogen, immer mit ihren meist zwei Kitzen, bald nach deren Setzen, im Garten des Forsthauses erschien. Dennoch verschwand bereits nach wenigen Tagen eines der beiden Kitze, in manchen Jahren beide. Der dort noch vorkommende Luchs, die schwer unter Kontrolle zu haltenden, wildernden Hirtenhunde, aber auch manch starker Fuchs sorgten für eine harte Auslese.

Aber das genetische Programm, herausgebildet in zig Jahrzehntausenden, hat dem relativ wehrlosen Rehwild als Gegenregulativ eine hohe Nachkommensrate zugemessen. In unseren ›Kulturrevieren‹, wo es kein natürliches Ausleseprinzip durch Beutegreifer mehr gibt, müssen unsere Rehgaisen Jahr für Jahr ihren Nachwuchs mit der ganzen zur Verfügung stehenden Milch hochbringen, sind daher vorzeitig verbraucht und die Wildbretgewichte gegenüber einer ›Urwaldgais‹ geradezu lächerlich gering. Aber wer erlegt bei uns ein schwaches Rehkitz spätestens zwei Wochen nach dem Setzen?

Die Wildbretgewichte des Gams- und Rehwildes in den Karnischen, besonders in der Wolaye, lagen meines Wissens damals weit über dem Durchschnitt vergleichbarer Reviere in Österreich. Der Wildstand in den Nachkriegsjahren war gering. Die Almen wurden voll ausgenützt und bis in die Hochlagen bestoßen, was nach dem Abtrieb eine besonders kräftige Nahrung, als Vorbereitung für die strengen Wintermonate, nachwachsen läßt. Gamsböcke erreichten, vor der Brunft (Ende Oktober) erlegt, ohne Haupt aufgebrochen 40 kg und mehr! Aber vor allem das Rehwild war stärker als alle mir aus anderen österreichischen Revieren bekannten Stücke. Letzteres mag wohl vor allem an der unerbittlichen Winterauslese gelegen haben. Aber auch daran, ich gebe es ohne Gewissensbisse zu, daß wir nie fütterten.

Es war 1955. Ich saß am unteren Rande der Kohlröserl-Wiesen, unterhalb des Giramondopasses, und wartete auf meinen Mitpächter Xandl. Ohne ihn gesehen zu haben, drückte er mir einen starken Rehbock zu, der, gedeckt in einem großen Plotschenfeld, seinen Mittagsschlaf gehalten hatte. Es war einen Tag vor Schluß der Schußzeit auf Böcke. Wir hatten noch einen Ia-Bock, wie sie damals bezeichnet wurden, frei. Der Bock verhielt und schreckte nach dem absteigenden Freund hin. Mein Schuß warf ihn in einen Krummholzstreifen, den er als Deckung erreichen wollte. Er war bereits voll verfärbt und lag vor mir in den Latschen, groß, wie ein mittleres Hirschkalb. Vier Tage später brachte er, aufgebrochen und ohne Haupt, immer noch 28,6 kg auf die Waage. Ein Bekannter erlegte, nicht weit von der Wolaye, in seiner Eigenjagd am Plöckenpaß am 28. Juli 1956 einen Rehbock mit 32 kg! Im selben Jahr schoß er einen zweiten Bock, einen Monat nach der Brunft. Auch dieser wog 30 kg. Sein stärkster Gams ergab bei der Abwaage 45 kg.

Auf der italienischen Seite war mehr Betrieb. Die Hütte drüben war größer als unsere Alpenvereinshütte. Tonio, der alte, schlaue, friulanische Wirt, war Hauptabnehmer unseres Wildbrets. Er hatte sich mit den Finanzieri arrangiert, so daß wir unbehelligt mit dem erlegten Stück die Grenze passieren konnten. ›In bocca al lupo‹, was soviel wie ›In den Rachen des Wolfes‹ heißt und unserem ›Waidmannsheil‹ entspricht, riefen sie uns nach, wenn zufällig einer von ihnen einmal aus dem Zollhüttel sah.

Jagdlich waren es unsere schönsten Jahre, diese unbeschwerten fünfziger und beginnenden sechziger Jahre. Dann aber schlug die Fremdenverkehrswelle Wogen, die bis in unseren stillen Winkel reichten.

Aber zurück in den ›Stillen Winkel‹. Es muß 1974 gewesen sein, als ich den Einstangler das erste Mal sah. Anfang Juli folgte ich dem einstigen Nachschubweg, der den unteren Teil durchquerte. Wir hatten ihn bis zum plötzlichen Abbruch vor dem Hildenfall provisorisch markiert, indem wir an einzelnen Lärchenstämmen die Rinde auf beiden Seiten leicht angeplätzt hatten. So war der Weg in beiden Richtungen für Eingeweihte kenntlich. Ich wollte die Salzlecke des beliebten Reheinstandes auffüllen. Da wurde unversehens ein Reh vor mir hoch. Dem Bock fehlte die linke Stange zur Gänze. Vertrockneter Schweiß verklebte die linke Seite des Hauptes, das linke Licht und sogar Teile des Lauschers. Er war ziemlich abgekommen. Dennoch flüchtete er nach kurzem Verhoffen und war verschwunden, ehe ich meine Bockbüchsflinte in der Hand hatte.

Das schwerkranke Stück mußte in einen Steinschlag gekommen sein und durch den furchtbaren Schlag die ganze linke Stange eingebüßt haben. Der starke Schweißaustritt ließ nichts Gutes für die Zukunft des Bockes ahnen. Ich beschloß, diesen Revierteil zwei Tage zu meiden, mich dann den Rest der Woche diesem Bock zu widmen, um ihn von seinen Qualen zu befreien. Ich legte den Salzstein und verließ den ›Stillen Winkel‹.

Wie gewöhnlich kam es ganz anders. Ich sah den Bock in diesem Jahr nicht mehr. Auch im darauffolgenden Jahr bekam ich ihn nicht vors Glas. So dachte ich folgerichtig, daß er seine schwere Verletzung nicht überlebt hatte. Aber das nächste Jahr belehrte mich eines Besseren. Ende Juni stand ein ganz starkes Reh zeitig am Morgen in der steilen Wiese unter dem Mader. Ich holte mein Spektiv hervor, legte es auf meinen Rucksack und erkannte den Einstangler. Er war in der Vollkraft seiner körperlichen Verfassung und trug eine mächtige Sechserstange auf dem verbliebenen rechten Rosenstock. Ich konnte ihn längere Zeit beobachten und schätzte ihn damals auf fünf Jahre. So beschloß ich, noch ein Jahr zuzuwarten. Die rechte Stange könnte ja noch stärker werden, zumal sie die ganzen Aufbaustoffe für sich verarbeiten konnte. Ich sah den Bock in diesem Jahr noch drei- oder viermal. Er schien den ›Stillen Winkel‹ zu beherrschen.

Im darauffolgenden Jahr blieb der Einstangler verschwunden. Er schien ein Eigenbrötler geworden zu sein. Im nächsten Jahr fehlte ich ihn glatt, als er wie ein roter Blitz hinter einer semmelgelben Gais zwischen den Felsstürzen des ›Stillen Winkels‹ hindurchzickzackte. Damals erschien mir seine rechte Stange ungeheuerlich stark und hoch. Ich sah ihn nach dem Fehlschuß nicht wieder und bekam, trotz ernsthafter Nachsuche, die nichts erbrachte, einen unangenehmen Druck in der Herzgegend, wenn ich an ihn dachte.

Im Jahr darauf war ich, Anfang Juli, an einem Freitagabend zu einem kurzen Wochenende auf der Hütte eingetroffen. Ich wollte den ganzen Samstag am Lärchenstumpf verbringen, um zu sehen, ob die Böcke bereits mit dem Treiben begonnen und wo sich die Besseren unter ihnen eingestellt hatten. Es versprach ein herrlicher Morgen zu werden, und ich beschloß, noch bei Dunkelheit meinen Stand zu beziehen. Die Kalkspitzen der Biegenwände begannen sich gerade rosa zu färben, da sah ich, tief unter mir, die alte semmelgelbe Gais mit einem nur geringen Kitz. Es würde wohl ihr letztes sein. Am Rande der Hildenfallschlucht hatte ich halben Wind. Ich konnte mir daher das Wild in Ruhe ansehen; eigentlich sollten beide dem Bestand entnommen werden. Da ich den ganzen Tag hier oben verbringen wollte, beschränkte ich mich darauf, über das Alter der knochigen Gais zu rätseln.

Dann hörte ich lautes Rufen und Jauchzen vom Giramondopaß. Die erste Kolonne von Weitwanderern hatte die Grenze überschritten. Als ich wieder auf die steile Wiese unter mir hinuntersah, war die Gais mit ihrem Kitz verschwunden. Murmelpfiffe von der Grünen Nase lenkten meine Aufmerksamkeit in diese Richtung. Ich erkannte drei rote Punkte in der Wand, rechts vom Sasso Nero. Es waren die Schutzhelme einer Seilschaft, die über die Austriascharte nach Italien wollte. Das gleichmäßige Rauschen des Hildenfalles und die rasche Erwärmung, nachdem die Sonne meinen Lärchensitz erreicht hatte, ließen mich einnicken. Das Tuckern eines Traktors, der die Alpenvereinshütte mit Lebensmitteln versorgte, weckte mich auf. Der Wind hatte programmgemäß gedreht und war zum Bergwind geworden. Beinahe hatte ich vergessen, warum ich eigentlich am Lärchenstumpf saß. Das kurze Schütteln seines Hauptes, mit dem er den Fliegen wehrte, zeigte mir die Anwesenheit des alten Einstanglers. Er stand, beinahe senkrecht unter mir, in einem Himbeerdickicht. Der seit Jahren überwachsene Rosenstockbruch war durch ein Büschel heller Haare gezeichnet. Die rechte Stange hatte auf einen wuchtigen, kurzen Stumpf zurückgesetzt. Er war noch vorsichtiger geworden. Noch zweimal zeigte er mir sein Haupt, dann war er verschwunden und blieb es, bis zum Ende der Schußzeit!

Das folgende Jahr beendete unsere 30jährige Pachtperiode. Xandl und ich hatten traurigen Herzens beschlossen, nicht mehr mitzusteigern. Die Pachtpreise waren ins Irrationale gestiegen. Mein Freund litt am meisten unter dieser Entscheidung, denn er stammte aus dieser Gegend. Viele Erinnerungen, auch die an seine harte Jugend, verbanden ihn mit dem Lesachtal.

Es war der 18. August 1980. Ich war noch bei völliger Dunkelheit in den unteren Teil des ›Stillen Winkels‹ eingedrungen. Hier verbarg ich mich hinter einem etwas erhöht liegenden Felsblock. Von dieser Stelle überblickte man einen mit kleinen Blößen durchsetzten Felssturz, den geheimsten Winkel dieses Bergwaldes und Haupteinstand des Rehwildes. Ich wollte gegen Ende der Brunft es noch einmal mit dem Blatten versuchen, was bekanntlich sogar alte Herren, vor allem am Morgen, auf die Läufe bringt.

Es versprach ein prachtvoller Tag zu werden. Die ersten Wandergruppen waren bereits unterwegs, und die Morgensonne berührte zaghaft den hoch über mir liegenden Lärchenstumpf. Deutlich erkannte ich die alte semmelgelbe Gais, wie sie an den Himbeerblättern rupfte. Es war derselbe Himbeerstrauch, hinter dem mir im Vorjahr der Einstangler für Augenblicke sein graues Haupt gezeigt hatte. Ich nahm mein Weichselhölzel zwischen die Lippen und ging in Halbanschlag. Es mußte schnell gehen, wenn tatsächlich ein Bock in den Felstrümmern gebettet war. Beim zweiten zarten Fiepton stand plötzlich ein graugelber Klotz, keine 40 Schritt von mir entfernt, breit zwischen zwei Felsblöcken. Als mir das Stück sein Haupt zuwandte, sah ich den dunklen Knollen auf dem rechten Rosenstock. Im selben Augenblick war der Schuß draußen und die Bühne leer.

Als ich mir eine Zigarette anzündete, begann die alte Tante rauh und böse auf mich herabzuschrecken. Sie hatte tatsächlich in diesem Jahr kein Kitz mehr gesetzt. Sollten wir sie im November erwischen, würde ihr Wildbret mit dem eines halben Gams und eines gut durchzogenen, etwa 90 kg schweren, hausgemästeten Schweines vereinigt. Nach uraltem Mölltaler Rezept hergestellt, sollten diese harten Hauswürste den Vorrat für kommende Jagdfahrten auffüllen.

Die Rehgais beruhigte sich bald, als das Geknatter einer hochfrisierten Yamaha-Maschine erklang, deren stolzer Besitzer das überforderte Motorrad durch die Serpentinen und über den Rollschotter zum Wolayer See hinaufquälte. Dieses gräßliche Motorengeräusch war seit einigen Jahren eine neue Geräuschkulisse, seit der Deutsche Racing-Club eine Art Alpenrallye für schwere Motorräder organisiert und dafür die Genehmigung zur Benutzung der Höhenwege von den zuständigen Gemeinden erhalten hatte.

Um diese Jahreszeit lassen einem die Schmeißfliegen keine Zeit zu einer beschaulichen Totenwache. Das Aufbrechen mußte rasch erfolgen. Es war tatsächlich der Einstangler. Als ich den Unterkiefer aufschärfte, sah ich, daß der Bock noch älter war, als ich gedacht hatte. Im Wildkörper war er immer noch mächtig, die vorangegangene Brunft merkte man ihm kaum an.

Schon seit einigen Jahren benutzten wir einen gedeckten Pürschsteig, der uns eine weitgehend uneingesehene Annäherung an unsere Almjagdhütte gestattete. Wenn sich gerade eine Gruppe Sommergäste vor unserer Hütte an der Almmilch labte, ließen wir Waffen und Beute in einer kühlen Felsspalte verschwinden. So ersparten wir uns die meist unerquicklichen Gespräche. Dann, in einer Pause, holten wir rasch unsere ›Mordwerkzeuge‹ und das ›Mordopfer‹ in die Hütte.

Diesmal aber verzichtete ich auf den längeren Umweg. Als ich den ›Alten‹ am Buckel hatte, war ich gerne bereit, einige Unannehmlichkeiten in Kauf zu nehmen. Es kam, wie es kommen mußte. Wie ich, mit dem Einstangler am Rücken und dem Gewehr um den Hals gehängt, über die freie Alm der Hütte zustrebte, lösten sich zwei wohl achtjährige Gören aus einer größeren Gruppe rastender Wanderer und riefen: »Sieh mal, Paps, da kommt der Mörder mit dem armen Bambi!«

Vor der Hütte angelangt, umringte man mich mit teils feindlichem Schweigen, teils neugierigen Blicken. Eine Dame sagte: »Und er mußte so lange leiden, er hat doch so furchtbar geschrien, bevor er starb. Wir haben es genau gehört!« Mit Mühe konnte ich unter Hinweis auf die schreckliche ›Geschwulst‹ zwischen den Lauschern, die dem Bambi schon lange große Schmerzen verursacht hatte, die Stimmung etwas neutralisieren. Im richtigen Augenblick kam eine Gruppe von drei Yamaha-Fahrern, die mit aufheulenden Motoren eine Runde um den Brunntrog zogen. Diesmal mit Recht, wendeten sich die schon gereizten Wanderer den mit allen möglichen Emblemen versehenen Lederjacken zu. Es entspann sich ein Disput über den Lärm und den Benzingestank: »... den wir doch daheim in Wuppertal täglich ertragen müssen, und nun das hier!«

Ich nützte die Gelegenheit und gelangte ungeschoren in die kühle Milchkammer. Hier traf ich den Halter, der eben bei der Herstellung von neuer ›Alpenmilch‹ tätig war. Schon lange reichte die Milch der beiden Deputatkühe nicht mehr aus, um den ständig steigenden Bedarf der Sommerfrischler zu decken. So kam dieser findige Halter auf die Idee, sich beim Lagerhaus einmal in der Woche mit einem Sack Trockenmilchpulver zu versorgen, das er mit ›echtem‹ Quellwasser unter Benützung eines batteriebetriebenen Mixers zu schäumender Almmilch aufsprudelte. Während ich ihm die Leber des Bockes zuschob und die Modalitäten des Wildbrettransportes über die Grenze zu unserem Freund Tonio besprach, nahm ich einen tiefen Schluck Valpolicella aus der bauchigen Flasche, und die Welt war wieder in Ordnung.

Da der Halter gerade seinen Sterz aufgestellt und Feuer im Herd hatte, stellte ich das Haupt des Einstanglers dazu. Nach alter heimatlicher Sitte koche ich die Decke mit. Dann läßt sich alles, einschließlich der Knochenhaut, wie eine Eischale herunterpellen. Diese Methode ist für zu Hause weniger zu empfehlen, da es dabei sehr ›duftet‹. Aber auf einer Jagdhütte oder im Freien spielen derlei Probleme keine Rolle.

Der Rosenstockbruch war vollkommen überwallt, mußte aber den Bock ein Jahr lang stark beschäftigt haben. Die rechte Rose hingegen zeigte einen enormen Umfang, und das Gesamtgebilde des Altersgehörnes glich einem Pilz, der den Rosenstock bereits dachförmig überwallt hatte. Sicherlich hatte der starke Bock aber prächtige Söhne und Töchter gezeugt, denn das Gesamtgebäude dieses alten Recken war mächtig, seine Läufe beinahe so kräftig wie die eines Tierkalbes im Spätherbst. Immer schon hat mich der Gesamthabitus einer Wildart mehr interessiert als die Trophäe. Ich habe nur zwei von den vielen in meinem Leben ausgepunktet, aber das hatte andere Gründe! Damit will ich keinesfalls sagen, daß mein Herz nicht höher schlug, wenn, selten genug, einmal ein Kapitaler darunter war!

Ausklang

Nachdenklich stieg ich die Holzstufen zu unserem Jagdzimmer hinauf und setzte mich ans offene Fenster. Ich sah zu den Murmelbauten hinauf und beobachtete das Treiben meiner Lieblinge. Xandl hatte sie, gemeinsam mit mir, vor 15 Jahren hier ausgesetzt. Seither hatten die Murmentel beinahe das ganze Jagdgebiet besiedelt und waren sogar über die Grenze gewandert. Es gelang dem italienischen Hüttenwirt, die Collino-Jäger zu bewegen, sie nicht abzuschießen. So wurden die Marmotte eine Fremdenverkehrsattraktion!

Der Adler aber besuchte uns in den folgenden Jahren häufiger und verdarb uns manchen Hahnenmorgen. Das war die Schattenseite dieser Aussetzungsaktion. Wir hatten es aber nie bedauert. Als dann der Abschuß der Kleinen Hahnen immer mehr gekürzt wurde, waren wir froh, dieses Äquivalent geschaffen zu haben!

Wiederum wanderten meine Gedanken zu dem unerwarteten Waidmannsheil an diesem Morgen. Dabei fiel mir ein, daß der Einstangler den Lecker zum Äser herausgestreckt hatte, wie es manchmal bei verendetem Wild vorkommt. Ein Aberglaube in den Karpaten besagt, daß man an einem solchen Tag noch ein Stück erlegen wird. Ich aber wollte nicht mehr fortgehen, hing meinen Gedanken nach und nahm ab und zu einen Schluck des köstlichen Rotweines. Die letzten Wandergruppen waren abgestiegen, und auf der Hochalm kehrte Ruhe ein. Irgendwo bei der Grünen Nase schreckte ein Reh.

Wehmütig dachte ich daran, daß es ja unser letztes Jagdjahr in diesem, trotz aller Veränderungen so urig gebliebenen Hochgebirgsrevier war. Ich beschloß, nie mehr hierher zurückzukehren. Ich hatte auch meine verlorene Heimat nie mehr besucht und mir ein Andenken bewahrt, das stets das Versöhnliche über den Schmerz des unwiederbringlich Verlorenen Oberhand behalten ließ! So wollte ich es auch hier halten. Langsam neigte sich die Sonne den Lana-Wänden zu. Die Alm, der ›Stille Winkel‹ und der mächtige Maderkopf bekamen in der schrägen Abendsonne scharfe, wunderbar gefärbte Konturen. Gar nicht wahrgenommen hatte ich, daß mein Freund vom Salzlegen zurückgekommen war. Als er den schweren Rucksack mit dem Rest der Bergsalzbrocken ablegte, merkte ich erst, daß ich nicht mehr allein war. Gedanken an unsere jahrzehntelange Jagdkameradschaft kamen und gingen, während er interessiert die ausgekochte Trophäe des Einstanglers betrachtete. Wir unterhielten uns über die seltenen Begegnungen mit diesem Eigenbrötler von einem Rehbock, dann verstummten wir und sahen nur noch dem Sonnenuntergang zu.

Eingebettet in die tiefe Stille erlebten wir das ewig gleiche und doch jedesmal zutiefst ergreifende Hinübergleiten in eine herrliche Sommernacht. Die ersten Sternschnuppen zogen ihre Leuchtschrift über dem Biegengebirge.

Aus meinem Hüttenbuch

Wenn Du dies Buch hier liest, mein Freund,
Auf der Wolayer Hütte,
Sollst als ein neues Glied, vereint,
Dich fühl'n in uns'rer Mitte!

Die Kette, deren Teil Du wirst,
Reicht weit zurück in Zeiten,
Als noch ein hochgebor'ner Fürst
Die Jagden hier tat leiten.

Der Treiber Jauchzen – Büchsenknall
Sind längst verstummt – verweht.
Ein Name nur – ein Kreuz im Tal
Aus jener Zeit besteht.

Doch alle, die seit fernsten Zeiten
Hier jagten auf den schwarzen Gams,
Auf Deinem Pirschgang Dich begleiten,
Wenn Du es selbst auch gar nicht ahnst!

Drum denk daran, mein Freund,
Wenn Du hier oben jagst –
Was immer Du auch tust,
Was immer Du auch sagst.

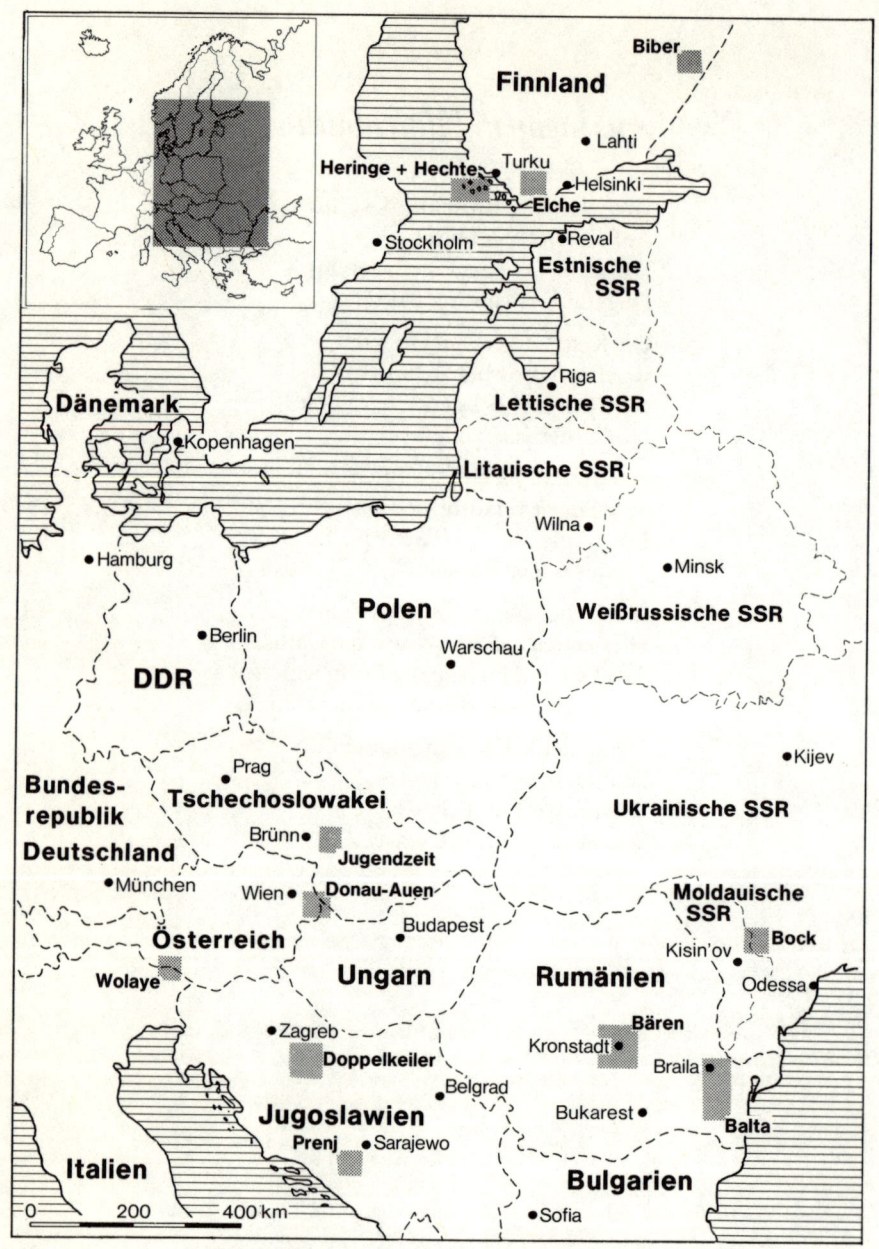

Die Lage der Jagdgebiete, aus denen berichtet wird

Bücher für Jäger

Andreas Freiherr von Nolcken
Jahreszeiten eines Jägers
Jagd und Natur im Wandel von
Frühling, Sommer, Herbst und
Winter. 1989. 247 Seiten. Gebunden
38,– DM

Guillermo Staudt
Im Poncho auf der Pirsch
Von der Jagd in Patagonien und anderen Enden der Welt. 1989. 255 Seiten
mit 167 Einzeldarstellungen in
91 Abbildungen und 6 Karten.
Gebunden 38,– DM

Ludwig Benedikt
Freiherr von Cramer-Klett
Im Gamsgebirg
Erlebnisse und Erfahrungen um das
Krickelwild. Mit einem Vorwort von
Wilhelm Nerl. 1988. 170 Seiten mit
12 Abbildungen nach Gemälden aus
dem Privatbesitz des Autors.
Gebunden 32,– DM

Ludwig Benedikt
Freiherr von Cramer-Klett
Glückselige Einsamkeit
5. Auflage. 1982. 396 Seiten.
Gebunden 39,– DM

Ludwig Benedikt
Freiherr von Cramer-Klett
Die Heuraffler
und andere Bergjägergeschichten.
4. Auflage. 1986. 232 Seiten und
8 Tafeln mit 8 Fotos. Gebunden
38,– DM

Ludwig Benedikt
Freiherr von Cramer-Klett
Spiel der Lichter und Schatten
Von eines Jägers Wünschen und
Wegen. 3. Auflage. 1980.
308 Seiten. Gebunden 34,– DM

Ludwig Benedikt
Freiherr von Cramer-Klett
Traum auf grünem Grund
Vom wundersamen Rehbock im
Schwarzenbachtal. 4. Auflage. 1977.
258 Seiten. Gebunden 28,– DM

Ludwig Benedikt
Freiherr von Cramer-Klett
Zum Jagen zog ich frohen Sinn's
Auf Rehbock, Hahn und Hirsch.
1986. 288 Seiten und 1 Tafel.
Gebunden 39,– DM

Paul-Joachim Hopp
Weite Pürsch
Von Jägern, Wild und Hunden.
1984. 182 Seiten mit 8 Übersichten,
1 Karte und 8 Bildtafeln mit 16
Abbildungen. Gebunden 34,– DM

Hanns Polke
Schwarze Passion
30 Jahre Jagd auf Sauen in drei
Erdteilen. 1985. 181 Seiten mit 16
Abbildungen auf 8 Tafeln. Gebunden
34,– DM

Helmuth J. Manzenreither
Als wär' es mein Revier!
Von Jägerfreuden und dem Leben in
einer Kärntner Bauernjagd. 1983.
208 Seiten. Gebunden 36,– DM

Kurt Menzel
Glück muß der Jäger haben
Von der jagdlichen Passion eines
Forstmannes in heutiger Zeit. 2. Auflage. 1987. 174 Seiten und 16 Bildtafeln mit 28 Abbildungen. Gebunden
34,– DM

Kurt Menzel
Wildwechsel durch Moor und Heide
Vom Jagen in unserer Zeit. 1987.
162 Seiten und 16 Tafeln mit 27
farbigen Abbildungen. Gebunden
39,80 DM

Preisstand: Juli 1989
Spatere Änderungen vorbehalten

**Verlag Paul Parey
Hamburg und Berlin**

Bücher für Jäger

Wolfgang Remmele
Brüsseler Spitzen
Gereimte Anmerkungen zu grünen
Ungereimtheiten. Illustriert von
Walther Niedl. 1989. 151 Seiten.
Gebunden 32,– DM

Hans Behnke
Hasenfeld
Ein Revier wird aufgebaut. 1989.
158 Seiten mit 30 Illustrationen von
Walther Niedl im Text sowie mit 43
Zeichnungen und Fotos im Text und
im Bildanhang. Kartoniert 34,– DM

Walter Frevert
**Und könnt' es Herbst
im ganzen Jahre bleiben**
Jagdliche und andere Erinnerungen.
8. Auflage. 1984. 227 Seiten und 19
Tafeln mit 25 Abbildungen. Gebunden
32,– DM

Walter Frevert
**Das Jägerleben ist voll Lust
und alle Tage neu**
Jagdliche und andere Erinnerungen.
5. Auflage. 1979. 193 Seiten,
15 Bildtafeln mit 25 Abbildungen.
Gebunden 32,– DM

Hans Behnke
Von Mondhasen und Erdkitzen
Der Waidgenosse als Zeitgenosse.
1982. 237 Seiten und 16 Bildtafeln
mit 32 Abbildungen. Gebunden
32,– DM

Willy Benzel
Im Paradies der Hirsche
Rotwilderfahrungen und Jagderinne-
rungen des letzten Wildmeisters beim
Fürsten Pleß. 4. Auflage. 1983. 228
Seiten mit 40 Abbildungen im Text und
auf 10 Bildtafeln. Gebunden 32,– DM

Friedrich Karl von Eggeling
**Von starken Keilern,
treuen Hunden
und pfeilschnellem Federwild**
2. Auflage. 1980. 194 Seiten.
Gebunden 32,– DM

Heinrich von Oepen
Jagen in Rominten
Auf Elch, Hirsch, Bock und Sau in
meiner masurischen Heimat.
2. Auflage. 1986. 174 Seiten und
8 Tafeln mit 16 Abbildungen sowie
einer Karte auf den Vorsatzblättern.
Gebunden 36,– DM

Jochen Portmann
Heimliche Böcke – Uriges Wild
Ein jagdliches Mosaik. 1984. 181
Seiten und 8 Bildtafeln mit 16
Abbildungen. Gebunden 36,– DM

Wilhelm Schmiedl
**Von Böcken, Gams
und braunen Hirschen**
Erfülltes Waidwerk im Burgenland
und in der Steiermark. 1984. 200
Seiten. Gebunden 34,– DM

László Studinka
Mit heißem Jägerherzen
Ein Leben der Jagd in Ungarn.
2. Auflage. 1982. 252 Seiten und
33 Bildtafeln mit 51 Abbildungen.
Gebunden 38,– DM

László Studinka
Wanderungen eines Jägers
Mit Büchse, Flinte und Kamera in
vier Erdteilen. 1981. 215 Seiten und
16 Bildtafeln mit 30 Abbildungen.
Gebunden 36,– DM

László Studinka
Unbändige Jagdpassion
Ganz Ungarn war mein Revier.
2. Auflage. 1983. 158 Seiten und
16 Bildtafeln mit 29 Abbildungen.
Gebunden 34,– DM

Preisstand: Juli 1989
Spätere Änderungen vorbehalten

**Verlag Paul Parey
Hamburg und Berlin**